Coleção
Direito Penal e Criminologia

Direção
Íñigo Ortiz de Urbina
Ramon Ragués
Luís Greco

VEÍCULOS AUTÔNOMOS E DIREITO PENAL

Heloisa Estellita
Alaor Leite
Organização e Introdução

VEÍCULOS AUTÔNOMOS E DIREITO PENAL

Armin Engländer • Eric Hilgendorf • Ivó Coca Vila
Luís Greco • Sabine Gless • Tatjana Hörnle
Thomas Weigend • Wolfgang Wohlers

Marcial Pons
MADRI | BARCELONA | BUENOS AIRES | SÃO PAULO

Coleção
Direito Penal e Criminologia

Direção
Íñigo Ortiz de Urbina | Ramon Ragués | Luís Greco

Veículos autônomos e direito penal
Armin Engländer | Eric Hilgendorf | Ivó Coca Vila | Luís Greco
Sabine Gless | Tatjana Hörnle | Thomas Weigend | Wolfgang Wohlers

Organização e Introdução
Heloisa Estellita | Alaor Leite

Tradução
Guilherme Góes | Izabele Kasecker | Mário Jorge | Orlandino Gleizer | Yuri Luz

Capa
Nacho Pons

Produção e editoração eletrônica
Ida Gouveia | HBLYZ | Oficina das Letras®

CIP-Brasil. Catalogação na Publicação
Sindicato Nacional dos Editores de Livros, RJ

V527

Veículos autônomos e direito penal / Armin Engländer ... [et alii] ; organização e introdução : Heloisa Estellita, Alaor Leite. - 1. ed. - São Paulo : Marcial Pons, 2019.

ISBN 9788566722680

1. Direito penal. 2. Processo penal. 3. Trânsito. I. Engländer, Armin. II. Estellita, Heloisa. III. Leite, Alaor. IV. Título. V. Série.

19-55615 CDU: 343.346

www.marcialpons.com.br

Impresso no Brasil

Publicações originais

GLESS, Sabine; WEIGEND, Thomas. Intelligente Agenten und das Strafrecht. Zeitschrift für die gesamte Strafrechtswissenschaft, v. 126, n. 3, p. 561-591, 2014.

HILGENDORF, Eric. Recht und autonome Maschinen – ein Problemaufriß. *In*: HILGENDORF, Eric; HÖTITZSCH, Sven (Orgs.). Das Recht vor den Herausfordeungen der modernen Technik. Baden-Baden: Nomos, 2015, p. 11-40.

ENGLÄNDER, Armin. Das selbstfahrende Kraftfahrzeug und die Bewältigung dilemmatischer Situationen. ZIS – Zeitschrift für Internationale Strafrechtdogmatik, v. 9, p. 608-618, 2016.

WEIGEND, Thomas. Notstandsrecht für selbstfahrende Autos? ZIS, v. 10, p. 599-605, 2017.

HÖRNLE, Tatjana; WOHLERS, Wolfgang. The Trolley Problem Reloaded: Wie sind autonome Fahrzeuge für Leben-gegen-Leben-Dilemmata zu programmieren? Goltdammer's Archiv für Strafrecht (GA), v. 165, n. 1, p. 12-34, 2018.

COCA VILA, Ivó. Coches autopilotados en situaciones de necesidad. Una aproximación desde la teoría de la justificación penal. Cuadernos de política criminal – segunda época, v. 122, 2017, p. 235-275.

GRECO, Luís. Autonome Kraftfahrzeuge und Kollisionslagen. *In*: FS Kindhäuser. 2019, p. 165-174 (no prelo).

SUMÁRIO

VEÍCULOS AUTÔNOMOS E DIREITO PENAL: UMA INTRODUÇÃO

Profa. Dra. HELOISA ESTELLITA, São Paulo

Dr. ALAOR LEITE, Berlim

I. Sobre o livro

De quando em vez, o direito penal vê-se desafiado pelo imprevisível e acelerado desenvolvimento tecnológico. Há não muito tempo – para ficar com um exemplo –, a dogmática do crime culposo teve de ser parcialmente repensada em face da intensificação do tráfego viário, fenômeno portentoso e, ao mesmo tempo, perigoso.[1] Ninguém haveria de discordar que o fenômeno contemporâneo da *digitalização* revolucionou irrevogavelmente todos os aspectos essenciais das relações humanas. A rigor, os impactos da digitalização no âmbito da regulação jurídica em geral nada mais são do que a consequências de sua constante introdução nas relações humanas[2] – afiançam estes organizadores, um no Brasil, outro na Alemanha. Esses impactos se fazem sentir na, assim chamada, "internet

1. Cf. a tradução brasileira do famoso artigo de *Welzel*, Revista de Direito Penal 31 (1971), p. 39.

2. Não só, mas também no âmbito da regulação ética, em que já se fala em ética de robôs (cf. *Lin/Abney/Jenkins* (ed.), Robot ethics 2.0: from autonomous cars to artificial intelligence, 2017).

das coisas",[3] no âmbito da segurança digital, em seu impacto para direitos individuais como o direito à privacidade e à autodeterminação informacional, na introdução de moedas e meios de pagamento puramente digitais, na introdução de máquinas autônomas (ou semiautônomas) que interagem com seres humanos etc. Não surpreende que o *direito penal*, ramo destinado a tutelar precisamente esses aspectos essenciais da convivência humana,[4] seja convocado à discussão. Essas mudanças trazem consigo não só a possibilidade de novas formas de lesão a bens jurídicos tradicionais – novas formas de agressão à vida e à integridade física, por exemplo –, como até mesmo a postulação de novos bens jurídicos e, ainda, de novos atores passíveis de responsabilização por danos ou ameaças a direitos de terceiros: os robôs. O impacto trazido pela digitalização para o direito e, em especial, para o direito penal é objeto de uma literatura já inabarcável, que cobre tanto aspectos dos impactos já sentidos, como especulações clarividentes em torno do desenvolvimento digital futuro. A balança a ser equilibrada exige responsabilidade, criatividade e sutileza: é preciso divisar formas de regulação que, de um lado, não tolham os irrecusáveis benefícios da evolução tecnológica, mas que, de outro, tampouco impliquem riscos intoleráveis para a convivência humana. Uma fatalista recusa a esse desafio imposto pela digitalização não parece ser uma opção inteligente. Esta coletânea aceita esse desafio.

Do vasto universo de impactos jurídico-penais já sentidos por força da digitalização,[5] estes organizadores pinçaram um: o dos *veículos autônomos*, uma realidade cujo enfrentamento jurídico afigurou-se-nos urgente.[6] À falta de um

---

3. Do inglês *Internet of Things*, ou, IoT, trata-se da ligação, em rede, de objetos físicos, veículos, prédios etc. que possuam sensores e que sejam capazes de coletar e transmitir dados. Melhor traduziria seu conteúdo semântico a expressão "internet nas coisas", todavia a expressão ora empregada já se encontra consagrada.

4. Cf. por todos *Roxin/Greco*, Strafrecht AT I, 5ª ed., München, 2019, § 2, nm. 14 e ss. (no prelo).

5. A literatura estrangeira é tão vasta que os organizadores preferem remeter o leitor às obras referidas nas notas de rodapé tanto deste texto e dos demais que compõem este livro. Além dessas referências, cf., no Brasil, *em formato de livro*: *Rais* (Org.), Fake News: a conexão entre a desinformação e o direito, São Paulo, 2018; *Albuquerque*, A criminalidade informática, São Paulo, 2006; *Malaquias*, Crime cibernético e prova: a investigação criminal em busca da verdade, Curitiba, 2015; *Fiorillo/Conte*, Crimes no meio ambiente digital e a sociedade da informação, São Paulo, 2016; *Magalhães/Sydow*, Cyberterrorismo: a nova era da criminalidade, Belo Horizonte, 2018; *Silveira*, Bitcoin e suas fronteiras penais: em busca do marco penal das criptomoedas, Belo Horizonte, 2018; *Jesus/Milagre*, Manual de crimes informáticos, São Paulo, 2016.

6. Os níveis de automação e autonomia variam de acordo com o veículo e o sistema nele instalado. Houve acidentes tanto com modelos operando em modo totalmente autônomo (o caso do Uber, no acidente de 18 de março de 2018), como com modelos operando em modo de piloto automático (casos envolvendo veículos da Tesla, nos acidentes de janeiro e maio de 2016 e março de 2018). No primeiro, a vítima foi um pedestre, nos três outros, o próprio motorista (cf. <https://en.wikipedia.org/wiki/List_of_self-driving_car_fatalities>; acesso em 14/01/2019).

condutor humano, surge a seguinte pergunta: como deve o veículo se comportar diante de uma *situação dilemática* em que a lesão à vida, à integridade física ou ao patrimônio do passageiro e/ou de terceiros faz-se inevitável? Uma resposta segura a essa indagação é condição inafastável para que os veículos possam ser introduzidos no tráfego viário. Afinal, é preciso estabelecer bases jurídicas sólidas para sua *programação*, de modo que aqueles envolvidos em sua pesquisa, fabricação, venda, manutenção e uso possam compreender os riscos – aqui, sobretudo os penais – e os deveres legais envolvidos na introdução da inteligência artificial no tráfego viário.[7] Naturalmente, diante da inexistência (atual) de uma responsabilidade penal da própria pessoa jurídica para o casos de cometimento de delitos contra a vida ou integridade física, cumpre especular apenas a respeito da responsabilidade penal das pessoas naturais envolvidas na decisão de introduzir o veículo autônomo no mercado. Também o comprador do veículo deve estar ciente das decisões tomadas pelo programador: alguém compraria um veículo programado para matar os seus ocupantes em caso de situação dilemática? A outra opção seria a de simplesmente renunciar à introdução de tais sistemas autônomos, o que talvez mereça o labéu de temerário em face da anunciada promessa de drástica redução de mortes no trânsito que advoga em seu favor.[8]

O *objetivo* desta coletânea é o de oferecer ao público de língua portuguesa o estado atual de parte relevante do *debate estrangeiro* a respeito dos veículos autônomos. Seria irônico e desastroso, num mundo digitalizado, desconhecer o que os colegas estrangeiros têm produzido. De todo modo, esse conhecimento não deve iludir: apesar de uma solução global ser desejável – afinal, as indústrias atuam globalmente –, há que se respeitar o *ordenamento jurídico nacional* e suas peculiaridades, o que nos motivou a escrever as breves linhas que se seguirão (infra II.). O fato de a maior parte dos trabalhos desta coletânea ser de origem tedesca não se deve apenas à notória proeminência da indústria automobilística alemã, mas à candência e à qualidade do debate naquele país. Além disso, pode-se partir do pressuposto de que os textos produzidos em línguas inglesa, portuguesa, espanhola e italiana são mais acessíveis ao público brasileiro. A inclusão do texto do penalista espanhol *Coca Vila* se deve à excelência de sua contribuição, entre

---

7. *Palmerini/Azzarri/ Barraglia et alii*, Regulating Emerging Robotic Technologies in Europe: Robotics facing Law and Ethics Funding. [s.l.: s.n.], 2014. Disponível em: <www.robolaw.eu>. Acesso em: 14 dez. 2018. Neste relatório, os autores voltaram os olhos para as questões legais mais ligadas aos aspectos de indenizações e propõem que se encontre um caminho legal que não obstaculize desenvolvimento da tecnologia, mas que proteja o consumidor. A vantagem aqui é que essas normas, uma vez estabelecidas, podem ser "diretamente incorporadas na tecnologia no sentido de que tanto o comando como sua obediência estão já incutidos na própria tecnologia" (p. 14).

8. Cf. Fridman/Brown/Glazer et alii, MIT autonomous vehicle technology study: large-scale deep learning based analysis of driver behavior and interaction with automation. [s.l.: s.n.], 2018. Disponível em: <https://arxiv.org/pdf/1711.06976.pdf> (acesso em 14 jan. 2019).

outras coisas devido ao fato de o autor ter dedicado riquíssima monografia ao tema da colisão de deveres.[9]

Sobre as *traduções*, alguns aspectos mais gerais devem ser destacados. Os artigos foram traduzidos por integrantes ou da FGV Direito SP, ou da Humboldt Universität zu Berlin e foram dispostos em ordem cronológica, sobretudo porque os autores dialogam uns com os outros. Assim, o leitor poderá ler o livro de "capa a capa", acompanhando, da primeira fileira, o pugilato salutar entre argumentos e contra-argumentos. Os dois artigos iniciais, de *Hilgendorf* e *Gless/Weigend* adotam uma perspectiva mais geral e introdutória. Os artigos subsequentes, de *Weigend, Engländer, Coca Vila, Hörnle/Wohlers* e *Greco*, afunilam a discussão e tocam em aspectos mais específicos que envolvem as situações dilemáticas. As referências bibliográficas nas notas de rodapé foram mantidas em sua forma original,[10] o que basta para que o leitor curioso as encontre – sobretudo em bancos de dados digitais. A expressão "Rn." (*Randnummer*) foi traduzida como "número de margem" (nm.), uma forma de citar comum na Alemanha, em substituição à referência à página. Optamos também por manter a abreviação original StGB, que designa o Código Penal alemão. Apenas no artigo de *Hörnle/Wohlers*, no qual os autores se reportam ora ao Código Penal alemão, ora ao Código Penal suíço, as abreviaturas incorporam essa especificidade: assim, dStGB se reporta ao diploma legal alemão e schwStGB ao suíço. Mantivemos as abreviaturas alemãs para as referências ao BVerfGE (*Bundesverfassungsgericht*), tribunal constitucional alemão, ao BGH (*Bundesgerichtshof*), um tribunal federal alemão com competências similares ao nosso Superior Tribunal de Justiça, e também aos diversos OLG (*Oberlandesgericht*), que são tribunais regionais, localizados acima das cortes locais e abaixo do BGH na hierarquia do Poder Judiciário alemão. As normas penais estrangeiras essenciais à compreensão dos textos foram traduzidas e agrupadas no *Anexo*. No mais, há algumas notas dos tradutores dispostas nos respectivos textos – sobretudo na tradução feita por *Yuri Luz* –, que visam a esclarecer aspectos formais ou materiais da tradução. Mantivemos essas notas em sua totalidade: é preciso respeitar a sensibilidade daquele que se dedica a essa altruísta, dificílima e pouco valorizada atividade.

A obra que o leitor tem em mãos é, ademais, produto da parceria e intercâmbio acadêmicos estabelecido entre a Humboldt Universität zu Berlin e a FGV Direito SP e pretende servir de estímulo às reflexões acerca do impacto da tecnologia sobre o direito penal, um dos focos do recém-criado Centro de Ensino e Pesquisa em Inovação (CEPI) no âmbito desta última instituição. Manifestamos, por fim, os nossos mais sinceros agradecimentos às professoras e aos professores

---

9. *Coca Vila*, La colisión de deberes en derecho penal, Barcelona, 2016.

10. A fim de nos mantermos fieis a esta opção, também os *links* referidos originalmente pelos autores foram mantidos, inclusive com a data de acesso. Como verá o leitor, porém, nem todos funcionam atualmente, como alguns do texto de *Gless/Weigend*, por exemplo.

autores dos textos: *Armin Engländer, Eric Hilgendorf, Ivó Coca Vila, Luís Greco, Sabine Gless, Tatjana Hörnle, Thomas Weigend* e *Wolfgang Wohlers*; bem como às tradutoras e aos tradutores: *Guilherme Góes, Izabele Kasecker, Mário Jorge, Orlandino Gleizer* e *Yuri Luz*; e, *last but not least*, à editora Marcial Pons, na pessoa de Marcelo Porciuncula, por acreditar (também) neste projeto.

II. Sobre o tema do livro

A complexidade e as novidades envolvidas no problema dos *veículos autônomos* sugerem a necessidade de algumas linhas introdutórias sobre o problema das *situações dilemáticas* (infra 1.) e também sobre *outros problemas* decorrentes da introdução dos sistemas autônomos (infra 2.). Esta introdução não quer ser mais do que porta de entrada para o "menu degustação" consistente nos artigos que compõem este livro: nossa modesta missão é a de estabelecer bases sólidas, que garantam ao leitor o máximo deleite dos argumentos avançados pelos autores. Impõe-se, enfim, o esclarecimento daquilo que é pressuposto pelos autores, cujos leitores imaginários originais conheceriam a discussão alemã.

1. Veículos autônomos em situações dilemáticas: estados de necessidade, colisão de deveres e risco permitido

Aqueles que – sem atentar para a função que exemplos-limite cumprem na elaboração dogmática[11] – desdenhavam do imemorial exemplo da "tábua de Carnéades", podem se acautelar: com a iminente introdução de veículos autônomos no tráfego viário, as situações dilemáticas de "vida contra vida" ganharam, para usar o jargão jornalístico, novo "gancho".[12] Na variante mais célebre da "tábua de Carnéades",[13] A e B se digladiam por uma tábua de salvação que aguentaria o peso de apenas um deles. A retira B violentamente da tábua, entregando-o à morte e, ao mesmo, salvando sua própria vida. Rios de tinta foram derramados em razão desse exemplo, de *Kant* e *Fichte* até os dias atuais.[14] Situação semelhante

---

11. Para avançar seus argumentos sobre o estado de necessidade em situações dilemáticas, *Welzel* valeu-se do exemplo-limite do "controlador de trilhos de trem", e não dos casos reais dos médicos que, no nacional-socialismo, matavam alguns doentes mentais para supostamente salvar a maior parte deles. Assim, o exemplo-limite, além de desnudar as limitações das categorias jurídicas, serviu como estratégia de "despolitização" dos argumentos. Cf. *Welzel*, ZStW 63 (1951), p. 47 e ss.

12. Em língua portuguesa, cf. a exposição exaustiva dessas situações na monografia de *Ferreira da Cunha*, Vida contra vida, Coimbra, 2009.

13. Há outras variantes, como demonstrou o valioso estudo histórico de *Aichele*, JRE 11 (2003), p. 245 e ss.

14. Todas as referências em *Leite*, Notstand und Strafe, Berlin, 2019, p. 32 e ss.; 87 e ss. Mais recentemente, a discussão ganhou fôlego no debate acerca da possibilidade de abates de aviões sequestrados por terroristas: cf. *Roxin*, ZIS 2011, p. 552 e ss. (acessível em: <http://www.zis-online.com/dat/artikel/2011_6_591.pdf; acesso em 15/01/2019>). No Brasil, cf. as breves considerações de *Tavares*, Fundamentos de teoria do delito, Florianópolis, 2018, p.

se coloca em face dos veículos autônomos, sobretudo daqueles completamente autônomos: pode o veículo ser programado para, por exemplo, em situação de colisão inevitável, desviar sua rota para matar um número menor de pessoas? Pode ele proteger os passageiros a todo custo? Pode ser programado para salvar crianças em detrimento de idosos? Ou deve ser instalado um operador randômico, que gere uma solução baseada em sorteio para o caso de ocorrência de situação dilemática? A lista de dúvidas poderia ser facilmente ampliada.

As situações dilemáticas descritas, como parece evidente, apontam na direção da conhecida figura do *estado de necessidade*. Mas não só: a discussão atual, exposta nos artigos deste livro, mobilizam outras categorias jurídico-penais, como o critério de imputação do *risco permitido* e a controvertida figura da *colisão de deveres* justificante. A discussão em torno dessas categorias ganha novo fôlego em face dos veículos autônomos, o que sugere que elas passarão pelo mesmo processo de rediscussão por que passaram os crimes culposos diante do aumento da circulação de veículos na metade do século passado. Convém, portanto, situar brevissimamente a discussão atual em torno dessas categorias, além de verificar o estado da arte de nossa discussão nacional. Essa *localização do debate* serve como base para o estabelecimento de propostas de solução para as situações dilemáticas que, num só golpe, estejam adequadas ao debate mundial e respeitem o ordenamento jurídico brasileiro.

a) Estado de necessidade

A figura do *estado de necessidade* é regulada no Código Penal brasileiro em dispositivo insular, o art. 24:

> "Art. 24. Considera-se em estado de necessidade quem pratica o fato para salvar de perigo atual, que não provocou por sua vontade, nem podia de outro modo evitar, direito próprio ou alheio, cujo sacrifício, nas circunstâncias, não era razoável exigir-se. § 1º – Não pode alegar estado de necessidade quem tinha o dever legal de enfrentar o perigo. § 2º – Embora seja razoável exigir-se o sacrifício do direito ameaçado, a pena poderá ser reduzida de um a dois terços."[15]

A disposição desse artigo sob a rubrica das causas de exclusão de ilicitude conduz à conclusão, aparentemente dominante em nossa literatura, de que o Código adotou a chamada teoria unitária do estado de necessidade, que reconhece a existência de apenas um estado de necessidade, no nosso caso, com efeitos justi-

327, e o artigo de *Busato*, Revista de Estudos Criminais 65 (2017), p. 67 e ss.; cf. também, em língua portuguesa, a esclarecedora monografia do penalista brasileiro, radicado em Portugal, *Bruno Moura*, Ilicitude penal e justificação, Coimbra, 2015, p. 227 e ss.

15. Sobre a interpretação desse dispositivo, ver por todos *Cirino dos Santos*, Direito Penal – Parte Geral, 7ª ed., Florianópolis, 2017, p. 238 e ss.

ficantes.[16] Há tentativas na doutrina de compatibilizar já *de lege lata* a redação de nosso art. 24 CP com uma teoria diferenciadora, que admita a existência de ao menos dois estados de necessidade, um de natureza justificante, outro de natureza exculpante – quando o bem agredido for de valor maior do que o bem salvo.[17] Os caminhos que conduzem a essa conclusão são diversos e foram resumidos com precisão por *Quandt* em sucintas, mas valiosas considerações, às quais remetemos o leitor.[18] Como é cediço, do natimorto Código Penal de 1969 e do vigente Código Penal Militar consta a previsão de dois estados de necessidade.[19] O PLS 236/2012, que visa reformar o Código Penal, propôs em suas primeiras versões regulações a nosso ver desastrosas para os estados de necessidade, já amplamente criticadas.[20] Na Proposta Alternativa oferecida pelo segundo organizador em conjunto com outros autores, há a oferta de dispositivos *de lege ferenda* para o estado de necessidade justificante e também para o exculpante.[21] O fundamental aqui, contudo, parece ser localizar o leitor na discussão mundial, sobretudo na alemã.

A discussão moderna conhece, ao contrário de nosso Código, *três estados de necessidade*: os estados de necessidade justificantes agressivo e defensivo, e o estado de necessidade exculpante. O Código Penal alemão, no qual se baseou a maioria dos autores deste livro, conhece o estado de necessidade justificante agressivo (§ 34 StGB) e o estado de necessidade exculpante (§ 35 StGB) – e há discussão sobre se o estado de necessidade justificante defensivo estaria no § 228 do Código Civil alemão (BGB), ou se decorreria de aplicação analógica do § 34 StGB.[22] Não nos cumpre, neste mofino espaço, revistar por completo essa discussão – a esse respeito, o segundo organizador está preparando a tradução de sua tese doutoral intitulada "Estado de necessidade e pena: bases fundamentais para uma revisão do conceito de culpabilidade"[23] –, mas apenas apresentar as

---

16. Cf. *Bruno*, Direito Penal I, 3ª ed., 1967, p. 389; *Cirino dos Santos*, Direito Penal..., p. 239; cf. *Greco*, in: A Crítica 2000, p. 23 e ss.; ver também as monografias de *Assis Toledo*, Ilicitude penal e causas de sua exclusão, Rio de Janeiro, 1984, p. 37 e ss. e de *Reale Jr.*, Dos estados de necessidade, São Paulo, 1971, p. 53 e ss.

17. *Tavares*, Fundamentos..., p. 499 e ss.; em favor da teoria diferenciadora, *Fragoso*, Lições de Direito Penal PG, 2ª ed., São Paulo, 1971, p. 209 e ss.; *Bruno* dizia que essa solução "não se concilia com o nosso Direito" (*Bruno*, Direito Penal I, p. 393).

18. *Quandt*, in: *Leite* (org.), Reforma Penal, São Paulo, 2014, p. 189 e ss., p. 207 e ss.

19. Cf. os arts. 39 e 43 do vigente Código Penal Militar; sobre a reforma dos estados de necessidade no Código de 1969, ver *Reale Jr.*, Dos estados de necessidade, p. 53 e ss.

20. Cf. *Leite*, in: *Leite* (org.), Reforma Penal, p. 122 e ss., 139 e ss., *Quandt*, in: *Leite* (org.), Reforma Penal, p. 189 e ss., 206 e ss. Também *Cirino dos Santos* (p. 37 e ss.) e *Tavares* (p. 54 e ss.), entoam vozes críticas a esse respeito.

21. *Greco/Horta/Leite/Teixeira/Quandt*, Parte Geral do Código Penal, São Paulo, 2018, p. 31 e ss., p. 36 e ss.

22. Cf. *Roxin/Greco*, Strafrecht I, § 16, nm. 72 e ss., 111 e ss.; em língua portuguesa, cf. *Moura*, Ilicitude penal e justificação, p. 197 e ss.; em língua espanhola, a excelente monografia de *Wilenmann*, La justificación de un delito en situaciones de necesidad, Madrid, 2017.

23. *Leite*, Notstand und Strafe, Berlin, 2019.

distinções fundamentais entre esses institutos. Essas distinções não se confinam ao aspecto estético-classificatório, mas apresentam relevância tanto em face dos *fundamentos*, dos *pressupostos,* quanto em face dos *efeitos* de cada estado de necessidade. A questão fundamental, aqui, é saber se o programador e todos aqueles que participam da cadeia produtiva que conduz à introdução dos veículos autônomos podem recorrer à figura do estado de necessidade ou a outras figuras em face de situações dilemáticas. Logo se vê que há uma *diferença de perspectiva* entre o condutor humano e o programador: o primeiro toma a decisão em face da eclosão imprevisível de situação dilemática, em estado anímico extremo, enquanto o segundo toma a decisão em "gabinete", antes da eclosão da situação dilemática, ponderando as opções existentes – dentre elas, a de nada fazer, a de omitir qualquer programação –, chance que ao condutor humano nunca será dada. É discutível se essas perspectivas diversas devem impor uma *diferença de critérios*, ou se, ao revés, devem ser adotados os mesmos critérios para o condutor humano e para o programador – *Hörnle/Wohlers* e *Engländer* discordam nesse ponto, como se verá. O leitor poderá meditar sobre as consequências dessa diferença de perspectiva após a leitura dos artigos.

Fundamental, como dito, parece ser a diferença de pressupostos e de efeitos dos estados de necessidade. Embora a doutrina nacional já tenha aventado a possibilidade de se adotar a teoria diferenciadora entre nós e de mencionar, por vezes, a figura do estado de necessidade defensivo[24] – regulado, aliás, para os casos de atos ilícitos, no direito civil, no art. 188 II c/c o art. 929 do Código Civil[25] –, o debate não avançou às minúcias, e pouco se sabe sobre a diferença estrutural entre essas figuras. Convém descrever as bases de que partem os autores dos artigos para que possamos dimensionar em que medida esses problemas surgem também no debate nacional.

aa) Estado de necessidade agressivo

O *estado de necessidade justificante agressivo* conhece requisitos bastante estritos no direito alemão (§ 34 StGB), o que se explica pelo fato de o agredido – ou seja, aquele que tem o dever de suportar a agressão sem que lhe seja conferido o direito de legítima defesa – ser inocente, vale dizer: o perigo atual e iminente não decorre de sua esfera jurídica. Exemplo: B, que estava prestes a levar seu filho ao colégio, deve suportar a cessão de seu veículo para que A transporte sua mãe C ao hospital. O fundamento de tal causa de justificação estaria, segundo vários autores, num dever de solidariedade que a todos os cidadãos atine.[26] Esse dever

---

24. Referências em *Greco/Horta/Leite/Teixeira/Quandt*, Parte Geral do Código Penal, p. 34 e ss.

25. Cf. *Assis Toledo*, Ilicitude penal e causas de sua exclusão, p. 48 e ss.

26. Cf. *Roxin/Greco*, Strafrecht I, § 16, nm. 1 e ss.; sobre essa discussão, *Leite*, Notstand und Strafe, p. 116 e ss.; *Moura*, Ilicitude penal e justificação, p. 197 e ss.; *Wilenmann*, La

conhece, naturalmente, limites. Em geral, reconhece-se aqui um limite intransponível: o agredido inocente não deve suportar agressões a seus bens existenciais – ou "inatos"[27] –, ou seja, ele não precisa deixar-se matar ou lesionar-se gravemente para que outro salve seus próprios bens. A doutrina dominante alemã, entre outras coisas, em razão da exigência legal explícita de "sensível superioridade" do bem a ser salvo – exigência inexistente em nosso art. 24, que se baseia exclusivamente no critério da "razoabilidade do sacrifício", criando uma figura híbrida[28] –, considera qualquer ponderação entre vidas inadmissível: nenhuma vida é sensível ou consideravelmente superior a outra, e nem mesmo quarenta e sete vidas valem mais do que apenas uma. A vida é um valor supremo, imponderável. Concretamente: desviar o carro e atingir dois inocentes para salvar os cinco ocupantes do veículo continua sendo uma conduta *antijurídica* para o condutor. Se valerem os mesmos critérios para o programador, a conclusão mais natural seria a de que uma tal programação seria, igualmente, antijurídica. O nosso art. 24 CP, que não exige tal "sensível superioridade",[29] não afasta de pronto a justificação em casos de "vida contra vida" – uma solução, contudo, difícil de ser legitimada.[30] Afinal, os argumentos contra essa solução não decorrem apenas da letra da lei do § 34 StGB.

bb) Estado de necessidade defensivo

O *estado de necessidade defensivo* está regulado no Código Civil alemão (§ 228 BGB), em que se prevê uma alteração dos critérios de ponderação de bens: o dano causado não pode ser desproporcionalmente superior ao bem salvo. Na doutrina penalística alemã, admite-se, em situações excepcionais, inclusive a justificação de homicídios para salvamento cometidos em estado de necessidade defensivo.[31] A "generosidade" dos critérios do estado de necessidade defensivo em relação ao agressivo se explica por uma diferença estrutural: aqui, o perigo decorre da esfera jurídica do agredido, que deixa de ser um inocente, como no estado de necessidade agressivo. Exemplo: o perigoso cão de A se solta e ataca B, que dispara com arma de fogo contra o cão. A deve suportar a morte de seu cão – uma lesão patrimonial, nos termos do direito civil. O estado de necessidade defensivo aproxima-se, assim, da legítima defesa, na qual se exige uma

---

justificación de un delito en situaciones de necesidad, p. 62 e ss.

27. Uma tentativa de recepcionar esse conceito resgatado por *Greco* em sua tese de livre-docência (Straprozesstheorie und materielle Rechtskraft, Berlin, 2015, 653 e ss.) para o contexto do estado de necessidade em *Leite*, Notstand und Strafe, p. 193 e ss.

28. *Greco/Horta/Leite/Teixeira/Quandt*, Parte Geral do Código Penal, p. 32: "criou-se, no fundo, um híbrido estado de necessidade exculpante com efeitos justificantes".

29. O nosso Código Penal Militar prevê o requisito (direito agredido deve ser "consideravelmente inferior") em seu art. 43. Era essa a nossa tradição legislativa antes do Código Penal de 1940 (cf. *Greco/Horta/Leite/Teixeira/Quandt*, Parte Geral do Código Penal, p. 32).

30. *Cirino dos Santos*, Direito Penal..., p. 244 ss.

31. Por todos, *Roxin/Greco*, Strafrecht I, § 16, nm. 78.

"injusta agressão".[32] Para o problema dos veículos autônomos, poder-se-ia, em tese, cogitar da programação de um desvio de rota que sacrificasse justamente os sujeitos de cuja esfera o perigo surgido decorre, embora seja difícil imaginar como seria possível construir um sistema autônomo capaz de auferir se a situação de perigo decorre, por exemplo, da conduta antijurídica anterior de um dos envolvidos. Uma programação que envolvesse o sacrifício, por exemplo, de vidas de pessoas não envolvidas na fonte de perigo – o leitor atento logo recordará do "caso dos controladores de trilhos",[33] multicitado na doutrina e referido pelos autores da coletânea –, permaneceria antijurídica.

cc) Estado de necessidade exculpante

O *estado de necessidade exculpante* é regulado no § 35 StGB e conhece requisitos, de um lado, restritos, mas, de outro, que excluem a punição do autor independentemente de qualquer ponderação, mesmo em face, por exemplo, do cometimento de oito homicídios para salvamento da vida de um filho – evidentemente, se já não houver situação de legítima defesa de terceiros. O estado de necessidade exculpante exclui a responsabilidade – ou a "punição em geral", para não ingressar na querela interessante, mas complexa, sobre as consequências do estado de necessidade exculpante[34] –, porém não altera a natureza antijurídica do comportamento, o que traz consequências para a participação no delito e para o direito de legítima defesa do agredido. Os requisitos dessa forma de estado de necessidade no direito alemão são basicamente os seguintes: os bens em jogo devem possuir natureza existencial (segundo o § 35 StGB, apenas vida, liberdade – de locomoção, segundo doutrina dominante – e integridade física), o sujeito pode apenas se salvar ou salvar a pessoa próxima,[35] o perigo não pode ter sido por ele "causado" ou, por fim, não pode existir uma chamada "relação jurídica especial" que imponha o dever de suportar o perigo. A partir desses requisitos, percebe-se imediatamente a diferença entre a situação do condutor humano e a do programador: o primeiro pode perfeitamente estar em situação de próprio salvamento ou de salvamento de pessoas próximas, o que não ocorre com o segundo, que deve programar o veículo que será "utilizado" por um sujeito ainda anônimo, desconhecido. Evidentemente, o programador, em seu "gabinete", tampouco se encontra em situação de perigo para a própria vida, integridade física ou liber-

32. Cf. a monografia, fundamental para o desenvolvimento da discussão espanhola, do recentemente desaparecido *Baldó Lavilla*, Estado de necesidad y legítima defensa, Barcelona, 1994.

33. Cf. *Welzel*, ZStW 1963 (1951), p. 47 e ss. A penalista *Wörner* rebatizou recentemente o problema dos veículos autônomos de o "caso dos controladores de trilhos 4.0": *Wörner*, ZIS 2019, p. 41 e ss.

34. A esse respeito, com várias referências, *Leite*, Notstand und Strafe, p. 131 e ss., 212 e ss.

35. Esse requisito existe também no estado de necessidade exculpante regulado em nosso Código Penal Militar no art. 39 (direito de "pessoa a quem está ligado por estreitas relações de parentesco ou afeição").

dade. Dito de outra forma: o programador não poderá recorrer ao estado de necessidade exculpante, restando apenas a alternativa controvertida do chamado estado de necessidade exculpante supralegal.[36] Subsiste o problema: a programação para "salvar mais vidas", caso envolva inocentes, continua sendo antijurídica.

b) Colisão de deveres

Alguns autores veem uma saída na figura da *colisão de deveres justificante*, que não possui regulação explícita nem na Alemanha, nem no Brasil.[37] Entre nós, essa figura é raramente explorada – exceção feita ao esquecido estudo monográfico de *Rodrigues de Sousa*.[38] De fato, os fundamentos e os limites dessa figura, bem como sua autonomia em face do estado de necessidade justificante, não estão claros.[39] De todo modo, pode-se dizer que a colisão de deveres justificante alcança, por exemplo, fatos nos quais ainda não se pode identificar um perigo no sentido do estado de necessidade, mas em relação aos quais já há deveres passíveis de colisão: aqui, não importa tanto a salvaguarda de bem maior, eis que o autor está obrigado a agir em favor de um *ou* de outro dever. O caso paradigmático de colisão de deveres é o da colisão entre dois deveres de ação de igual hierarquia: o pai A consegue retirar do carro em chamas apenas um de seus filhos, embora tenha o dever (de garante) de salvar os dois. Aqui, diz-se que o pai pode optar por atender a qualquer dos deveres de ação de igual hierarquia.[40] Naturalmente, também deveres de omissão podem colidir, além do caso em que um dever de ação colide com um de omissão, a chamada colisão aparente de deveres.[41] Em face do programador de um veículo autônomo, é de se cogitar se essa figura pode ser aplicada, sobretudo na medida em que não há ainda, no momento da programação, uma situação atual e iminente de perigo, muito embora possam já existir deveres, por exemplo, de omissão – o leitor encontrará considerações originais a esse respeito sobretudo no estudo de *Greco*. Se essa figura puder ser aplicada, será possível dizer que a programação, em algumas situações dilemáticas, não poderá ser considerada antijurídica.[42]

---

36. Sobre essa figura, *Roxin/Greco*, Strafrecht I, § 22, nm. 142 e ss.

37. Em Portugal, há regulação dessa figura no art. 36, CP; cf., por todos, *Faria Costa*, Direito Penal, Lisboa, 2017, p. 335 e ss.

38. *Rodrigues de Sousa*, Estado de necessidade, Rio de Janeiro, 1979, p. 152: "Ocorre a colisão de deveres quando determinada pessoa, sobre quem recaem duas obrigações concomitantes, vê-se na contingência, para poder atender uma delas, de descumprir a outra, assim perpetrando um fato criminalmente típico". Outra exceção é o estudo de *Tavares*, Teoria dos crimes omissivos, São Paulo, p. 356 e ss.; menção à figura em *Assis Toledo*, Ilicitude penal e causas de sua exclusão, p. 52 e ss.

39. Cf. *Roxin/Greco*, Strafrecht I, § 16, nm. 115 e ss.

40. *Roxin/Greco*, Strafrecht I, § 16, nm. 117.

41. *Roxin/Greco*, Strafrecht I, § 16, nm. 117.

42. Alguns excluem já a tipicidade. Sobre esse debate, ver *Coca Vila*, La colisión de deberes..., p. 60 e ss.

c) Risco permitido

A figura do *risco permitido*, conhecida do público brasileiro por conta da ampla difusão da teoria da imputação objetiva entre nós,[43] é mencionada em alguns estudos, sobretudo no de *Engländer*. Esse critério é relevante para a determinação do desvalor objetivo da ação, ou seja, para a análise da criação de um risco juridicamente desaprovado no âmbito do tipo objetivo.[44] A partir de uma análise global, em que perdas e ganhos decorrentes da ação pretendida são analisados, estabelece-se uma regra geral, um âmbito dentro do qual a ação pode ser considerada permitida: caso o motorista respeite as regras de trânsito e um acidente ocorra, dir-se-á que ele atuou dentro do "risco permitido", produto do cálculo geral do legislador, que considerou que não estamos dispostos a renunciar ao tráfego de veículos automotores para fazer frente aos inúmeros acidentes fatais ocorridos anualmente. Se essa ponderação já pode ser aplicada aos carros autônomos no estágio atual de seu desenvolvimento é algo que, como verá o leitor, *Gless/Weigend* colocam em dúvida. A categoria do risco permitido, contudo, possui natureza formal – o que, entre nós, sabe-se desde pelo menos o estudo panorâmico de *Greco*.[45] Não é, portanto, argumento definitivo, mas resultado de uma ponderação, cujos parâmetros devem ser escrutinados. Poder-se-ia mencionar aqui o estabelecimento de regras jurídicas ou mesmo de regras de *compliance* para a programação dos veículos autônomos. Não escaparíamos, contudo, do problema fundamental, ainda pendente de solução: pode-se programar um veículo no sentido de uma decisão que, para o condutor humano, seria considerada antijurídica? O critério do risco permitido não oferece, antes pressupõe a resposta a essa indagação.

A resposta a essas questões, aqui apenas mencionadas, como dito, é o *objeto central* deste livro. Todavia, essas indagações não esgotam o universo de consequências jurídico-penais decorrentes seja da introdução de carros autônomos no tráfego viário, seja da introdução de sistemas autônomos e híbridos em outros âmbitos da vida. Muito embora, como já destacado, o foco dos textos esteja nas chamadas situações dilemáticas, cumpre oferecer ao leitor um breve panorama dos demais problemas, de resto tratados especialmente por *Gless/Weigend* e *Hilgendorf* nos textos que inauguram a obra.

---

43. Por todos, *Greco*, Um panorama da teoria da imputação objetiva, 4ª ed., São Paulo, 2014.
44. *Greco*, Um panorama..., p. 33 e ss., p. 70 e ss.
45. *Greco*, Um panorama..., p. 70 e ss.

2. *Outros âmbitos afetados pela introdução de robôs*

Dos demais âmbitos já afetados pela introdução de robôs, destacamos três[46] que têm suscitado discussões acerca de seus impactos jurídico-penais: no âmbito da saúde (abaixo 2, a), no âmbito do mercado de valores mobiliários (abaixo 2, b) e no âmbito dos conflitos armados (abaixo 2, c).

a) Introdução de robôs na área da saúde

No âmbito da saúde e da medicina, postula-se que a introdução de robôs assegura maior precisão nas intervenções cirúrgicas, menor tempo de internação hospitalar, recuperação mais rápida, maior transparência do processo cirúrgico.[47] Tão grande é seu impacto nessa seara que no relatório *RoboLaw-Guidelines on Regulating Robotics*, das quatro tecnologias examinadas profundamente, três dizem respeito à área da saúde: cirurgias robotizadas, próteses, órteses e esqueletos e robôs de cuidado para idosos e pessoas com deficiências.[48]

No âmbito das cirurgias, os robôs são utilizados como assistentes e, dentre suas vantagens, destaca-se a maior precisão dos procedimentos, diminuição da invasividade dos procedimentos e do risco de danos causados por erros. Todavia, uma de suas desvantagens é a incapacidade para o sentido táctil, bastante importante para incisões, detecção de tecidos cancerosos e manipulação de veias.[49]

---

46. Há inúmeros outros, como o das criptomoedas (cf., ilustrativamente, *Gless/Kluger/Stagno*, Was ist Geld? Und warum schützt man es? Zum strafrechtlichen Schutz von virtuellen Währungen am Beispiel von Bitcoins, Recht, v. 2, 2015, p. 1–16, com ulteriores referências); o do uso de algoritmos para a criação de perfis de possíveis criminosos ou reincidentes (cf., ilustrativamente, Gless, Predictive Policing – In Defense of True Positives, *In*: *Bayamlioglu/Janssens/Hildebrandt* (Orgs.), Being profiled: Cogitas ergo sum, Amsterdam, 2018, p. 76–83, com ulteriores referências) e as questões relativas à proteção de dados pessoais (cf., ilustrativamente, *Gless*, Wenn das Haus mithört: Beweisverbote im digitalen Zeitalter, StV, v. 10, p. 671–678, 2018), que está entrando agora no foco do debate no Brasil em virtude promulgação da Lei 13.709, de 14 de agosto de 2018, com entrada em vigor escalonada para dezembro de 2018 e agosto de 2020 (art. 65).

47. *Blechschmitt*, Die straf- und zivilrechtliche Haftung des Arztes beim Einsatz roboterassistierter Chirurgie, Baden-Baden, 2016, p. 18; nas p. 39-41 a análise das vantagens e desvantagens do uso de robôs em histerectomias.

48. *Palmerini/Azzarri/ Barraglia et alii*, Regulating Emerging Robotic Technologies in Europe, p. 74 ss. Para outros usos, na cirurgia, cf. *Blechschmitt*, Die straf- und zivilrechtliche Haftung des Arztes..., p. 25 ss., e o quadro na p. 33. Segundo os autores, "Robotics qualifies in fact as one of the most powerful means to achieve the enhancement of the human being – although probably not the most controversial one, partly because it does not introduce changes in the human nature that can be passed on to the offspring" (p. 25).

49. Exposição extensiva em *Palmerini/Azzarri/ Barraglia et alii*, Regulating Emerging Robotic Technologies in Europe, p. 75 ss. Uma ideia desses equipamentos em <https://www.intuitive.com/en/products-and-services/da-vinci/systems/sp> (acesso em 20/12/2018). Sobre o sistema *da Vinci*, cf. também *Blechschmitt*, Die straf- und zivilrechtliche Haftung des Arztes..., p. 47-49; e sobre o CyberKnife, sistema de aplicação de radiação robotizado para

Vários incidentes já foram registrados, muitos com resultados fatais,[50] e que podem configurar a prática de crimes como o homicídio e as lesões corporais, e para os quais podem ter contribuído de forma penalmente relevante tanto o programador, como o fabricante, a equipe hospitalar e o médico que opera o equipamento[51] juntamente com sua equipe. Sob o aspecto da responsabilidade, a literatura narra que alguns equipamentos robóticos, por somente terem um console, poderiam concentrar a responsabilidade no médico que está operando o sistema e impedir que outros médicos da equipe intervenham a tempo em caso de urgência.[52] Enquanto um cirurgião pode mudar os rumos de uma cirurgia durante o procedimento cirúrgico, isso não pode ser feito no caso de robôs pré-programados,[53] o que implica em maior risco para o paciente em caso de alguma falha no sistema. De outro lado, cirurgias já podem ser comandadas a distância (telemedicina) ou mesmo supervisionadas à distância (*telementoring*),[54] e, em caso de resultado lesivo ao paciente, surgem os tradicionais problemas relativos à aplicação territorial da lei penal, já detectados no ambiente virtual em outros setores como no dos jogos *online*.[55]

Segundo a literatura, a mais relevante aplicação da robótica na medicina se dá no âmbito das próteses.[56] Próteses, órteses e exoesqueletos[57] são agrupados sob a rubrica "sistemas biônicos híbridos", cuja característica é a integração de três elementos: uma parte biológica, ligada a uma parte artificial por meio de uma

tratamento de câncer, cf. p. 44 e ss. Cf. também <https://www.youtube.com/watch?v=ikHqx-QGRdfc> (acesso em 20/12/2018).

50. *Palmerini/Azzarri/ Barraglia et alii*, Regulating Emerging Robotic Technologies in Europe, p. 83.

51. Um exame detalhado da responsabilidade do médico, tanto civil, quanto penal, em *Blechschmitt*, Die straf- und zivilrechtliche Haftung des Arztes..., p. 112 e ss.

52. *Palmerini/Azzarri/ Barraglia et alii*, Regulating Emerging Robotic Technologies in Europe, p. 96.

53. *Blechschmitt*, Die straf- und zivilrechtliche Haftung des Arztes..., p. 19.

54. *Blechschmitt*, Die straf- und zivilrechtliche Haftung des Arztes..., p. 29, registra a realização da primeira cirurgia transatlântica com o sistema Zeus por meio da qual uma equipe médica baseada em Nova Iorque controlava o equipamento que executava a cirurgia em Estrasburgo.

55. Cf. *Duesberg*, Der Tatbegriff in §§ 3 und 9 Abs. 1 StGB: Erkenntnisse aus einer Analyse der Anwendbarkeit deutschen Glücksspielstrafrechts auf virtuelle Offshore-Glücksspielangebote, Berlin, 2016, *passim*.

56. *Palmerini/Azzarri/ Barraglia et alii*, Regulating Emerging Robotic Technologies in Europe, p. 107.

57. Principalmente desenvolvidos e utilizados na seara militar. Conferir, por exemplo, o exoesqueleto produzido no âmbito da DARPA: <https://www.youtube.com/watch?v=_w_0stlqq5g> (acesso em 20/12/2018). Cf., ainda, <https://www.forbes.com/sites/bruceupbin/2014/10/29/first-look-at-a-darpa-funded-exoskeleton-for-super-soldiers/#5c8f42a062a0> (acesso em 20/12/2018). Uso em pacientes com desabilidades causadas por derrames, acidentes ou mesmo envelhecimento em <https://eksobionics.com/eksohealth/> e <https://www.cyberdyne.jp/english/> (acesso em 20/12/2018).

interface de controle.[58] Uma das questões que se debate aqui tem fundo ético: os limites do aprimoramento humano por meio do uso de tecnologia,[59] a *ciborguização*, nas palavras de *Hilgendorf*. A outra é a consideração da prótese como uma extensão natural do corpo humano, sujeita, assim, às mesmas proteções dadas pelo ordenamento jurídico à integridade física e à saúde,[60] quando, então, sob o ponto de vista do direito penal, seria de considerar que um dano à prótese sairia do âmbito da proteção penal dada ao patrimônio (crime de dano), para o âmbito da proteção dada à integridade física (lesões corporais), assunto já discutido no debate jurídico-penal alemão, como testemunha o texto de *Hilgendorf* neste livro. Outro âmbito que pode ter impactos penais é o dos danos causados tanto ao portador, quando a terceiros pelo funcionamento incorreto desses sistemas biônicos híbridos. Paradigmático é o caso de *Christian Kandlbauer*, que teve seus dois braços amputados substituídos por próteses e que faleceu em um acidente automobilístico com um veículo especialmente produzido para ser dirigido com o uso dessas próteses. Embora não tendo sido possível esclarecer se o acidente foi causado por alguma falha de funcionamento das próteses, tal hipótese não ficou totalmente descartada.[61]

Robôs são e serão cada vez mais usados para o cuidado de pessoas idosas[62] para o desempenho de atividades rotineiras diárias como tomar remédios, alimentar-se, levantar da cama e se deslocar pela casa, e também para o monitoramento e supervisão remotos de sua saúde, seja por equipes médicas, seja pela família. Tais utilizações, porém, apresentam desafios sob o ponto de vista das possíveis lesões à integridade física por funcionamento falho do robô, como por violações ao direito à privacidade.[63]

b) Introdução de robôs no mercado de capitais

No mercado de capitais sente-se, igualmente, o impacto da introdução de tecnologia e seu potencial uso criminoso. Desde que os sistemas de negociação em bolsas passaram a ser eletrônicos, tornou-se igualmente possível a introdução de programas de computador capazes de analisar informações e emitir milhares

---

58. *Palmerini/Azzarri/ Barraglia et alii*, Regulating Emerging Robotic Technologies in Europe, p. 109.

59. *Palmerini/Azzarri/ Barraglia et alii*, Regulating Emerging Robotic Technologies in Europe, p.119 ss.

60. Um ponto inicial para essa discussão sob o ponto de vista da proteção constitucional do corpo humano em *Palmerini/Azzarri/ Barraglia et alii*, Regulating Emerging Robotic Technologies in Europe, p. 136.

61. Cf. <https://www.theguardian.com/world/2010/oct/22/christian-kandlbauer-arm-dies-crash> (acesso em 20/12/2018).

62. Prognóstico em *Palmerini/Azzarri/Barraglia et alii*, Regulating Emerging Robotic Technologies in Europe, p. 169.

63. Sobre este ponto e à luz do crime de violação da esfera privada (§ 203 StGB), cf. *Blechschmitt*, Die straf- und zivilrechtliche Haftung des Arztes..., p. 169 ss.

de ofertas e cancelamentos em curtíssimo espaço de tempo, o que se convencionou chamar de *hight frequency trading*, ou simplesmente HFT.[64] A utilização possivelmente criminosa dessa tecnologia fez-se evidente no famoso *Flash Crash*, de 2010, no qual houve uma desvalorização abrupta de diversos ativos oriunda de um fenômeno que durou apenas vinte minutos: a realização de mais de vinte mil operações com 300 ativos.[65] Mais que a possibilidade da prática de *insider trading*, entra em jogo o tipo penal de manipulação de mercado (art. 27-C da Lei 6.385/1976).[66] Também aqui, como aponta *Costa*, a introdução da tecnologia tem vantagens e desvantagens,[67] sendo desejável um marco regulatório.[68]

c) Introdução de robôs nos conflitos armados

Armas totalmente autônomas seriam aquelas capazes de selecionar e atingir alvos sem um controle humano significante,[69] apontando-se, porém, uma plêiade de problemas que vão desde a imprecisão na identificação de alvos lícitos e

---

64. No Brasil, pioneiro, *Costa*, High frequency trading (HFT) em câmera lenta: compreender para regular. Fundação Getúlio Vargas, 2018, *passim*. Acesso livre em: <https://bibliotecadigital.fgv.br/dspace/bitstream/handle/10438/20720/COSTA%2C%20Isac.%20HFT%20-%20Compreender%20para%20Regular%20%282018%29.pdf?sequence=3&isAllowed=y> (acesso em 20/12/218).

65. Cf. *Costa*, High frequency trading (HFT) em câmera lenta, p. 25. Outro caso famoso foi o de Sergey Alynikov, analisado sob o método alemão de *Gutachtenstil* por *Pereira*, Os desafios enfrentados pelo direito penal a partir da introdução da inteligência artificial no mercado de valores mobiliários: o caso de Sergey Alynikov, in *Bottino*, Reflexos penais da regulação, Curitiba, 2018, p. 223-252. Sobre a manipulação com criptomoedas: *Brito/Shadab/Castillo*, Bitcoin financial regulation: securities, derivatives, prediction markets, and gambling, Columbia Science & Technology Law Review, 2014, v. 16, p. 144-221. Sobre o crime de manipulação de mercados e sua tipologia, *Cavali*, Manipulação do mercado de capitais: fundamentos e limites da repressão penal e administrativa, São Paulo, 2018, especialmente p. 30-31sobre o HFT.

66. "Art. 27-C. Realizar operações simuladas ou executar outras manobras fraudulentas destinadas a elevar, manter ou baixar a cotação, o preço ou o volume negociado de um valor mobiliário, com o fim de obter vantagem indevida ou lucro, para si ou para outrem, ou causar dano a terceiros: Pena – reclusão, de 1 (um) a 8 (oito) anos, e multa de até 3 (três) vezes o montante da vantagem ilícita obtida em decorrência do crime".

67. Cf. especialmente *Costa*, High frequency trading (HFT) em câmera lenta, p. 79-80.

68. Cf. *Costa*, High frequency trading (HFT) em câmera lenta, análise das possíveis respostas regulatórias nas p. 252-271.

69. *Human Rights Watch*, Mind the Gap: The Lack of Accountability for Killer Robots, 2015, p. 6 (disponível em <http://www.hrw.org>; acesso em 15/01/2019), na qual se encontra também um apanhado dos sistemas já utilizados e, ademais, uma classificação das armas em conformidade com grau de intervenção humana: a) *human-in-the-loop*: armas que operam sob comando humano; b) *human-on-the loop*: armas que selecionam seus alvos e podem atacá-los de forma autônoma, mas que estão sob supervisão humana, a qual pode retomar seu controle; c) *human-out-of-the-loop*: armas que selecionam e atacam seus alvos sem qualquer comando ou interação com humanos. Cf. também *Meloni*, Droni armati in Italia e in Europa: problemi e prospettive, Diritto Penale Contemporaneo, 2018, passim (disponível em: <https://www.penalecontemporaneo.it/upload/6964-dpc-convegno-droni.pdf>; acesso em: 14/01.2019) no

ilícitos, civis e militares, combatentes e não combatentes, até os limites do uso da força letal, uma vez que os robôs não teriam capacidade de compreender e se comportar de forma a atender aos três pressupostos de legalidade do uso de força letal (a necessidade de proteger a vida humana, ser o último recurso disponível e ser aplicado de forma proporcional à ameaça).[70] Além disso, registra-se que uma possível responsabilização civil ou de Estados pelos danos causados pelo uso de armas-robô em contrariedade às regras de direito humanitário não gozaria do mesmo efeito dissuasório da sanção penal aplicada às pessoas individualmente responsáveis (sejam naturais, sejam jurídicas) por esses equipamentos,[71] e nem sempre seria de fácil postulação em virtude dos problemas das regras de aplicação extraterritorial.[72] Por fim, as regras dos crimes de guerra e contra a humanidade, hoje consolidadas no Estatuto de Roma, dificilmente seriam aplicáveis no contexto de armas autônomas, porque mesmo que fossem encontradas as pessoas responsáveis pelos robôs, a exigência de dolo[73] para a responsabilidade penal tornaria altamente improvável a punição sob as regras do Tribunal Penal Internacional,[74] pois a forma de imputação subjetiva por excelência na seara dos resultados típicos oriundos da introdução de robôs é o da culpa (cf. *infra*) e, com isso, o pessimismo quanto a uma punibilidade por crimes internacionais parece ser fundado.[75] Esse quadro justificaria, sustentam alguns, que se banisse totalmente a produção e o uso de armas-robô.[76]

Nesta seara, teme-se, ainda, que a diminuição do custo dos robôs de uso militar poderá aumentar as chances e a severidade dos conflitos armados, uma vez

qual o autor faz um apanhado geral das discussões travadas em uma conferência internacional realizada em Milão em 2017.

70. *Human Rights Watch*, Mind the Gap..., p.8-11.

71. *Human Rights Watch*, Mind the Gap..., p. 13-14.

72. Nesse sentido, cf. *Meloni*, Droni armati in Italia e in Europa..., p.18, que relata o caso o caso dos três cidadãos do Yemen, atingidos em 2012 por um ataque de drones norte-americanos, que resolveram acionar a Alemanha em busca da reparação dos danos causados pelo ataque. Acompanhamento do caso, em língua inglesa, em <https://www.ecchr.eu/en/case/no-end-in-sight-for-us-drone-war-via-germany/#case_case> (acesso em 15/01/2019).

73. Estatuto de Roma do Tribunal Penal Internacional, art. 30.

74. *Ohlin* considera que, sob o aspecto objetivo, a estrutura da "indirect perpetration" (autoria mediata em aparatos organizados de poder) se ajustaria perfeitamente à imputação dos crimes praticados pelos robôs – independentemente de seu grau de autonomia -- aos comandantes. É no aspecto subjetivo, porém, que se encontram as dificuldades, pois, na maior parte das vezes, o comandante terá atuado de forma culposa (e não dolosa), e o direito penal internacional não contempla, em regra, essa forma de imputação subjetiva, *Ohlin*, The combatant's stance: autonomous weapons on the battlefield, International Law Studies, v. 92, p. 1–30, 2016, p. 3. Por isso, em seu entendimento, uma reação penal adequada contra os comandantes que empregam armas autônomas deverá passar, necessariamente, pela introdução da punição por culpa (*idem ibidem*).

75. *Human Rights Watch*, Mind the Gap..., p. 18-19.

76. *Human Rights Watch*, Mind the Gap..., p. 37. Outras referências em *Ohlin*, The combatant's stance..., p. 2, nota 3. Sobre essa campanha, cf. <https://www.stopkillerrobots.org/> (acesso em 20/12/2018).

que esses equipamentos chegam a custar um quarto do preço dos equipamentos dirigidos por humanos.[77] Mas não só conflitos armados de características internacionais poderiam sofrer uma escalada, há também o risco de que líderes políticos utilizem essas armas contra a população civil, resguardando assim seus soldados do conflito armado.[78]

3. Desafios para a responsabilização penal

A introdução de robôs na interação com humanos envolverá um plexo de atores envolvidos em sua criação, fabricação, manutenção, operação e controle. Isso coloca a questão de quem (e a que título) deverá ser responsabilizado quando o resultado típico é causado pela interposição de um sistema autônomo, ou mesmo híbrido. Pode-se pensar, então, em analisar desde a possível responsabilidade penal de um pesquisador, passando pela do programador, do fabricante, do vendedor, do proprietário e do usuário,[79] como evidenciam os textos de *Hilgendorf* e *Gless/Weigend*. A multiplicidade dos atores sugere que os complexos problemas de autoria e participação, já conhecidos no âmbito da criminalidade de empresa, surgirão também nesse contexto.[80] Como verá o leitor, embora não seja este o tema central dos textos reunidos neste livro, todos eles acabam tocando, ainda que brevemente, neste ponto.

Um outro aspecto relevante diz respeito ao título da imputação subjetiva. Como registram *Gless/Weigend,* a forma por excelência imputação da responsabilidade penal oriunda da introdução desses sistemas autônomos e híbridos seria a culposa. Isso se deve ao fato de que entre as pessoas naturais por trás do robô e o resultado típico se interpõe justamente um sistema caracterizado por sua autonomia, o que impediria, normalmente, a configuração do conhecimento necessário do risco de superveniência do resultado danoso, conhecimento essencial à

---

77. *Loh/Loh*, Autonomy and responsibility in hybrid systems. *In*: *Lin/Jenkins/Abney* (Orgs.). Robot Ethics 2.0: From autonomous cars to artificial intelligence, Oxford, 2017, p. 284.

78. *Human Rights Watch*, Mind the Gap..., p. 7; cf. ainda *Meloni*, Droni armati in Italia e in Europa..., p. 7. Ou mesmo o uso contrário, como suspeita-se tenha acontecido no ataque a Nicolás Maduro em agosto de 2018, possivelmente realizado com a utilização de um drone (<https://www.youtube.com/watch?v=EpFNCqCwVzo>, acesso em 20/12/2018).

79. Conferir um exame da possível responsabilidade culposa de cada um desses intervenientes no específico caso dos carros autônomos em situações dilemáticas em *Beck*, Das Dilemma-Problem und die Fahrlässigkeitsdogmatik. *In*: *Hilgendorf* (Org.), Autonome Systeme und neue Mobilität, Baden-Baden, 2017, p. 117-142, especialmente p. 135-140.

80. Um panorama em *Estellita*, Responsabilidade de dirigentes de empresas por omissão: estudo sobre a responsabilidade omissiva imprópria de dirigentes de sociedades por ações, limitadas e encarregados de cumprimento por crimes praticados por membros da empresa, São Paulo: Marcial Pons, 2017, p. 37 ss.; e em *Greco/Assis*, O que significa a teoria do domínio do fato para a criminalidade de empresa. In: Autoria como domínio do fato: estudos introdutórios sobre o concurso de pessoas no direito penal brasileiro. São Paulo: Marcial Pons, 2014, p. 81-122.

configuração do dolo. Neste livro, o texto de *Engländer* trata, ademais, do título de imputação ao fabricante do produto, se a título de participação ou de autoria colateral em crime culposo.

No universo das figuras típicas que poderão ser convocadas a prestar sua tutela nesta seara, estão não só as do homicídio e das lesões corporais culposas, como a do perigo para a vida ou a saúde de outrem (art. 132, CP[81]) e a do art. 64 do Código de Defesa do Consumidor,[82] esta última naqueles casos nos quais se toma ciência, posteriormente à introdução de um produto no mercado, de sua periculosidade para a vida ou a saúde humanas – tema já altamente discutido sob a rubrica "responsabilidade penal pelo produto",[83] abordadas por *Hilgendorf* e *Gless/Weigend* neste livro. No que diz respeito aos veículos autônomos, essa proteção no estágio do perigo poderia cobrir erros de programação que levassem o automóvel a reagir de forma inadequada em certas circunstâncias, ou mesmo falhas de segurança que permitissem que um ataque *hacker* tomasse o controle total sobre o veículo.[84]

Uma das alternativas para fazer frente às dificuldades de responsabilização penal individual oriundas de danos causados por robôs autônomos seria a criação de uma personalidade jurídica para robôs (*E-Person*) para que possam se tornar responsáveis por danos causados em sua operação,[85] como ponderam *Gless/Weigend*. Essa seria uma forma de lidar com a imprevisibilidade de seu comportamento, que cresce na exata medida de sua capacidade de aprender e se adaptar

---

81. CP: "Art. 132. Expor a vida ou a saúde de outrem a perigo direto e iminente: Pena – detenção, de três meses a um ano, se o fato não constitui crime mais grave. Parágrafo único. A pena é aumentada de um sexto a um terço se a exposição da vida ou da saúde de outrem a perigo decorre do transporte de pessoas para a prestação de serviços em estabelecimentos de qualquer natureza, em desacordo com as normas legais".

82. CDC: "Art. 64. Deixar de comunicar à autoridade competente e aos consumidores a nocividade ou periculosidade de produtos cujo conhecimento seja posterior à sua colocação no mercado: Pena – Detenção de seis meses a dois anos e multa. Parágrafo único. Incorrerá nas mesmas penas quem deixar de retirar do mercado, imediatamente quando determinado pela autoridade competente, os produtos nocivos ou perigosos, na forma deste artigo".

83. Sobre as normas penais passíveis de incidência no direito penal alemão, cf. *Valerius*, Sorgfaltspflichten beim autonomen Fahren, *In*: *Hilgendorf* (Org.), Autonome Systeme und neue Mobilität, Baden-Baden, 2017, p. 9-21, *passim*.

84. O exemplo é de *Valerius*, Sorgfaltspflichten beim autonomen Fahren, p. 13.

85. Que a responsabilidade da pessoa eletrônica não excluiria a das pessoas naturais eventualmente envolvidas nos comportamentos danosos, desde que isso seja comprovado, é algo que não se deve estranhar, como bem lembra *Beck*, pois é justamente o que já acontece, por exemplo, no âmbito da responsabilidade dos sócios de uma sociedade limitada e da sociedade mesma por ilícitos praticados em seu contexto (*Beck*, Über Sinn und Unsinn von Statusfragen – zu Vor-und Nachteilen der Einführung einer elektronischen Person, *In*: *Hilgendorf* (Org.), Robotik und Gesetzgebung, Baden-Baden, 2013, p. 256, nota 68), pense-se, apenas para ficar com um exemplo, nos casos de crimes tributários praticados no âmbito de uma pessoa jurídica contribuinte.

ao seu entorno.[86] Robôs teriam de ser registrados e equipados com um fundo patrimonial para fazer frente à reparação por danos causados.[87] A discussão sobre a atribuição de personalidade jurídica é antiga[88] e hoje está posta, no que tange ao seu reconhecimento, para animais, embriões, agrupamentos de pessoas (pessoas jurídicas) e máquinas autônomas (robôs).[89] Dentro dessa discussão, diversos *status* poderiam ser atribuídos aos sistemas autônomos: robôs como instrumentos, portanto objetos sob o ponto de vista moral e jurídico; robôs como portadores ou mensageiros, com um *status* jurídico específico; robôs como titulares indiretos de direitos, comparável ao *status* atual dos animais; robôs com específicos direitos e deveres, um *status* comparável ao das pessoas jurídicas; e, finalmente, robôs com amplos direitos e deveres, equivalente ao *status* atual das pessoas naturais.[90]

Uma das questões sobre as quais se debate é a relativa à capacidade dessas "entidades" de serem *destinatárias de normas de conduta* e do consequente juízo de reprovação que sua violação permitiria, o que pressuporia uma capacidade de valorar seu próprio comportamento,[91] conforme destacam *Gless/Weigend*. Caso se parta da concepção de que o *status* é uma atribuição social, não seria de todo inadmissível transportar aos robôs institutos jurídicos como os de "conduta", "responsabilidade" e "culpabilidade", obviamente adaptados às suas peculiares capacidades.[92] Enquanto a discussão da responsabilidade civil avança especialmente sobre o marco da reparação do dano causado, no âmbito penal o debate parece estar mais ligado a questões filosóficas ligadas à capacidade de reflexão sobre os limites entre o permitido e o proibido, pressuposta pela culpabilidade.[93]

---

86. *Gless*, Von der Verantwortung einer E-Person – Würdigung eines unveröffentlichten Regelungsentwurfs von Prof. Dr. Dr. h. c. Kurt Seelmann anlässlich seines 70.Geburtstags, GA, v. 6, 2017, p. 325.

87. *Palmerini/Azzarri/ Barraglia et alii*, Regulating Emerging Robotic Technologies in Europe, p. 24; *Beck*, Über Sinn und Unsinn von Statusfragen..., p. 256.

88. Sobre essas duas discussões, pode-se conferir *Harke*, Sklavenhalterhaftung im Rom. *In*: *Gless/Seelmann* (Orgs.), Intelligente Agenten und das Recht, Baden-Baden, 2016, p. 97-117.

89. *Beck*, Über Sinn und Unsinn von Statusfragen..., p. 241-243.

90. *Beck*, Über Sinn und Unsinn von Statusfragen..., p. 252, com ulteriores referências para os defensores de cada um desses status.

91. *Gless*, Von der Verantwortung einer E-Person..., p. 326.

92. Sobre a aplicabilidade de conceitos como o de comportamento, responsabilidade e culpabilidade penal, cf. *Hilgendorf*, Können Roboter schuldhaft handeln? Zur Übertragbarkeit unseres normativen Grundvokabulars auf Maschinen. In: *Beck* (Org.), Jenseits von Mensch und Maschine, Baden-Baden, 2012, p. 119-132, *passim*; também *Beck*, Über Sinn und Unsinn von Statusfragen..., p. 252-255.

93. *Gless*, Von der Verantwortung einer E-Person..., p. 327-328. Como adverte *Beck*, não só sob o ponto de vista jurídico, mas igualmente sob o ponto de vista moral, é possível valorar diversamente diferentes categorias de *status* para diferentes entidades, como já se faz com a diferença, jurídica e moral, entre menores de idade e adultos (*Beck*, Über Sinn und Unsinn von Statusfragen..., p. 245). Sobre as vantagens e desvantagens do debate sobre a atribuição do *status* de pessoa, cf. *idem, ibidem*, p. 247-251.

Se atualmente a discussão acerca de uma responsabilidade penal de robôs estaria mais ajustada a um roteiro de filme de ficção científica, o futuro poderá, quem sabe, revelar que a linha divisória entre a ficção e a realidade é mais tênue do que supomos. Há não muito tempo, também este livro poderia ser acusado de "ficcional" – em 2019, basta ler o noticiário para se convencer do contrário.

AGENTES INTELIGENTES E O DIREITO PENAL[1]

Prof. Dra. SABINE GLESS, Basel

Prof. Dr. THOMAS WEIGEND, Köln

I. Agentes inteligentes – potencial e risco

"A culpa é do algoritmo", veiculou-se na imprensa.[2] A esposa de um antigo Presidente da República tomou medidas judiciais contra o fato de que, quando seu nome era submetido a uma busca no Google, surgia automaticamente conectado a conceitos como "prostituição" ou "escort service". Estas associações, que a autora da medida judicial tomou como ofensivas, não estavam, porém, baseadas em decisões de pessoas no âmbito da empresa acionada em juízo, mas eram devidas a funções do "google-bot" e do "google-autocomplete", os quais, em conformidade com normas de procedimento gerais pré-determinadas, processam as buscas dos usuários.[3] Ambos são exemplos dos assim chamados agentes inteligentes:[4] suas funções operam em conformidade com regras pré-estabelecidas, mas eles

---

1. Traduzido por Heloisa Estellita, Doutora em Direito (USP), agraciada com a Humboldt Research Fellowship para realização de pós-doutorado na Alemanha (em cooperação com a Capes), Professora de Direito Penal na FGV Direito SP e coordenadora do Grupo de Pesquisa em Direito Penal Econômico na mesma instituição.

2. "Die Welt", ed. 10.09.2012, <http://www.welt.de/print/welt_kompakt/print_politik/article109114305/Schuld-ist-der-Algorithmus.html> (acesso em 18.07.2014).

3. Sobre a questão da responsabilidade civil, cf. BGH NJW 2013, p. 2348; *Gounalakis*, NJW 2013, p. 2321; *Hager*, JA 2013, p. 630; *Mäsch*, JuS 2013, p. 814.

4. *Russell/Norvig*, Artificial Intelligence. A Modern Approach, 3. Aufl. 2014, p. 34 ss.

processam as informações (os comportamentos de busca dos usuários do Google), em cada caso, de forma autônoma.

Agentes inteligentes – em suas diversas formas[5] – são utilizados ali onde o processamento rápido de grande quantidade de informações demanda combinações precisas e uma reação rápida, ou também ali onde o uso de força física, que supera as possibilidades humanas, é necessário. Há, hoje, agentes inteligentes em diversos setores da vida: eles determinam – na forma simples de um agente de software, por exemplo, as máquinas de busca na internet –, nosso acesso à informação e, com isso, em certa medida, nossa percepção da realidade:[6] "agentes de software de leitura" em corretores de bolsa de valores online tomam decisões autônomas de compra e venda de valores mobiliários a partir de determinadas informações.[7] Sistemas complexos como "bisturis inteligentes" e "robôs de corte" (*Fäsroboter*) realizam operações cirúrgicas[8] e equipamentos de voo inteligentes (drones) são usados não só para fins militares,[9] mas também para a vigilância e segurança em âmbitos civis sensíveis e, talvez em futuro breve, para a entrega de mercadorias.[10] De forma mais visível ao público geral, os agentes inteligentes são notados hoje em dia em razão dos esforços da indústria para produzir carros sem motoristas para sua introdução nas vias públicas.[11]

Os pressupostos para que uma máquina possa ser identificada como um agente inteligente são tão controversos na informática como o significado do conceito de inteligência.[12] Para uma apreciação sob o ponto de vista jurídico, parece útil

---

5. Como sinônimo para o supraconceito "agentes inteligentes" ou "agentes autônomos" utiliza-se, frequentemente, também o termo "robôs"; cf. *Beck*, JR 2009, 226; da mesma, in: *Beck* (Hrsg.), Jenseits von Mensch und Maschine, 2012, p. 15. Subconceitos utilizados para diversas formas de agentes inteligentes são, por exemplo, "agentes de software" (Softwareagenten), androides ou drones.

6. Sobre o tema, cf. *Egermann*, Suchmaschinen, in: *Kilian/Heussen*, Computerrecht, Stand 2013, nm. 7-10.

7. *Bram/Stalknecht*, Handelsblatt Online v. 24.04.2013, <http://www.handelsblatt.com/finanzen/boerse-maerkte/boerse-inside/blitzabsturz-an-der-boerse-maschinen-an-der-macht/8113842.html> (acesso em 18.07.2014).

8. *Hilgendorf*, in: *Rotsch* (Hrsg.), Criminal Compliance vor den Aufgaben der Zukunft, 2013, p. 24 ss. Sobre a licitude da introdução de "robôs de fresamento" (*Fräsrobotern*) em cirurgias de juntas, cf. a decisão civil do OLG Dresden NJOZ 2008, p. 247 e do OLG Frankfurt a.M., Urt. v. 08.11.2013 – 25 U 79/12 <http://openjur.de/u/668787.html>.

9. A licitude da introdução de robôs para uso militar é controversa sob o ponto de vista do direito humanitário internacional; sobre isso *Asaro*, International Review of the Red Cross 94 (2012), p. 687; *Heller*, Journal of International Criminal Justice 11 (2013), p. 89; *May*, Journal of International Criminal Justice 11 (2013), p. 47; *Pagallo*, The Laws of Robots, 2013, p. 51 ss.; *Sparrow*, Journal of Applied Philosophy 24 (2007), p. 62.

10. Cf. <http://www.amazon.com/b?node=8037720011>.

11. Cf. <http://www.google.ch/about/careers/lifeatgoogle/self-driving-car-test-steve-mahan.html>.

12. Alan Turing desenvolveu, ademais, em 1950, o seguinte teste: um interrogador humano realiza uma conversa por meio de um teclado e uma tela, sem contato visual e

dividir as máquinas em três tipos de sistemas, de acordo com seu design técnico: (a) sistemas de simples processamento de dados, como calculadoras de bolso, nos quais o desenvolvedor do sistema definiu por completo a forma de captação dos dados e seu tratamento com base em algoritmos hierarquicamente definidos; b) sistemas abertos, como cortadores de grama automatizados, os quais, por meio de sensores, podem registrar diferentes dados do mundo exterior, os quais são, então, processados em conformidade com regras imutáveis estabelecidas pelo desenvolvedor; c) sistemas inteligentes, que não só recolhem uma grande quantidade de dados, mas também os interpretam em conformidade com determinados padrões e reagem, de forma autônoma, aos dados processados. Assim, sistemas abertos e inteligentes atuam autonomamente, na medida em que analisam e processam sensorialmente o ambiente a seu redor. Todavia, apenas os sistemas inteligentes é que estão, ademais, em posição de reagir diretamente às informações por eles recolhidas e interpretadas e de as armazenar de uma forma que permita a elas recorrer para futuros processos decisórios. Isto pode funcionar em etapas simples, como nas máquinas de busca na internet, que salvam todas as indagações dos usuários, oferecem as combinações mais indagadas e recordam o que é aceito. Muitos agentes inteligentes, porém, devem tomar decisões muito complexas, como um carro autônomo, que tem de atravessar um cruzamento movimentado, regulado por placas de trânsito e em interação com motoristas humanos.

Mesmo um agente inteligente altamente desenvolvido é, porém, apenas tão inteligente quanto sua programação. As regras de comportamento[13] que lhe são oferecidas com base em consideráveis simulações não podem nunca lhe preparar para todos os casos pensáveis de mudança da vida real. Some-se a isso o fato de que os agentes inteligentes não podem, sem mais, como podem os humanos, transpor para novas situações, seja por analogia ou por intuição, as regras com as quais foram originariamente programados. Suposto que, no caso descrito no início, fosse dada ao "google-autocomplete" a regra de que o nome de uma determinada pessoa não pudesse ser acompanhado dos termos "prostituição" ou "escort service", o sistema não concluiria que também as expressões "call girl" ou "Rotlicht" (luz vermelha) fossem proibidas.[14]

Sistemas "verdadeiramente" inteligentes organizam os ruídos de dados gravados não apenas em conformidade com padrões para, assim, alcançar de

---

de áudio, com duas contrapartes desconhecidas; um é humano, o outro é uma máquina. Ambos tentam convencer o interrogador de que são pessoas. Se o interrogador, ao final, não puder dizer qual deles é a máquina, a máquina passou no teste de Turing. Cf. *Alan Turing*, Computing Machinery and Intelligence, Mind 59 (1950), p. 433.

13. *Russell/Norvig* (nota 4), p. 57 ss.

14. No entanto, até mesmo simples softwares podem aprender a fazer "inferências". Isso acontece, por exemplo, vinculando um agente inteligente a outro ou tirando conclusões das reações do seu entorno com base em um operador randômico.

modo mais eficiente um determinado objetivo,[15] mas podem ademais *aprender* (no sentido mais amplo),[16] na medida em que ajustam seu comportamento às informações adquiridas. Isto também funciona num patamar bem simples, como no caso de um *recommender system*, que comunica ao comprador, em uma loja online, o que "mais lhe pode interessar" (e cujas recomendações se aproximam muito às de um vendedor real). Por trás do *recommender system*, que automaticamente apresenta ao usuário outras ofertas, está um agente inteligente, que analisa continuamente, a partir dos *inputs* do usuário, suas preferências e rejeições e as compara com os dados de outros usuários, combinando um específico sistema estatístico com um operador randômico.[17] Para tal finalidade, o agente salva os rastros de informação de todos os usuários, posto que um *recommender system* necessita de enormes quantidades de dados para construir conjuntos de consumidores, que, sob o ponto de vista estatístico, têm os mesmos interesses.[18] Um carro sem motorista funciona em um nível muito mais complexo de autonomia: dado que este procura autonomamente padrões por meio das informações captadas por seus sensores e reage diretamente sobre essa base, ele não se porta apenas como um terceiro, mas age; também o seu desenvolvedor não pode prever com segurança como o carro reagirá em uma determinada situação no trânsito por meio da conexão das diversas operações de processamento de dados e nem mesmo pode compreender totalmente e de forma retroativa as decisões concretas tomadas pelo carro. O engenheiro que desenvolve um carro autônomo apenas poderá reconhecer que seu carro, por exemplo, não reconhece indicações de trânsito sob determinadas condições de luminosidade ou meteorológicas após uma série de acidentes.

O comportamento do agente inteligente é imprevisível não só quando ele está em uma situação para a qual nenhuma programação adequada foi feita, mas também quando, com base em sua "experiência", decide agir de uma determinada forma autonomamente.[19] Agentes inteligentes buscam cumprir a tarefa que lhes foi dada por humanos, mesmo quando para isso eles têm de se ajustar a novas situações. É aí que reside sua grande utilidade. Com isso, porém, não podem os humanos nem prever totalmente, nem controlar o comportamento dos agentes em situações não planejadas; um humano não pode, por exemplo, prever se e

---

15. Cf. *Wooldridge/Jennings*, Knowledge Engineering Review 10 (1995), p. 115; *John*, Haftung für künstliche Intelligenz, 2007, p. 15 ss.

16. *Hofstadter*, Fluid Concepts and Creative Analogies, 1995, p. 13 ss., 62 ss.

17. Isso leva às "recomendações com base em um pedido" nos principais varejistas online.

18. O que cria um problema massivo de proteção de dados. Cf. *Jeckmans/Beye/Erkin/Hartel/Lagendijk/Tang*, Privacy in Recommender Systems, 2013, acessível em <http://eprints.eemcs.utwente.nl/22141/01/Privacy_in_Recommender_Systems.pdf> (acesso em 18.07.2014).

19. *Russell/Norvig* (Anm.) p. 35 ss., 57 ss.; *Wooldridge/Jennings*, Knowledge Engineering Review 10 (1995), p. 118 ss.

quando um carro autônomo interpretará um sinal de trânsito não muito claramente reconhecível a partir de outros sinais de trânsito semelhantes segundo sua "experiência". A falta de controlabilidade é também, em certa medida, o outro lado do especial valor que os robôs capazes de aprender têm para os humanos.

O próximo passo poderia ser o desenvolvimento de interações "emotivas" entre máquinas e humanos: trabalha-se de forma a programar os agentes inteligentes para que reconheçam as necessidades emocionais dos humanos e para que simulem reações empáticas. Em uma forma simples, isso já acontece hoje, por exemplo, quando, em uma loja online, o usuário não encontra um produto e recebe imediatamente a mensagem: "Desculpe-nos por você não ter encontrado nada adequado". Muitos usuários se sentem bem com o sentimento similar ao seu expressado pela máquina (e talvez estejam mais dispostos a comprar algo da próxima vez), muito embora se trate na verdade de um automatismo bem simples. Até mesmo nos serviços de enfermaria já se constatou que pacientes com demência podem construir uma "ponte emocional" com um robô com aparência de animal, na medida em que atribuem à máquina sentimentos. Na informática, fala-se no Efeito-Eliza[20], quando um humano interpreta um agente inteligente, de forma inconsciente, como se este estivesse submetido a um modo de comportamento humano e a uma emoção própria.[21] O efeito abrange, porém, o perigo de uma interpretação equivocada das (re)ações de uma máquina e, com isso, de "mal-entendidos" na interação entre homens e agentes inteligentes.

Como este curto panorama mostrou, os agentes inteligentes capazes de aprender abrem uma nova dimensão de progresso. Mas, ao mesmo tempo, a apreciação jurídica desses comportamentos levanta questões novas e difíceis. Polêmica entre elas, é a questão da responsabilidade pelas ações dos agentes inteligentes. No âmbito do direito civil, a questão já foi discutida,[22] mas no âmbito penal a discussão está apenas no começo.[23] Se um resultado penalmente relevante for causado por um agente inteligente (por exemplo, um homem seja morto, ferido ou uma coisa seja objeto de dano), então coloca-se a questão sobre a responsabilidade: quem agiu e quem suporta a culpabilidade penal? O ser humano que colocou a tecnologia em ação? Ou próprio agente inteligente? Ou talvez ninguém seja penalmente responsável, porque a coletividade e os usuários desejam, em princípio, tal tecnologia e, portanto, estão também dispostos a suportar as conse-

---

20. ELIZA é um programa de computador desenvolvido por *Joseph Weizenbaum* e que simula um psicoterapeuta que (aparentemente) interage oralmente como um ser humano; *Weizenbaum*, Computer Power and Human Reason, 1976; *Hildebrandt*, in: *Hildebrandt/Gaakeer* (Hrsg.), Human Law and Computer Law: Comparative Perspectives, 2013, p. 27 ss.

21. Cf. *Picard*, Affective Computing, 1995; *Tao/Tan*, in: *Tao/Tan/Picard* (Hrsg.), Affective Computing and Intelligent Interaction, 2005, p. 981.

22. Cf. *Gruber*, in: *Beck* (Hrsg.), Jenseits von Mensch und Maschine, 2012, p. 150; *Hanisch*, in: *Hilgendorf* (Hrsg.), Robotik im Kontext von Recht und Moral, 2014, p. 27; *Spindler*, in: *Hilgendorf* (Hrsg.), a.a.O., p. 63.

23. Cf., porém, o livro coletivo de *Beck* (nota 22).

quências de sua (parcial) imprevisibilidade? O esboço a seguir se ocupará dessas questões e dos possíveis fundamentos e limites da responsabilidade penal pelo uso de agentes inteligentes.

II. O agente inteligente como sujeito punível?

Nosso direito penal foi feito para humanos. Aos humanos é imputado o resultado descrito em um tipo penal, quando eles, por meio de uma conduta, tenham-no causado. E o ser humano carrega a culpabilidade de natureza penal quando realiza, dolosa ou culposamente, um tipo penal e, com isso, reconhece o injusto de seu comportamento e pode evitá-lo de forma exigível. Todavia, como vimos, também agentes inteligentes são capazes de aprender e, pelo menos em um sentido figurativo, podem agir de forma autônoma. Significaria isso que também eles podem ser punidos como os humanos?

1. Antecedentes: animais e robôs como sujeitos do direito penal

Antes de tentar responder a essas perguntas, queremos voltar os olhos para experiências e ideias que se dirigem ao sancionamento penal de não-humanos.

Em séculos passados, não tinha o ser humano o monopólio da culpabilidade e da pena. A retribuição era usada, na verdade, também contra objetos inanimados.[24] A história do direito penal narra processos penais e penas contra animais na Europa desde os tempos modernos.[25] Um dos mais recentes processos contra animais provém de Basel (1474): procedia-se contra uma galinha, que foi acusada por ter colocado um ovo, do qual deveria sair um animal meio réptil, meio ave (*Basilisk*).[26] A galinha de Basel foi punida – assim como outros animais condenados – com a pena de morte. Qual a motivação que estaria por trás da punição de animais é um tema até hoje discutido. Historiadores referem, inicialmente, um direito profano de matar dos fazendeiros em face de danos causados por gado abandonado.[27] Uma outra fonte de processos contra animais pode ter sido a busca de proteção mágica contra obras do diabo. Também o pensamento da retribuição teve, possivelmente, algum papel. Na Idade Média, supunha-se que deus tivesse atribuído aos animais uma função de servir aos homens;[28] a violação dessa função fazia com que os animais – e os homens – merecessem a pena, por meio da qual

---

24. *Bauer*, in: *Perels/Wojak* (Hrsg.), Die Humanität der Rechtsordnung. Ausgewählte Schriften, 1998, p. 251.

25. Os processos contra animais incorporaram elementos do processo contra pessoas, como a prisão preventiva ou a indicação de um defensor para o animal acusado. Cf. *Dinzelbacher*, Das fremde Mittelalter. Gottesurteil und Tierprozess, 2006, p. 113.

26. *Brednich*, Enzyklopädie des Märchens, Bd. 13, 2010, p. 651.

27. *Brednich* (nota 26), p. 651.

28. *Gergen*, NuR 2012, p. 96, 102.

seria reestabelecida a ordem hierárquica no mundo.[29] Com o Iluminismo e a implementação de teorias preventivas da pena, encerra-se o período de existência de um direito penal contra animais.[30] Daí em diante os animais não foram mais tratados como pessoas, mas como coisas (cf. § 90a Satz 2 BGB). Pondera-se hoje, porém, no âmbito do movimento em prol dos direitos dos animais, sobre o fato de que animais tenham não apenas direitos, mas também deveres.[31]

Em conformidade com o entendimento moderno, as máquinas carecem, tanto quanto os animais, do status de pessoas. Elas não são consideradas seres autodeterminados, uma vez que seus modos de função já estão estabelecidos. Mark Twain já o tinha formulado em 1906:[32] "[The machine] does no more and no less than the law of its make permits and compels it to do. There is nothing personal about it; it cannot choose". Mesmo os agentes inteligentes[33] concebidos como "robôs sociais" para a interação com humanos são, a rigor, nada mais do que uma união de diversos componentes, como, por exemplo, equipamentos, computadores e sensores.

No gênero da ficção científica, encontramos sempre, porém, a ideia de que poderá existir uma máquina construída para ser auxiliar dos humanos. O robô que lentamente se transforma em humano é um tema recorrente nos romances de ficção científica. Já em 1950, formulou *Isaac Asimov*, de forma plástica, a indagação acerca da personalidade jurídica das máquinas. Em seu romance, com o marcante título "I, Robot", apresentou *Asimov* regras de conduta que deveriam determinar o relacionamento hierárquico entre humanos e robôs.[34] Da mesma forma, em diversos filmes de ficção científica, máquinas com uma crescente autoconsciência desempenham um importante papel.[35] Um exemplo típico é o androide David no filme "AI" de *Steven Spielberg*, o qual, arrependido, promete à

---

29. *Fischer*, in: *Rehberg* (Hrsg.), Die Natur der Gesellschaft, 2008, p. 5151, 5159.

30. *Dinzelbacher* (nota 25), p. 111.

31. Ademais *Ritvo*, Daedalus 136 (2007), p. 118; *De Mello*, Animals and Society, 2012; *Peters/Stucki/Boscardin*, The Animal Turn-What is it and Why Now?, Verfassungsblog.de 14. April 2014, acessível em <http://www.verfassungsblog.de/the-animal-turn-what-is-it-and-why-now> (acesso em 18.07.2014) .

32. *Mark Twain*, What is man? 1906, acessível em http://www.gutenberg.org/ebooks/70 (acesso em 18.07.2014).

33. Cf. *Kobald*, Ideengeschichtliche Aspekte zur Technikgenese der sozialen Robotik unter weltanschaulicher Perspektive, 2013, p. 13 ss.

34. *Asimov*, I, Robot, 1950, p. 27. Segundo o qual devem ser aplicadas estas três regras: "1. A robot may not injure a human being or, through inaction, allow a human being to come to harm; 2. A robot must obey the orders given it by human beings, except where such orders would conflict with the First Law. 3. A robot must protect its own existence, as long as such protection does not conflict with the First or Second Laws" (acesível em <http://cdn.preterhuman.net/texts/literature/books_by_author/A/Asimov,%20Isaac%20-%20I,%20Robot.pdf> [acesso em 18.07.2014]).

35. Cf. 2001: A Space Odyssey (1968); Star Trek, The Ultimate Computer (1968); The Stepford Wives (1975); Blade Runner (1982); Artificial Intelligence (2001).

sua mãe humana que melhorará seu comportamento – convertido, tal qual Pinocchio – para, com isso, poder regressar à sua casa.[36]

2. *Agentes inteligentes como pessoas?*

Ainda que essas representações de agentes inteligentes que aprendem a desenvolver autoconsciência, sentimentos, empatia e moral e que, assim, permitam lhes atribuir uma forma de livre-arbítrio e talvez até status de agente moral, e mesmo que se trate apenas de mera imaginação e não de realidade, esses livros e filmes invocam questões interessantes – até mesmo acerca da questão de se e sob quais pressupostos entraria em questão sua punição.[37] Em pouco tempo, possivelmente, os robôs nos parecerão não mais fortemente controlados do que os próprios humanos, que tomam suas decisões supostamente livres a partir de uma impenetrável malha de influências genéticas, de educação e do contorno social, e que nós ainda definimos como "livres" para fins de responsabilidade.

Nesse sentido, já se coloca a questão acerca de onde se finca a fronteira entre as máquinas e as pessoas humanas como sujeitos tradicionais do direito penal. É suficiente que um robô tenha a capacidade pré-programada de comparar os dados coletados no seu entorno com modelos conhecidos de comportamento e de atuar a partir deles, para que, com isso, possamos vê-lo como uma "pessoa" responsável por seu comportamento?

De acordo com uma linha da filosofia do direito liderada por *John Locke*[38] e *Immanuel Kant*, é pessoa quem pode desenvolver uma relação mental consigo mesma. A capacidade de autorreflexão permite à pessoa a autodeterminação; ou, na expressão de *Kant*: em razão de que a pessoa seria capaz de autoconsciência, ela também consideraria a si própria como "determinável apenas por meio de leis impostas por ela mesma por meio da razão, e, nesse sentido, sua existência (Dasein) não é de nenhuma forma precedente à determinação volitiva, mas pode-se

---

36. David: "I'm sorry I broke myself. I'm so sorry I cut your hair off. I'm sorry I hurt Martin. [...] Mommy if Pinocchio became real and I become a real boy can I come home?".

37. Cf. *Beck*, in: *Battaglia/Mukerji/Nida-Rümelin/Bisol* (Hrsg.), Rethinking Responsibility in Science and Technology, Pisa 2014, p. 177 ss.; *Koops/Hildebrandt/Jaquet-Chifelle*, Minnesota Journal of Law, Science & Technology 11 (2010), p. 522 ss.; *Hildebrandt*, in: *Hildebrandt/Rouvroy* (Hrsg.) Law, Human Agency and Autonomic Computing, 2011, p. 141 ss.

38. *John Locke*, An Essay Concerning Human Understanding, 1690, S. 331 (§ XVII Nr. 26), toma como pressuposto do ser-pessoa que alguém como "agente inteligente" (!) seja "capable of a Law, and Happiness and Misery". A consciência sobre o próprio passado é a chave para a pessoa: "This personality extends itself beyond present existence to what is past, only by consciousness, – whereby it becomes concerned and accountable; owns and imputes to itself past actions, just upon the same ground and for the same reason as it does the present". Cf. também *Seelmann*, Rechtsphilosophie, 5. Aufl. 2010, p. 132 ss.; detalhado, o mesmo, in: *Heer* u.a. (Hrsg.), Toujours agité, jamais abattu, Festschrift für Wiprächtiger, 2011, p. 575.

dizer que, isto sim, toda ação (...) praticada em consciência de sua existência inteligível deve ser vista como consequência, nunca como razão determinante de sua causalidade, como Noumens".[39] A partir deste fundamento, continua *Kant*, um ser racional poderia dizer, com razão, sobre cada comportamento contra a lei que seja perpetrado, que ele poderia tê-lo omitido.[40] Quando a pessoa com autoconsciência de sua liberdade existencial não pode senão compreender-se como responsável por seus atos,[41] então estão os demais autorizados a imputar a essa pessoa a responsabilidade. Um outro entendimento tradicional, reconduzível a *Hegel*, separa claramente o conceito de pessoa do conceito de ser humano e entende o primeiro como a descrição da essência humana e, assim, como possível portador de direitos e deveres na sociedade.[42]

Essas considerações, fundamentadas na filosofia idealista, certamente não se referem aos modernos robôs. Pode-se dizer, porém, que faltam aos agentes inteligentes elementos essenciais do ser-pessoa: pode ele até aprender e tomar decisões – imprevisíveis para os demais –, todavia, não pode se tornar consciente de sua própria liberdade, e muito menos entender-se como portador de direitos e deveres na sociedade.[43] Agentes inteligentes podem realizar determinadas tarefas de forma automática, mas seguem – mesmo quando capazes de aprender –, em última instância, as opções pré-programadas e não se autoatribuem responsabilidade por seu comportamento.[44] Por isso, consideramos os agentes inteligentes como "não livres" e não os fazemos pessoalmente responsáveis pelo dano por eles causados.

Estas considerações dizem respeito – e isto deve-se ter bem claro –, de um lado, ao estágio atual de desenvolvimento da inteligência artificial, e, de outro, à compreensão tradicional de pessoa no sentido da filosofia alemã, a qual ainda determina os parâmetros aplicáveis para o direito penal. Caso se pudesse desenvolver agentes inteligentes com autoconsciência e consciência jurídica, com capacidade de respostas emocional e ética e com outras dimensões tipicamente humanas, seria naturalmente de se considerar, então, se não deveriam ser vistos como portadores de personalidade jurídica (e possivelmente capazes de culpa).[45]

39. *Kant*, Kritik der praktischen Vernunft, in: *Weischedel* (Hrsg.), Immanuel Kant, Werke in zehn Bänden, 1975, Bd. 6, p. 223.

40. *Kant* (nota 39), p. 223.

41. *Kant* (nota 39), p. 223 ss., refere-se aqui às vozes da consciência, cujas censura própria e reprimenda não poderiam ser caladas – ele "pode fingir o quanto quiser".

42. Cf., quanto a isto, *Jakobs*, Norm, Person, Gesellschaft, 3. Aufl. 2008, p. 37 ss.; *Pawlik*, Das Unrecht des Bürgers, 2012, p. 141 ss.

43. Considerações essenciais sobre a personalidade jurídica no âmbito da inteligência artificial em *Solum*, North Carolina Law Review 70 (1992), p. 1231; *Matthias*, Automaten als Träger von Rechten, 2008.

44. Cf. também *Koops/Hildebrandt/Jaquet-Chifelle*, p. 522 ss.

45. Sobre a questão do status, cf. *Beck*, in: *Hilgendorf/Günther* (Hrsg.), Robotik und Gesetzgebung, 2013, p. 239 ss.; *Hildebrandt*, in: *Hildebrandt/Gaakeer* (nota 20), p. 27 ss.

3. Punibilidade de agentes inteligentes?

O problema existente no fato de os agentes inteligentes, *rebus sic standibus,* não poderem ser considerados responsáveis por seus comportamentos em um sentido jurídico ou moral reflete-se também nas categorias dogmáticas do direito penal. Assim como sucede em vários dos pontos similares às questões acerca da uma punibilidade das pessoas jurídicas,[46] os problemas estão situados, já de saída, nos pressupostos "conduta" e "culpabilidade".

a) Capacidade de conduta dos agentes inteligentes

Uma máquina de busca na internet agrega uma combinação de palavras difamatórias, um drone lesiona pessoas, um carro autônomo atropela um pedestre: essas ocorrências parecem referir-se a condutas dos próprios agentes inteligentes, na medida em que atuem independentemente de um controle humano e com base em seu algoritmo – no sentido acima estabelecido de capacidade de aprendizado.[47] Mas, seriam essas, realmente, verdadeiras "condutas" dos agentes inteligentes no sentido penal?

Com a pergunta acerca de quando há uma conduta juridicamente relevante, já se ocupou a ciência jurídico-penal, especialmente na metade do século passado. Para a tradicional teoria "causalista", é suficiente qualquer movimento corporal voluntário como conduta penalmente relevante; sua variante moderna, a "social", exige, ademais, uma qualquer forma de referência social do movimento corporal.[48] Aplicando-se essas definições a agentes inteligentes, vê-se que esses agentes, que transcendem um mero ambiente de software (como a internet) e nos confrontam como robôs operados mecanicamente,[49] sem dúvida, movem seus

46. Essencial *Böse*, ZStW 126 (2014), p. 126 ss.; *Frisch*, Festschrift für Wolter, 2013, p. 349; *Heine*, Die strafrechtliche Verantwortlichkeit von Unternehmen, 1995; *Hettinger* (Hrsg.), Reform des Sanktionenrechts, Bd. 3: Verbandsstrafe, 2003; *Jakobs*, Festschrift für Lüderssen, 2002, p. 559; *Mitsch*, NZWiSt 2014, 1; *Schünemann,* Festschrift für Tiedemann, 2008, p. 429; o mesmo, in: Leipziger Kommentar, 12. Aufl. 2007, vor § 25 nm. 17 ss.; *Volk*, JZ 1993, p. 429. "Em tempos recentes, confira-se a tentativa de solução apresentada no Projeto de Lei do Estado Nordhein-Westfalen para um código penal das pessoas coletivas"; acessível em <http://www.justiz.nrw.de/JM/justizpolitik/jumiko/beschluesse/2013/herbst-konferenz13/zw3/TOP_II_5_Gesetzentwurf.pdf> (acesso em 18.07.2014); ademais, *Hoven*, ZIS 2014, p. 19; *Löffelmann*, JR 2014, p. 185; *Zieschang*, GA 2014, p. 91.

47. Cf. acima II 1.

48. Sobre as teorias da ação, um panorama em *Jescheck/Weigend*, Lehrbuch des Strafrechts, Allgemeiner Teil, 5. Aufl. 1996, p. 217 ss.; *Puppe*, in: Nomos Kommentar StGB, 4. Aufl. 2013, vor § 13 nm. 31 ss.; *Roxin*, Strafrecht Allgemeiner Teil, Band I, 4. Aufl. 2006, p. 236 ss.

49. O problema é a existência de uma "conduta" no sentido tradicional no caso de agentes apenas "intelectualmente" operacionais, como os mecanismos de busca na internet. Aqui seria preciso "descorporificar" o conceito de conduta para ainda poder descrever seu comportamento como uma "conduta".

"corpos"; todavia, esbarra-se, logo adiante, na questão sobre se eles podem agir "voluntariamente". Sob o ponto de vista causal, não são feitas muitas exigências quanto ao controle da vontade da conduta; só se nega a voluntariedade ali onde o corpo humano simplesmente reage "automaticamente" (como em casos específicos de reflexos que não podem ser controlados) ou quando ele é usado como objeto psíquico por outros homens (A joga B sobre C).[50] Isto acontece com máquinas simples controladas pelos homens, como os aspiradores de pó ou os carros tradicionais, mas não com agentes inteligentes, os quais, com sua capacidade de aprendizado, escapam a um controle humano contínuo. Eles podem, no sentido da teoria causal da conduta, tomar decisões "voluntárias".

Diferentemente da anteriormente dominante teoria causal, os defensores do conceito finalista de conduta tornam a dirigibilidade finalística o critério central da conduta humana.[51] De acordo com esse entendimento, a conduta humana se distingue de outros acontecimentos, que podem ser causais para a ocorrência de um dano, justamente porque os primeiros são determinados pela vontade humana. Apenas quando e porque a conduta humana é expressão de uma vontade do agente dirigida a um fim é que pode ela pode ser penalmente relevante.[52] O que sucede com capacidade de conduta dos agentes inteligentes? Em virtude de sua capacidade de aprender, estão eles aptos a determinar autonomamente os passos intermediários que, sob determinadas circunstâncias, conduzirão ao sucesso de sua missão. Assim, por exemplo, em um nível mais simples, uma máquina de busca na internet pode estabelecer uma relação própria entre os termos de busca utilizados ou – num nível bem mais complexo –, um drone armado pode identificar objetos inimigos e os atacar. É uma questão de avaliação (externa), se se admite que um agente inteligente toma suas decisões baseado em "choices" já previamente programadas ou se ele faz "judgements" – ou seja, valorações "próprias". Mesmo quando afirma esta última opção, isso não quer dizer, todavia, que o agente inteligente estabelece metas "deliberadamente" e que possa determinar suas condutas em conformidade com essas metas. Isso pressuporia, no mínimo, que o agente inteligente reconhecesse sozinho o que faz e que, além disso, soubesse que seu comportamento é socialmente significativo, ou seja, que tem potencial para influenciar a vida de outras pessoas. Se os agentes inteligentes têm ou podem adquirir uma tal forma de autoconsciência é uma questão objeto de discussão no âmbito da chamada inteligência artificial, e que, até este momento, não tem uma resposta positiva.[53] No quadro atual, ainda não esperamos que os

---

50. Cf. *Baumann/Weber/Mitsch*, Strafrecht Allgemeiner Teil, 11. Aufl. 2003, p. 207-211.

51. *Welzel*, Das deutsche Strafrecht, 11. Aufl. 1969, p. 33 ss.; o mesmo, JuS 1966, p. 423; sob o ponto de vista atual *Stratenwerth/Kuhlen*, Strafrecht Allgemeiner Teil, 6. Aufl. 2011, p. 57 ss.

52. *Stratenwerth*, Schweizerisches Strafrecht. Allgemeiner Teil, Band I, 4. Aufl. 2011, p. 128 ss.

53. Cf. *Hofstadter* (nota 16), p. 179 ss., 195 ss.

agentes inteligentes saibam o que fazem e que percebam a relevância de suas próprias ações – para além de determinar se se aproximam dos objetivos programados.

A rigor, a questão acerca da capacidade de ação (penal) dos agentes inteligentes deveria poder ser considerada uma questão de definição: sob o ponto de vista causalista, baseada em considerações meramente externas, que entendem como conduta qualquer movimento corporal voluntário, agentes inteligentes podem ser vistos como seres que praticam condutas. Quanto mais densidade substancial se der ao conceito de conduta, quanto mais nele se introduzir uma determinação finalística autoconsciente, menos conseguirão os agentes inteligentes atender aos pressupostos da capacidade de conduta.

b) Capacidade de culpabilidade dos agentes inteligentes

Quando se aceita que os agentes inteligentes praticam condutas no sentido penal, coloca-se imediatamente a próxima questão, relativa à sua possível responsabilidade penal: podem os agentes inteligentes se fazerem culpáveis? Pode-se reprovar a uma máquina de busca o fato de que ela, ao receber o *input* de um determinado nome, apresente um conjunto de conceitos difamatórios e pode-se reprovar um bisturi elétrico por ter cortado tecidos saudáveis em vez de se limitar aos tecidos não saudáveis? No âmbito civil, recomenda-se entender os agentes inteligentes como sujeitos responsáveis *sui generis*, os quais – com base em um fundo de responsabilidade civil pré-constituído – podem ser responsabilizados pelos danos que causarem.[54] Também no âmbito do direito penal se cogita atribuir aos agentes inteligentes a capacidade de culpabilidade tendo em vista suas capacidades de aprendizado e memória.[55] Em conformidade com o princípio constitucional da culpabilidade,[56] porém, a punibilidade pressupõe uma responsabilidade pessoal do autor por sua conduta, no sentido de que ele a poderia ter evitado desde que empregasse esforços adequados e exigíveis; só então se poderá lhe reprovar por seu injusto.[57] O BGH, em 1952, assim expressou, em formulação clássica: "O fundamento interno da reprovação da culpabilidade reside no fato de que o homem está investido de uma liberdade de autodeterminação, responsável

---

54. *Gruber*, p. 150 ss.

55. Sobre os pressupostos do surgimento da personalidade jurídica, comparar *Beck/Zabel*, in: *Friedrich/Zichy* (Hrsg.), Persönlichkeit – Neurowissenschaftliche und neurophilosophische Fragestellungen, 2014, p. 49; *Hildebrandt*, in: Duff/Green, *Philosophical Foundations of Criminal Law*, Oxford 2014, p. 510.

56. Cf. BVerfGE 45, 187, 227; 95, 96, 140; especialmente marcante BVerfGE 123, 267, 413, no qual o princípio da culpabilidade é considerado inviolável em virtude de sua ancoragem na dignidade humana, em conformidade com o art. 79 par. 3 da Constituição alemã.

57. De forma geral, sobre o princípio da culpabilidade, *Frister*, Strafrecht Allgemeiner Teil, 6. Aufl. 2013, p. 30 ss.; *Kühl*, Strafrecht Allgemeiner Teil, 7. Aufl. 2012, p. 364 ss.; *Roxin*, Allg. Teil I, p. 851 ss.; *Stratenwerth/Kuhlen*, Allg. Teil, p. 159 ss.

e moral, e, por isso, é capaz de se decidir pelo justo e contra o injusto, de adaptar seu comportamento aos mandamentos jurídicos e evitar o que seja juridicamente proibido, assim que ele tenha alcançado a maturidade moral (...)".[58]

Essa definição parece excluir categoricamente a culpabilidade penal de um agente inteligente. Afinal, os agentes inteligentes não são considerados atualmente pessoas capazes de uma autodeterminação moral, mas tecnologias baseadas em computadores, que executam as tarefas a eles atribuídas de acordo com sua programação. Não se lhes pode atribuir culpabilidade no sentido proclamado pelo BGH. O dogma relativamente indiscutível do livre-arbítrio de 1952 – como importante fundamento do conceito tradicional de culpabilidade –, tem sido, em tempos recentes, veementemente colocado em dúvida à luz de determinadas descobertas das pesquisas da neurociência.[59] O que ainda remanesce como válido dessa concepção idealista de um homem dotado de livre-arbítrio à luz da atual controvérsia é algo que ainda não foi completamente esclarecido.[60] Mas isto não tem, porém, e ao contrário do que possa parecer à primeira vista, um significado decisivo para a discussão acerca de uma possível culpabilidade penal dos agentes inteligentes. Isto porque antes mesmo da discussão sobre os resultados dessas recentes pesquisas neurobiológicas, já se tinha estabelecido, no âmbito penal, um amplo reconhecimento de que, para o estabelecimento da culpabilidade penal, não se trata da investigar conexões e processos neurais, mas expectativas e imputações nas relações sociais.[61]

A partir de um princípio de culpabilidade assim entendido, apartado das questões relativas a processos neurais, são perfeitamente pensáveis pontos de apoio para a adoção de uma "culpabilidade" dos agentes inteligentes.[62] De uma perspectiva funcional, atribui-se a culpabilidade àquele que é identificado como

---

58. BGHSt 2, 194, 200.

59. Cf. Roth/Pauen, Freiheit, Schuld und Verantwortung, 2008; Singer, in: Geyer (Hrsg.), Hirnforschung und Willensfreiheit, 2004, p. 30 ss.

60. Da literatura inabarcável sobre o tema, cf. *Duttge*, in: *ders.* (Hrsg.), Das Ich und sein Gehirn, 2009, p. 13; *Hillenkamp*, JZ 2005, p. 313; *Jäger*, GA 2013, p. 3; *G. Merkel*, Festschrift für Herzberg, 2008, p. 3; *R. Merkel*, Willensfreiheit und rechtliche Schuld, 2008; *Schiemann*, ZJS 2012, p. 774; *Streng*, Festschrift für Jakobs, 2007, p. 675; *Weißer*, GA 2013, p. 26.

61. *Frister*, Allg. Teil, p. 32 ss.; *Roxin*, p. 869 ss.; sob outra perspectiva também *Jakobs*, Strafrecht Allgemeiner Teil, 2. Aufl. 1991, p. 484 ss. Cf. também já *Kant*, Kritik der reinen Vernunft, Werke in sechs Bänden, Bd. 2, (1956), p. 501: "A real moralidade das acões (merecimento e culpa), mesmo aquela que subjaz aos nossos próprios comportamentos, permanece a nós completamente oculta. Nossas imputações podem referir-se apenas ao aspecto empírico. Quanto disso é puro efeito da liberdade, e quanto deveria ser imputado à mera natureza ou ao equívoco involuntário de temperamento, ou à sua afortunada composição (*merito fortunae*), ninguém pode analisar e, portanto, tampouco dirigir de forma completamente justa".

62. Cf., quanto a isso, também *Gruber* (nota 45), p. 157; do mesmo (nota 22), p. 150; *Teubner*, Zeitschrift für Rechtssoziologie 27 (2006), p. 15 ss.

o causador responsável do conflito social sedimentado no fato punível.[63] Até mesmo a ideia de "vontade livre" torna-se fungível: A "liberdade do comportamento autodeterminado" não é um fenômeno natural, mas o produto de uma atribuição, que serve a certas finalidades sociais, particularmente à organização social sob a premissa do reconhecimento recíproco de liberdade.[64] Todavia, a culpabilidade e a responsabilidade jurídica dela decorrente não podem ser arbitrariamente atribuídas sob os parâmetros sociais atuais; de outro modo se comprometeria a funcionalidade social do direito penal. Por meio do pressuposto mínimo de que nós atribuímos responsabilidade a alguém em virtude de sua conduta como pessoa, chegamos novamente à já examinada exigência da possibilidade de autorreflexão.[65] Quem não está em condições de valorar a si mesmo e suas decisões anteriores em conformidade com um sistema de referência ético, na linguagem comum, de ter "uma consciência boa ou ruim",[66] não é considerado como sujeito de direito, ou seja, como objeto de atribuição de responsabilidade e culpabilidade; pois nenhum diálogo ético é possível com essa pessoa, que é incapaz de dar qualquer "resposta" a um reproche ético. Um tal agente – tal qual um animal selvagem ou uma pessoa que padece de sérias alucinações – só pode ser controlado por meio de medidas de defesa contra perigos, mas não pode ser penalmente sancionado.

Não obstante, os agentes inteligentes "decidem", já nos dias de hoje, sobre uma base que vai muito além da avaliação da própria forma de conduta anterior fundada simplesmente em uma grade de sucessos e fracassos. Quanto mais difíceis são as tarefas atribuídas aos agentes inteligentes, mais complexas devem ser suas estruturas de aprendizado; isso vale para um carro autônomo que, para chegar a seu destino, encontra-se diante da decisão sobre se toma uma estrada congestionada pelo trânsito ou se toma uma rua para pedestres, fechada para automóveis. É previsível que, no futuro, os agentes inteligentes, cada vez em maior medida, deverão também levar em conta aspectos éticos para seus processos de tomada de decisão. Isso vale, por exemplo, para carros autônomos com relação a manobras evasivas que podem levar à lesão de bens jurídicos de terceiros;[67] dilemas éticos podem também surgir por meio da inserção de drones civis para a entrega de mercadorias compradas online.[68] Quando tais planos (já bem concretos) forem colocados em prática, esses drones de entrega deverão escolher dentre as diversas possibilidades de conduta para cumprirem sua missão e, assim,

63. *Jakobs*, p. 471 ss.
64. *Frister*, p. 32 ss.
65. Cf. também *Beck/Zabel* (nota 55), p. 62 ss.
66. Cf. *Seelmann* in: *Heer* e outros, p. 575.
67. Contra este pano de fundo, a viva discussão na internet revela como um agente inteligente poderia resolver o "Trolley Problem" ou o "Fat Man Problem" (conhecido no debate alemão como casos do "controlador de trilhos"); cf. <http://marginalrevolution.com/marginalrevolution/2012/06/the-google-trolley-problem.html> (acesso em 18.07.2014).
68. Cf. sobre isso <http://www.zeit.de/wirtschaft/2013-12/amazon-will-ware-per-drohne-liefern> (acesso em 18.07.2014).

orientarem-se segundo um esquema (pré-programado) bom-ou-mau, que levará em conta o cumprimento de regras normativas. Como deverá se comportar um drone encarregado de uma determinada tarefa (por exemplo, entrega de mercadorias ao destinatário às 17h) e que, ao mesmo tempo, recebe a orientação de executar essa sua missão de forma socialmente aceitável, ou seja, atendendo a determinadas restrições de ruído e respeitando a esfera privada das pessoas que estão em seu caminho? Para uma tal finalidade, deverão ser fornecidas regras de comportamento detalhadas, por exemplo, não sobrevoar hospitais e coberturas em altitudes muito baixas. Pelo cumprimento dessas regras, ganharia o drone pontos positivos, por sua violação, seria multado com pontos negativos, quantificados em conformidade com a gravidade da violação normativa.[69] A partir do balanço entre pontos negativos e positivos estabelecido após o cumprimento da missão, poderia o drone "aprender" a futuramente atingir suas metas com o melhor saldo de pontos possível.[70] Perante um tal sistema, coloca-se a questão sobre se essas violações de regras devem conduzir não apenas a um ajustamento da conduta do agente inteligente, mas também a uma atribuição de culpabilidade quando se comportou de forma normativamente "errada", como, por exemplo, quando escolhe uma rota sobre diversos hospitais.

Seria pensável uma tal atribuição de culpabilidade, mas teria ela sentido para a gestão dos conflitos de interesse social entre a entrega rápida de mercadorias e a necessidade de tranquilidade dos pacientes? Só se poderá, talvez, responder positivamente a esta pergunta quando se pressupor que um complexo sistema positivo-negativo corresponderá funcionalmente, para o agente inteligente, à autovaloração ética e ao autocontrole humanos. Somente sob este pressuposto é que poderá ser pertinente fazer um reproche de culpabilidade penal a um agente inteligente. Se é isso que se deseja, então dever-se-ia adaptar o pressuposto do reproche de culpabilidade, que é a capacidade de compreensão do injusto, às condições dos agentes inteligentes: deveria, então, ser suficiente que o agente (humano ou inteligente) reconheça o caráter indesejado de uma conduta e possa, assim, "internamente" valorar negativamente tal conduta.[71] Com tais reflexões, ocupa-se, atualmente e desde o começo deste milênio, um crescente setor da *Machine Ethics*. Trata-se, principalmente, de *quando* e, dado o caso, de *como*

---

69. *Pfützenreuter,* Intelligentes Missionsmanagement für autonome mobile Systeme, 2005.

70. Por exemplo, um drone que decida sobrevoar dois hospitais para entregar as mercadorias o mais rápido possível receberia a informação de que recebeu um alto número de pontos como penalidade pela violação da regra; o que deve fazer com que, na próxima vez, escolha uma rota diferente, talvez mais longa, mas que evita a poluição sonora para os pacientes.

71. Sobre o problema paralelo, relativo à punibilidade de pessoas jurídicas, *Frisch,* p. 349, 353.

se pode implementar nos robôs um sistema de regras eticamente fundado.[72] Atualmente, porém, esses projetos estão ainda em seus passos iniciais já que a formalização de decisões éticas apresenta grandes dificuldades, de forma que a programação de tais decisões para robôs pode estar distante.[73]

c) Punição de agentes inteligentes

Quando, todavia, se parte de que a um agente inteligente – ao menos em um futuro provável – possa ser imputada uma responsabilidade penal e antes mesmo da introdução de um Código Penal para Robôs, coloca-se a ulterior questão de se um agente inteligente pode ser punido. Nosso direito penal é – ao menos até este momento – dirigido a humanos e exclui, assim, a ideia de que outros entes, que não tenham essa essência humana, possam ou devam ser punidos por seus comportamentos defeituosos.[74] Esse postulado fundamental foi rompido em diversos ordenamentos jurídicos nos quais penas criminais podem ser impostas a pessoas jurídicas.[75] Mas mesmo estas sanções (predominantemente financeiras) devem, em última instância, atingir não a entidade abstrata "pessoa jurídica", mas as pessoas naturais que estão economicamente por trás da pessoa jurídica –como acionistas ou como sócias.[76] A possibilidade da "punição" de um agente inteligente que correspondesse ao sentido e à finalidade de uma pena aplicada a humanos é muito difícil de se imaginar atualmente. Dado que os agentes inteligentes não têm um patrimônio próprio (de qualquer maneira, não pode ele *compreender* que tem um patrimônio, ainda que civilmente, de alguma forma, seja-lhe assignado um patrimônio),[77] uma pena de multa a ele eventualmente aplicada deverá ser saldada

---

72. *Wallach/Allen,* Moral Machines: Teaching Robots Right from Wrong, Oxford 2008; *Anderson/Anderson* (Hrsg.), Machine Ethics, Cambridge 2011; *Storrs Hall,* Beyond AI: Creating the Conscience of the Machine, 2007; *Georges,* Digital Soul: Intelligent Machines and Human Values, Cambridge, MA 2003.

73. Cf. ademais *Muehlhauser/Helm*, Intelligence Explosion and Machine Ethics, 2012 <http://intelligence.org/files/IE-ME.pdf> (acesso em 18.07.2014). Sobre a discussão quanto à possível implementação técnica, cf. *Bostrom/Yudkowsky*, Cambridge Handbook of Artificial Intelligence, Cambridge 2011; *Santos-Lang*, in: *van Rysewyk/Pontier* (Hrsg.), Machine Medical Ethics, New York 2014, p. 74.

74. Cf. também *Matthias* (nota 43); *Wallach/Allen* (nota 72).

75. Sobre isso, cf. a contribuição de *Beale* (USA), *Hilf* (Österreich) e *Tricot* (Frankreich) in ZStW 126 (2014), p. 27 ss., 73 ss., 55 ss.; sobre o direito suíço, cf. Art. 102 schw. StGB e ainda *Stratenwerth*, p. 447 ss.

76. Sob quais condições a responsabilidade das pessoas economicamente afetadas pelo comportamento desviado de outras pessoas é permissível, apropriada ou mesmo necessária, é uma questão difícil e, na sua essência, ainda não esclarecida, e que se tenta driblar com o recurso ao direito civil. Cf., sobre esse ponto, *Forster*, Die strafrechtliche Verantwortlichkeit des Unternehmens nach Art. 102 StGB, 2006, p. 38 ss.; *Kremnitzer/Ghanayim*, ZStW 113 (2001), p. 538, 542 ss.; *Seelmann*, in: *Ackermann/Donatsch/Rehberg* (Hrsg.), Wirtschaft und Strafrecht, 2001, p. 182 ss.; *Trüg*, StraFo 2011, p. 471, 473; *Weigend*, Journal of International Criminal Justice 6 (2008), p. 927, 931 ss.

77. Sobre isso, cf. também *Koops/Hildebrandt/Jaquet-Chifelle*, p. 527 ss.

por seu operador ou por um fundo de responsabilidade, de forma que a sanção não atingiria o agente inteligente; e muito embora uma punição "pessoal", como, por exemplo, a total destruição física ou a total reprogramação do agente inteligente, pareça, de fato e olhando de fora, uma forma de pena de morte, ela não atinge o agente da mesma forma que um ser humano – ao menos não enquanto os agentes inteligentes não forem dotados de um desejo de (sobre)viver humano. Por esta razão, no estágio atual de desenvolvimento, a punição penal de agentes inteligentes fracassa porque eles não podem sentir a pena como tal. Os humanos podem entender a destruição de um robô como sanção reprovadora por um comportamento desviado, o próprio robô, porém, não acessa esse sentido da medida sancionadora. A adoção de uma (ainda que "imperfeita") responsabilidade penal de um agente inteligente pode, porém, fazer sentido jurídico se ela puder exonerar dessa responsabilidade um agente humano que atua por trás da máquina.[78]

4. Resultado parcial

Enquanto os agentes inteligentes só puderem "decidir" dentro dos limites de sua programação, faltar-lhes-á – em conformidade com o conceito de comportamento acima estabelecido –, possivelmente, a própria capacidade para a prática de um "comportamento" penalmente relevante. Ali onde esta capacidade for admitida, deparar-se-á com a questão fundamental sobre se é sequer possível lhes atribuir culpabilidade. Isto é questionável não só quando eles executam um processo de decisão já previsto ou ao menos previsível, mas também quando interpretam – a partir de sua própria experiência – os dados coletados no ambiente que os circunda e se decidem por um caminho próprio. Isto porque sujeitos culpáveis só podem sê-lo, de acordo com nosso atual entendimento, aqueles que têm uma consciência, portanto quem for capaz de uma autorreflexão ética. No estágio atual de desenvolvimento dos agentes inteligentes, isto não parece possível; mas é totalmente factível, para os futuros agentes inteligentes, que passem a ter uma capacidade, no mínimo, análoga para valorações morais sobre o próprio comportamento.[79] O último passo seria, então, a construção de uma capacidade penal de agentes inteligentes, ou seja, sua construção de uma forma que, a determinadas alterações externas, pudesse ser associado um desvalor moral de seus comportamentos. Até lá, porém, há um longo caminho a percorrer.

III. Os humanos por trás dos agentes inteligentes

A ideia de que agentes inteligentes podem causar danos massivos sem que existam possibilidades de sanções penais adequadas contra isso causa desconforto; e esse desconforto aumenta quanto mais agentes inteligentes surgem com a

---

78. Sobre esse ponto, cf. abaixo III.
79. *Beck*; *Hildebrandt*, in: *Hildebrandt/Gaaker* (nota 20), p. 27 ss.

aparência de atores autônomos em nossas vidas. Enquanto não pudermos atribuir uma responsabilidade penal própria a agentes inteligentes, coloca-se com mais premência a questão acerca de sob quais pressupostos poderemos e deveremos tornar responsáveis as pessoas por trás dos agentes inteligentes pelos erros por estes cometidos. É responsável, por exemplo, aquele que desenvolve uma tecnologia de computador ou o fornecedor de uma máquina de busca na internet quando ela retorna uma combinação de palavras difamatória após uma busca? É punível o construtor ou vendedor de um drone que abre fogo contra pessoas inofensivas ou quando um carro autônomo lesiona ou mata outras pessoas envolvidas no tráfego?

1. Punibilidade dolosa

Não há problemas para estabelecer a responsabilidade penal de um fornecedor quando ele pretende ou conscientemente programa um agente inteligente de forma a que este cause resultados penalmente relevantes: se um comandante militar conscientemente emprega um drone para matar civis, ou um carro autônomo é dolosamente programado para atropelar ciclistas que estejam na pista de carros, então não temos qualquer dificuldade em identificar o comandante e o fornecedor (em sentido amplo) do carro como causadores das consequências danosas e fazê-los penalmente responsáveis por isso, porque eles se serviram de um agente inteligente tal qual um homem se serve de uma ferramenta ou de um outro instrumento para realizar seus planos.[80] Trata-se de um caso de autoria imediata dolosa de uma pessoa que controla a máquina de acordo com sua vontade.

2. Punibilidade culposa

Mais frequentes deveriam ser os casos nos quais a introdução de um agente inteligente conduz a um dano *indesejado*: o drone que, em conformidade com o desejo de seu fornecedor,[81] devesse apenas atingir os alvos militares pré-determinados, desvia-se, por erro de funcionamento, do alvo militar original e mata civis; um carro autônomo, que só deveria seguir sua rota em conformidade com as regras de trânsito, viola essas regras e fere um ciclista em um cruzamento. Nesses casos, há que se considerar apenas uma punibilidade culposa do fornecedor quando o resultado tipicamente relevante fosse previsível e não tenha ele empregado os deveres de cuidado devidos para evitar tal resultado.[82] Ademais, a

---

80. Nesta categoria também se inclui o chamado *Google Bomb*, que manipula os resultados de pesquisa do Google para um determinado site, definindo vários links e que, portanto, pode tornar essa página inútil. O Google está novamente mudando os algoritmos do mecanismo de pesquisa para tornar essas manipulações mais difíceis.

81. O termo "fornecedor" (*Betreiber*) será usado a seguir abarcando todas as pessoas que usem, como fabricante, programador, construtor, vendedor ou outros usuários possivelmente penalmente responsáveis pelos agentes inteligentes.

82. Reflexões sobre a responsabilidade culposa para agentes inteligentes em *Hilgendorf*, in: *Hilgendorf/Hötitzsch*, Das Recht vor den Herausforderungen der modernen Technik.

ocorrência do resultado deveria ser imputada também ao produtor. A introdução de agentes inteligentes coloca novas perguntas para cada um desses pontos.

a) Previsibilidade

Já no âmbito da produção e fornecimento de agentes inteligentes, a previsibilidade da ocorrência do resultado, como elemento da conduta culposa, apresenta dificuldades.[83] Os agentes inteligentes avaliam autonomamente as informações tomadas do seu entorno e reagem ao produto dessa avaliação sem uma influência humana, de forma a cumprir de forma ótima a missão que lhes foi assignada. Mesmo quando o fornecedor observe permanentemente as (re)ações de um de um agente inteligente complexo, não pode prever em detalhes qual padrão o robô reconhecerá nos dados coletados, como os interpretará e como reagirá. Disso decorre, ainda, que, em tais sistemas abertos, as regras de decisão pré-estabelecidas serão normalmente lacunosas, uma vez que nem todas as situações da vida podem ser previstas e traduzidas por um algoritmo em um determinado comportamento e, finalmente, porque o sistema, durante sua própria execução, aprende de forma autônoma.

Isso quer dizer que uma certa imprevisibilidade dos agentes inteligentes e o correlato risco para terceiros é como que "pré-programada". Pode suceder, por exemplo, que um carro autônomo não consiga "ler" corretamente uma placa de trânsito levemente suja que indique o dever de dar preferência e, com isso, não dê preferência a um ciclista, ferindo-o. Contra a acusação de lesão corporal culposa, argumentará o fornecedor do carro autônomo, possivelmente, que não podia prever esse erro porque o carro processou os dados de forma autônoma. Sobre esta base, pode-se chegar a duas conclusões opostas: pode-se afirmar que o fornecedor de um agente inteligente nunca poderá ser responsabilizado na forma culposa porque o atuar danoso da máquina, dado o processamento autônomo da informação, não é previsível; ou se pode concluir justamente o contrário, que aqueles que operam ou fornecem, em sentido amplo, agentes inteligentes devem contar com "tudo", ou seja: que toda forma de dano é, em princípio, previsível.[84]

A primeira variante tem pouco em seu favor, pois quem introduz no mundo um agente inteligente, que não pode controlar de forma segura, não pode negar sua responsabilidade pelos danos causados por reações equivocadas não previsíveis desse agente com base na sua imprevisibilidade – como tampouco pode fazê-lo o diretor de um zoológico, que liberta um tigre que ataca e morde um

---

Beiträge der 1. Würzburger Tagung zum Technikrecht, 2014, p. 27 ss.

83. *Duttge*, in: Münchener Kommentar zum StGB, 2. Aufl. 2011, § 15 nm. 107 ss.

84. Cf., por exemplo, *Beck*, Journal for Robotics and Autonomous Systems (a ser publicado em 2015) [NT.: o artigo foi publicado em 2016: *Beck*, Intelligent agents and criminal law – Negligence, diffusion of liability and electronic personhood, Robotics and Autonomous Systems, v. 86, p. 138-143, 2016].

passante, remetendo-se à natureza imprevisível de um animal selvagem. Se se desejasse decidir de outra forma, disso resultaria uma inaceitável difusão da responsabilidade entre humanos e agentes inteligentes, que deixaria sem qualquer reação normativa uma lesão corporal típica causada por erro do agente inteligente. Se devem ser consideradas previsíveis para o fornecedor ou operador todas as consequências danosas imagináveis, então o pressuposto da previsibilidade do cometimento do crime não oferece mais qualquer obstáculo a uma abrangente responsabilidade culposa do fornecedor ou operador por qualquer comportamento danoso do agente inteligente.

b) Violação do dever de cuidado

A punibilidade por uma conduta culposa pressupõe, além da previsibilidade da realização típica, que o autor tenha violado um dever objetivo de cuidado.[85] Em regra, a violação desse dever decorre já da previsibilidade do resultado: quem pode reconhecer que sua conduta pode causar lesão de um interesse juridicamente protegido atua, normalmente, contrariamente ao dever de cuidado quando, apesar disso, executa o comportamento questionável.[86] Especialmente para a produção e distribuição de produtos potencialmente perigosos, desenvolveu a jurisprudência regras bastante estritas de cuidado que foram amplamente transferidas do direito civil para o direito penal.[87] De acordo com elas, um produtor só deve colocar no mercado produtos cuja segurança atenda o estado atual da ciência e técnica e que, antes da distribuição, sejam submetidos a exaustivos testes. Mesmo depois de o fabricante ter introduzido o produto no mercado, deve monitorar continuamente o produto com base em feedbacks dados pelos consumidores. Se surgirem danos ou riscos não esperados, está o produtor obrigado a advertir os consumidores e, sendo o caso, implementar um programa de retirada dos produtos do mercado.[88]

Esses princípios valem, principalmente, também (e por isso mesmo) para produtos inovadores[89] como agentes inteligentes; aqui os riscos – como apontado – são especialmente altos e difíceis de serem controlados. A ameaça de responsabilidade penal poderia, porém, levar a que a produção e distribuição de (ao menos de muitos) agentes inteligentes fosse totalmente abandonada em razão de sua

85. Cf. também *Vogel*, in: Leipziger Kommentar, 12. Aufl. 2007, § 15 nm. 164 ss.

86. Cf. também *Duttge*, in: MK (nota 83), § 15 nm. 121 ss.

87. Essencial BGHSt 37, 106 ("caso do spray de couro"). Sobre a relação entre a responsabilidade pelo produto no âmbito penal e no civil *Gless*, recht 2013, p. 57 ss.; *Kuhlen*, in: *Achenbach/Ransiek*, Handbuch Wirtschaftsstrafrecht, 2012, nm. 29 ss.; do mesmo, JZ 1994, p. 1142; *Schlutz*, DStR 1994, p. 1811, 1814; *Vogel*, in: LK (nota 85), § 15 StGB nm. 277-281. Sobre a decisão do „caso do spray de couro", cf. *Kuhlen*, NStZ 1990, p. 566; *Hilgendorf*, NStZ 1994, p. 561. Críticas fundamentais em *Hassemer*, Produktverantwortung im modernen Strafrecht, 1994, p. 74.

88. Cf. *Kuhlen*, in: *Achenbach/Ransiek*, (nota 87), nm. 40 ss.; *Weigend*, in: LK (nota 85), § 13 nm. 53 ss.

89. *Kuhlen*, in: *Achenbach/Ransiek* (nota 87), nm. 34 ss.

incontrolabilidade. Isso levaria, é verdade, a um ganho em termos de segurança, mas, de outro lado, à perda de um grande número de utilizações inovadoras a eles ligadas e que poderiam facilitar substancialmente a vida humana. Punibilidade culposa não pode, porém, significar que se deveria renunciar totalmente a qualquer comportamento arriscado.[90] Se se considera não só razoável como talvez até necessário o uso de agentes inteligentes, a única saída que resta é a diminuição das exigências de cuidados devidos.[91] Dever-se-ia, então, definir os riscos criados pelo fornecedor ou operador com relação aos usuários da respectiva tecnologia. Isto porque parece injusto que a sociedade, gozando das utilidades da inovação, pudesse transferir totalmente ao fornecedor ou operador, por meio do direito penal, os inevitáveis riscos a ela ligados.

Contra a censura da falta de cuidado devido, poderiam fornecedores e operadores de agentes inteligentes invocar em seu favor que, com o desenvolvimento e/ou disponibilização de uma tecnologia capaz de aprendizado e, por esta razão, apenas limitadamente controlável e previsível, atendem a uma necessidade da sociedade. Com isso surge a questão decisiva acerca dos limites dentro dos quais a sociedade está preparada para aceitar os específicos riscos que o incrementado uso generalizado de agentes inteligentes traz consigo para um ou vários indivíduos individualmente considerados. A resposta a esta questão é complicada, porque é justamente essa capacidade dos agentes inteligentes de tomar decisões independentes (e que podem causar riscos), que exclui a possibilidade de um controle total por humanos, mas que, ao mesmo tempo, fundamenta a sua alta utilidade e, assim, o fato de que sejam desejados tanto sob o ponto de vista econômico como social.

Uma solução unívoca não há: de um lado, não é correto afirmar que a sociedade atual aceite acriticamente todo desenvolvimento na direção de um mundo controlado por máquinas, com os riscos massivos daí advindos como preço necessário do progresso – pense-se apenas nos drones armados dos quais se perde o controle. De outro lado, colhe-se do fomento público à pesquisa envolvendo agentes inteligentes que há um interesse social na introdução de tais tecnologias modernas. Pode-se também supor que determinados riscos ligados à introdução de agentes inteligentes – por exemplo, a utilização ilegal de dados armazenados por máquinas de busca na internet – já são aceitos de modo geral. Se a sociedade está preparada para viver com os riscos inerentes à tecnologia, deveria também assumir a consequência de que reações inesperadas de agentes inteligentes levam a danos previsíveis a pessoas aleatoriamente atingidas sem que os produtores, fornecedores ou operadores sejam penalmente sancionados por isso.[92] Pode-se

90. *Stratenwerth*, p. 171.

91. Sobre as possíveis vias de solução, cf. *Eisele*, in: *Schönke/Schröder*, StGB, 29. Aufl. 2014, vor § 13 nm. 91; *Puppe* in: NK (nota 48), vor § 13 nm. 157 ss.; *Vogel*, in: LK (nota 85), § 15 nm. 214 ss.

92. *Kuhlen*, in: *Achenbach/Ransiek* (nota 87), nm. 27 ss.

prever, para tais hipóteses, seguros específicos ou uma responsabilidade civil por perigo;[93] mas uma responsabilidade penal abrangente do produtor, fornecedor ou operador por danos previsíveis em geral, deveria, consequentemente, ser excluída.[94]

De outro lado, não pode ser tão amplo um "setor livre de direito penal" dentro do qual se possam criar riscos imprevisíveis para a vida e saúde dos demais.[95] Pois se é verdade que a sociedade está preparada para lidar com certos riscos associados ao uso de agentes inteligentes, ela também deve assegurar que esses riscos sejam minimizados o máximo possível por meio da construção e programação cuidadosos, testes detalhados e monitoramento contínuo. A questão decisiva é, pois, quais exigências devem ser postas para a mais efetiva e ampla limitação possível dos riscos associados aos agentes inteligentes.[96] A determinação da medida dos esforços necessários para isso dependerá, de um lado, de quão alta é a serventia dos agentes inteligentes e, de outro, de quão graves são os riscos que deles podem advir.[97] Drones armados necessitam, sob ambos aspectos, de amplas medidas de cuidado, enquanto reações não esperadas em processos de compras pela internet podem ser aceitas sem mais, mesmo quando possam causar reduzidos danos ao patrimônio dos usuários. A depender da serventia dos agentes inteligentes, deve-se aceitar certos riscos em seu desenvolvimento e utilização. Assim, pode ser lícito colocar no mercado, após testes suficientes, um carro autônomo que, em casos isolados, para de repente quando se depara com uma situação não planejada. Uma vez que os carros autônomos mostram grande potencial de utilidade para indivíduos e para problemas gerais de trânsito, podem a eles ser aplicados princípios mais generosos do que aqueles aplicados a produtos singelos (como aspiradores de pó ou bicicletas) ou a agentes inteligentes de reduzida utilidade social (como jogos ou drones de guerra).[98]

---

93. *Gless* (nota 87), p. 57.

94. Em que ponto da estrutura do crime se faz essa exclusão é uma questão secundária. Em qualquer caso, trata-se de limitar o injusto do tipo penal culposo, não a culpabilidade individual do fornecedor. Como pontos de referência "dogmáticos", entram em consideração uma limitação do dever objetivo de cuidado, uma negação do aumento do risco "desaprovado" como pressuposto (ou parte dele) da imputação objetiva do resultado (cf. também *Frisch*, GA 2003, p. 719, 722-724; *Puppe*, in: NK [nota 48], vor § 13 StGB nm. 153 ss., 205 ss.) ou uma "adequação social" que exclui a tipicidade ou o injusto da criação de um risco.

95. Sobre os grupos de casos individualmente, cf. *Vogel*, in: LK (nota 85), § 15 nm. 216-218.

96. *Beck*, bem como, sob o ponto de vista do direito civil, *Spindler*, NJW 2004, p. 3146 ss.

97. *Prittwitz*, Strafrecht und Risiko, 1993, p. 297 ss.; *von Bar*, in: *Lieb* (Hrsg.), Produktverantwortung und Risikoakzeptanz, 1998, p. 40 ss.

98. Compare-se também as reflexões sobre a legislação norte-americana sobre os carros autônomos: Autonomous Vehicles in California; Statement of Policy on Automated Vehicles, U.S. Department of Transportation, <http://www.dmv.ca.gov/vr/autonomous/auto.htm> (acesso em 18.07.2014).

Todavia, o cuidado frente a bens jurídicos protegidos de pessoas reclama, mesmo quando da utilização de agentes inteligentes, que os riscos sejam excluídos na máxima abrangência possível. Disso decorre que, mesmo em face de inovações com riscos já aceitos, existam, por exemplo, deveres de advertência e alerta frente aos usuários, bem como uma responsabilização estrita do produtor pela observação contínua do produto e pela reação imediata a notícias de danos.[99] Caso se revele que comportamentos danosos de carros autônomos acontecem não apenas em raras situações ou por seu uso grosseiramente abusivo, não deve mais o carro ser comercializado e deve ser retirado do mercado.[100] Se o fornecedor nada faz, torna-se penalmente responsável pelos danos em conformidade com os tipos penais aplicáveis.[101] Esse dever de agir do fornecedor deriva – tal qual já sucede na responsabilidade pelo produto – de uma "ingerência do adormecido":[102] com a introdução ou o uso de um agente inteligente que, por sua própria natureza, não é totalmente controlável, cria o fornecedor (mesmo em seu próprio interesse econômico) um risco agravado para a coletividade, o que intensifica o seu dever de monitorar o produto continuamente e de remover as consequências inevitavelmente ligadas aos riscos reconhecidos (ainda que posteriormente).[103] Esse dever é um "dever de asseguramento" (*Verkehrssicherungspflicht*). Ele decorre da assunção de um risco agravado que é, em si mesmo, juridicamente conforme ao direito, e não, como na ingerência, de um comportamento prévio contrário ao dever ou ao direito.[104]

c) Imputação objetiva

Quando um fornecedor de agentes inteligentes, sob as condições já mencionadas, violou seu dever de cuidado, coloca-se ainda a questão de se o resultado típico ocorrido pode ser a ele (objetivamente) imputado – ou, então, se a "culpada" não seria a própria máquina.

aa) Agentes inteligentes como risco geral da vida

A imputação do resultado ao comportamento (contrário ao dever de cuidado) do fornecedor poderia ser afastada, em primeiro lugar, sob o fundamento de que

---

99. *Kuhlen*, in: *Achenbach/Ransiek* (nota 87), nm. 34 ss.

100. *Gless* (nota 87), p. 59 ss.

101. Sobre a possível transposição das reflexões sobre a responsabilidade BGHSt 37, 106, 115; também *Schmidt-Salzer*, Produkthaftung, Bd. I, 2. Aufl. 1987, nm. 1.023 ss.

102. *Gless* (nota 87), p. 60 ss.; compare também *Hoyer*, GA 1996, p. 175 ss.; *Schmidt-Salzer*, NJW 1996, p. 6.

103. Para a Suíça, cf. BGE 134 IV 255, 260 ss.; para a Alemanha, *Arzt*, JA 1980, p. 712, 714; *Freund*, Erfolgsdelikt und Unterlassen, 1990, p. 199 ss.; *Jakobs* (nota 61), p. 812 ss.; *Kuhlen*, NStZ 1990, p. 566, 568; *Maiwald*, JuS 1981, p. 482.

104. *Donatsch/Tag*, Strafrecht I, 8. Aufl. 2006, p. 308; *Cassani*, in: CR, Art. 11 Nr. 44; *Stratenwerth*, p. 467 ss.

vige uma "proibição de regresso" quando aquele que causou diretamente o resultado (ou seja, o agente inteligente) é por si responsável penalmente em virtude de um ato doloso.[105] Uma tal "proibição de regresso" geral é hoje, todavia, majoritariamente rechaçada,[106] porque é possível, em princípio, que duas pessoas, independentemente uma da outra, devam ser responsabilizadas pelo mesmo resultado quando ele lhes for objetivamente imputável.[107]

Mais promissora é a abordagem que nega a imputação de um resultado causado por um agente inteligente ao fornecedor sob o fundamento de que a ocorrência do resultado (por exemplo, a lesão causada a uma pessoa por um carro autônomo) é um evento "natural", não controlável por um ser humano, e no qual se manifesta meramente um risco geral da vida.[108] Isso pressuporia, porém, que os agentes inteligentes fossem considerados fenômenos normais da vida cotidiana, com cujos riscos todos estão familiarizados e aos quais se pode habituar, tal qual o risco de queda de um galho quando se vai passear no bosque durante uma tempestade. No presente e no futuro próximo, porém, os agentes inteligentes causadores de danos devem ainda ser vistos como fenômenos excepcionais, de forma que quem os coloca no convívio social cria, com isso, um risco *extraordinário*, devendo ser responsabilizado no âmbito da punibilidade culposa pelas falhas (em geral previsíveis) daí advindas. Algo diverso sucede, já nos tempos atuais, no que diz respeito aos agentes de software (*Software-Agenten*) na internet, que funcionam como máquinas de buscas ou *recommendation systems* ou que, de outra forma, são onipresentes. Muito embora tenhamos consciência do perigo de violação de nossos direitos de personalidade, compramos produtos de comerciantes na internet, e aceitamos como um risco geral da vida a possibilidade de que o sistema processe e utilize nossos dados pessoais de uma forma que

---

105. Sobre a teoria da proibição de regresso, pormenorizadamente *Puppe*, in: NK (nota 48), vor § 13 nm. 167 ss., com diversas referências ulteriores; cf. também *Caro John*, Das erlaubte Kausieren verbotener Taten – Regressverbot, 2007, p. 55 ss.

106. Compare-se *Eisele*, in: *Schönke/Schröder* (nota 91), vor § 13 nm. 77, 100 ss.; *Frisch*, Tatbestandsmäßiges Verhalten und Zurechnung des Erfolges, 1988, p. 62 ss.; *Puppe*, in: NK (nota 48), vor § 13 StGB nm. 236-238.

107. Assim, pode ser punível por homicídio quem torna acessível a outrem, com violação de seus deveres de manter a arma segura, uma arma de fogo que é, então, utilizada – algo previsível para os proprietários de armas de fogo – para, intencionalmente, atirar em outrem; cf. BGH StraFo 2012, p. 173, com comentários de *Berster*, ZIS 2012, p. 623 (caso Winnenden). O ponto crítico em tais casos é saber se a relação de imputação entre a falta de manutenção da arma em segurança e a morte da vítima por intervenção do atirador "autônomo" é rompida. A resposta a esta questão depende de se o risco criado pelo primeiro agente é desviado para um outro curso causal pelo segundo infrator (se, por exemplo, o segundo agente usa a pistola como uma ferramenta mortal) ou se o tiro mortal do segundo agente realiza exatamente o mesmo risco que deveria ser evitado pelo dever de manter a arma cuidadosamente em segurança contra seu uso não autorizado.

108. Cf. *Puppe*, in: NK (nota 48), vor § 13 nm. 236 ss.; *Walter*, in: LK (nota 85), vor § 13 nm. 103 ss.

interfira de forma imprevisível e incontrolável em nossa esfera pessoal.[109] Muito fala em favor de que o fornecedor de agentes de software (*Software-Agenten*) na internet, que expõe outras pessoas a riscos "normais" para a proteção de sua personalidade associados aos algoritmos de mecanismos de busca, sejam já hoje percebidos como um risco geral da vida. Pode ser que uma tal percepção dos agentes inteligentes como parceiros "normais" de interação com humanos não se limite mais, no futuro, a simples máquinas de internet, mas se estendam a outros âmbitos da vida. Assim que trens de metrô sem condutores e carros autônomos passem a ser parte evidente do trânsito ferroviário e viário, também a interação com tais veículos será considerada um "risco normal" para as pessoas, e, então, o fornecedor não será responsabilizado (penalmente) for qualquer falha funcional geralmente previsível, mas apenas pelas consequências danosas de falhas de construção e produção evitáveis.

bb) Agentes inteligentes como terceiros com comportamento autônomo

Uma outra variante da exclusão da imputação objetiva pode se dar quando a decisão "própria" do robô autônomo interrompa a relação de imputação entre a atividade do fornecedor e a ocorrência do resultado penalmente relevante.[110] Essa não é uma possibilidade longínqua, caso se construa, por exemplo, a lesão corporal causada por um carro autônomo, de certa forma, não como um fato do construtor, mas do "próprio carro". Vimos acima (II.) que um sancionamento dos agentes inteligentes em conformidade com o "direito penal dos humanos" não é possível atualmente. Mas isso não significa, necessariamente, que a introdução de tecnologias autônomas seja irrelevante para a imputação do resultado ao homem por trás da máquina. Quando a conduta de um agente inteligente puder ser qualificada como a conduta de um "homem da frente", então a relação de imputação ao "homem de trás" (o fornecedor) poderá ser rompida. Todavia, não poderemos falar de um comportamento danoso do agente inteligente enquanto não lhe pudermos atribuir uma capacidade de formar vontade própria. Isto não é possível nos tempos atuais. Já sugerimos acima, porém, que uma tal atribuição não está descartada para o futuro relativamente a agentes inteligentes capazes de aprender e de ter memória.[111] Mas mesmo quando se conseguir desenvolver seres antropomórficos, dever-se-ia ainda assim permitir o regresso da responsabilidade penal ao fornecedor que age culposamente enquanto os agentes inteligentes não possuírem capacidade de receber pena; é que, se não for assim, a vítima de um fato danoso estará na já mencionada situação insatisfatória de uma difusão da

---

109. Sobre essa problemática, *Ramakrishnan/Keller/Mirza*, Privacy risks in Recommender Systems, acessível em <http://people.cs.vt.edu/~naren/papers/ppp.pdf> (acesso em 18.07.2014); sobre a questão da proteção da esfera privada face à disseminaçao de agentes inteligentes, abrangente *Nadakavukaren Schefer*, SchwZStrR 2014, p. 259.

110. Em detalhes, *Roxin*, Allg. Teil I, p. 401 ss.

111. Cf., ademais, as indicações na nota 45.

responsabilidade[112] entre humanos e agentes inteligentes, que excluiria a resposta penal mesmo para danos bastante graves.

IV. Conclusão

A penetração de agentes inteligentes mais ou menos benéficos em nossa vida é um daqueles fenômenos que coloca a ordem jurídica e especialmente o direito penal de frente a questões que não podem ser verdadeiramente respondidas com os recursos da dogmática tradicional. Em última instância, a existência de agentes inteligentes levanta a indagação sobre o que exatamente de humano tem o ser humano – uma questão que, especialmente para o direito penal, ramo do direito que se endereça ao ser humano de forma mais fortemente pessoal, é da mais alta relevância.

A doutrina da imputação penal carece até o momento de um instrumental adequado para decidir adequadamente sobre a atribuição de responsabilidade no âmbito da interação entre os (possivelmente menos inteligentes) seres humanos e as (possivelmente muito inteligentes) máquinas. Disso decorre que a introdução de uma punibilidade de agentes inteligentes deveria permanecer, para um futuro próximo, como um mero modelo de pensamento. Os agentes inteligentes não possuem nem uma sensibilidade à pena – compreensível para um ser humano –, nem acesso a uma compreensão da reprovação ética ligada à pena, de forma que a introdução do direito penal contra eles não faria sentido sob uma ótica "pessoal". Diferentemente do que acontece com a punibilidade da pessoa jurídica, a punição de um agente inteligente não é interpretada como uma punição indireta das pessoas naturais que estão por trás por sua "culpabilidade por organização". De qualquer forma, poder-se-ia sancionar de forma eficaz uma tal culpabilidade individual do fornecedor do agente inteligente por meio de sua (do fornecedor) punição direta em virtude de uma contribuição causal própria, dolosa ou culposa, para os danos causados pelo agente. É perfeitamente factível construir a responsabilidade civil do agente inteligente como um sujeito independente (e dotá-lo, para tal fim, de um seguro de responsabilidade civil ou um fundo de responsabilidade),[113] e pode-se até mesmo considerar a destruição ou reprogramação de um agente inteligente que se torna incontrolável como uma sanção penal contra o seu proprietário. Porém, uma responsabilidade penal genuína do próprio agente não entra seriamente em consideração enquanto o agente inteligente não tiver se tornado também um agente moral.

Mais difícil é a resposta à questão relativa à punibilidade do "humano por trás da máquina". Se a operação do agente inteligente causar um dano penalmente relevante, responsabiliza-se o ser humano, de qualquer forma, como autor

112. *Beck* (nota 39).

113. Cf. *Gruber* (nota 45), p. 157; do mesmo, in: *Beck*, p. 150 ss.

imediato sempre que ele tiver usado o agente com a intenção ou com o conhecimento de que, com sua ajuda, um tipo penal seria praticado ou poderia sê-lo. Isto porque o ser humano não pode livrar-se de sua responsabilidade transferindo-a à máquina quando ele a usa como um instrumento ou quando, em qualquer caso, sabe ou aceita que o agente inteligente, em seu concreto e previsível uso, possa causar um determinado resultado penalmente relevante.

Até mesmo quando a operação de um agente inteligente levar, sem conhecimento ou vontade de seu fornecedor, à prática objetiva de um tipo penal não se pode negar a responsabilidade do fornecedor por meio de uma referência ao "automatismo" dos algoritmos. O dedo que – em função das direções de comportamento matematicamente pré-estabelecidas – aponta para o automatismo, pode ao final ser apontado para o próprio ser humano que programou o comportamento dos agentes inteligentes, e que, com isso, criou a possibilidade de um dano ou que, por meio de sua venda, o possibilitou. No caso de conduta meramente culposa, surgem possíveis problemas no nível da previsibilidade e no da imputação do resultado. Agentes inteligentes complexos não são totalmente previsíveis em seu processo de tomada de decisões, de forma que é questionável que um comportamento defeituoso seja previsível para o fornecedor. Também se pode ver seu comportamento, em certa medida, como autodeterminado. Isso somente deveria constituir um obstáculo para a responsabilidade culposa do fornecedor quando o comportamento do agente inteligente, em conformidade com as regras gerais de imputação de resultados, interromper o nexo de imputação entre o comportamento do fornecedor e a ocorrência do resultado. Isso é de se cogitar quando a entrada em atividade de agentes inteligentes em um âmbito da vida tenha se tornado algo bastante normal, pois também uma falha de função não planejada faz parte do risco geral de vida dos atingidos.

Uma outra questão totalmente diferente é a de se um risco pequeno ("restante"), oriundo da capacidade de aprendizado de um agente inteligente, é aceito em função da grande serventia social de um tal agente. Essa questão se coloca já no nível do injusto culposo, mais precisamente como uma limitação do dever objetivo de cuidado do fornecedor. Essa problemática deveria pautar, em primeira linha e no futuro próximo, a discussão acerca de uma responsabilidade penal para agentes inteligentes. Sobre agentes inteligentes – diferentemente do que acontece com outros produtos e invenções – não tem o ser humano um controle perfeito, não podendo planejar e controlar os riscos a eles associados. Quanto mais versáteis, capazes de aprendizado e inteligentes se tornarem os robôs, mais difícil será a possibilidade de um planejamento previdente por parte de seu criador ou fornecedor e, assim, mais raramente poderão ser identificados erros isolados em sua construção e programação que pudessem fundamentar uma punibilidade culposa das pessoas envolvidas. Se não se quiser, diante dos riscos insuscetíveis de controle já referidos, adotar uma proibição total de agentes inteligentes, então não haveria outra possibilidade senão a de renunciar à responsabilidade culposa e onerar a "sociedade" com os perigos que não podem ser controlados de forma confiável por meio de programação e de seu uso responsável, ou seja, definindo as pessoas lesadas como vítimas de comportamento não humano. Para isso, não é necessário estabelecer uma exoneração geral e ampla das pessoas que estão pode detrás das máquinas; pelo contrário, recomenda-se que só se renuncie ao direito penal quando o benefício social geral da utilização dos agentes inteligentes justifique a aceitação pela sociedade dos riscos a eles associados.

Do ponto de vista da metodologia do direito, pode-se alcançar esse resultado por meio da introdução de cláusulas gerais, por exemplo, limitando-se o cuidado exigido do fornecedor por meio da permissão de um "risco de desenvolvimento" ou, então, por meio da criação de uma causa de justificação de "utilização socialmente adequada" de agentes inteligentes. À luz do mandamento da determinação das leis penais seria preferível, porém, o árduo caminho do estabelecimento da medida do risco permitido para cada um dos diversos tipos e áreas de utilização dos agentes inteligentes por meio de lei ou de regulamento. Com isso, permite-se fazer um balanço adequado, por meio de um processo democraticamente legitimado, entre a necessidade de utilização das promissoras possibilidades de suporte a humanos oferecidas pelos ajudantes autônomos, sem o receio das suas indiscutíveis consequências penais, e a criação dos estímulos necessários para uma, se possível, ampla contenção dos riscos controláveis no *Admirável Mundo Novo*[114] dos agentes inteligentes.

---

114. *Huxley*, Brave New World, 1932, cf. <https://archive.org/details/ost-english-brave_new_world_aldous_huxley> (acesso em 18.07.2014).

DIREITO E MÁQUINAS AUTÔNOMAS. UM ESBOÇO DO PROBLEMA[1-2]

Prof. Dr. Dr. ERIC HILGENDORF, Würzburg

Direito e máquinas – ontem e hoje

O direito tem a tarefa de regular comportamentos humanos e proteger os seres humanos de violações injustificadas praticadas por outros seres humanos. Em relação a isso, não faz a menor diferença se tais violações são praticadas pelo autor de mão própria ou com auxílio de instrumentos técnicos. O direito é criado pelo ser humano para proteger interesses humanos. Por isso, ele pode ser novamente modificado pelos seres humanos. Em uma ordem jurídica humana, orientada pelas necessidades humanas, a tecnologia também precisa servir ao ser humano.

As primeiras ferramentas já eram utilizadas, pelo menos, pelos primeiros seres humanos, mas possivelmente até mesmo antes deles.[3] O surgimento das

---

1. Tradução de Orlandino Gleizer, assistente científico do Prof. Dr. Dr. Eric Hilgendorf na Universidade Julius-Maximilians de Würzburg, mestre em Direito Penal pela Universidade do Estado do Rio de Janeiro (UERJ), e LL.M pela Universidade de Augsburg, na Alemanha, doutorando em Ciência do Direito pela Universidade Humboldt de Berlim, sob orientação do Prof. Dr. Luís Greco.

2. Uma versão mais antiga desse artigo foi publicada também em maio de 2014 na revista *online* Telepolis, e se destina, primariamente, a leigos. Por isso, foram evitados detalhes dogmáticos e extensas citações da literatura jurídica e da jurisprudência.

3. *Headrick*, Technology: A World History, 2009, p. 1 ss.; *Graf von Klinckowstroem*, Geschichte der Technik, 1959, p. 11 ss.; ver também *Gleitsmann/Kunze/Oetzel*, Technikges-

primeiras máquinas, ao contrário, ocorreu apenas muito tempo depois. As máquinas se diferenciam de simples ferramentas por suas peças móveis e movimento não-humano (p.ex., por meio da força motriz da água).[4] Equipamentos dessa natureza já eram utilizados nos segundo e terceiro milênios antes de Cristo, por exemplo, para irrigação ou em guerras.[5] No mais tardar a partir da Idade Moderna, vida e máquina passam a ser comparadas – ou equiparadas.[6] No entanto, as máquinas só modificaram essencialmente nosso mundo a partir da Revolução Industrial do século XVIII – pode-se pensar nas máquinas a vapor,[7] nas locomotivas,[8] no automóvel[9] e no avião.[10] Hoje, todos os meios de transporte são, ocasionalmente, descritos como "máquinas".[11] O cotidiano de trabalho de uma grande parte da população na Europa foi revolucionado por meio do emprego de máquinas na produção de bens.[12] Com certo atraso temporal, mas com consequências ainda mais profundas, as máquinas também invadiram nossas casas (p.ex., ferro de passar roupa, processador de alimentos e telefone).[13] Uma nova manifestação desse processo de maquinização do nosso mundo, de efeitos ainda incalculáveis, é a propagação do computador a partir de meados dos anos sessenta do século passado,[14] e que, por via da digitalização de todo tipo de informações, criou a possibilidade de uma *interconexão global*.

---

chichte, 2009, p. 43 ss. ("história dos homens enquanto história da tecnologia"). A respeito do desenvolvimento tecnológico na Antiguidade: *Schneider*, Die Gaben des Prometheus. Technik im Antiken Mittelmeerraum zwischen 750 v. Chr. und 500 n. Chr., em: *König* (Org.), Propyläen Technikgeschichte, Band 1, 1990, p. 17-313.

4. Segundo o art. 2a da Diretriz 2006/42/CE do Parlamento Europeu e do Conselho de 17 de maio de 2006 sobre máquinas (conhecida como "Diretriz de Máquinas"), uma máquina é "um conjunto, equipado ou destinado a ser equipado com um sistema de acionamento diferente da força humana ou animal diretamente aplicada, composto por peças ou componentes ligados entre si, dos quais pelo menos um é móvel, reunidos de forma solidária com vista a uma aplicação definida".

5. *Graf von Klinckowstroem*, Geschichte der Technik, (n. 3), p. 42 ss.

6. *Mainzer*, Leben als Maschine? Von der Systembiologie zur Robotik und Künstlichen Intelligenz, p. 17-34.

7. *Wagenbreth/Düntzsch/Gieseler*, Die Geschichte der Dampfmaschine, 2011.

8. Igualmente sedutor em termos de história cultural, *Schivelbusch*, Geschichte der Eisenbahnreise. Zur Industrialisierung von Raum und Zeit im 19. Jahrhundert, 5. ed., 2011.

9. *König*, Die Geschichte des Automobils, 2010, sobretudo, p. 65 ss.; *Lang*, Eine kurze Geschichte des Automobils, 2013.

10. *Simons/Withington*, Die Geschichte der Fliegerei. Vom ersten Doppeldecker zum modernen Airbus, 2011.

11. *Ammoser*, Das Buch vom Verkehr. Die faszinierende Welt von Mobilität und Logistik, 2014, p. 278.

12. A literatura sobre a revolução industrial é imensa, cf. apenas *Liedtke*, Die Industrielle Revolution, 2012; sobre a situação na Alemanha, *Ziegler*, Die Industrielle Revolution, 3. ed. 2012; na literatura anglosaxã, *Headrick*, Technology (n. 3), p. 91 ss. Especialmente sobre a evolução da tecnologia, *Paulinyi*, Die Umwälzung der Technik in der Industrielen Revolution zwischen 1750 und 1840, em: Propyläen Technikgeschichte (n. 3), Vol. 3, 1990, p. 269-495.

13. *Heßler*, Kulturgeschichte der Technik, 2012, p. 72-89.

14. *Ceruzzi*, Eine kleine Geschichte der EDV, 2003.

O direito acompanhou e ajudou a formular, desde o início, o triunfo das máquinas.[15] Para conter os perigos delas advindos, foram desenvolvidas regras de cuidado dirigidas aos fabricantes e usuários, muitas vezes sob pena de punição em caso de descumprimento. As primeiras regras sobre o emprego de máquinas podem ser encontradas no direito medieval da mineração e, sobretudo, no direito dos moinhos dos séculos XVII e XVIII.[16] No decorrer da Revolução Industrial, a partir dos anos 30 do século XIX, a legislação sobre caldeiras a vapor teve grande importância.[17] Logo em seguida, surgiu o direito das ferrovias, no âmbito do qual desenvolveram-se, pela primeira vez, elementos essenciais do atual direito da responsabilidade civil.[18] Desde então, a responsabilidade por máquinas perigosas constitui um elemento essencial da responsabilidade civil e penal pelo produto.[19]

As novas máquinas: robôs e sistemas autônomos

Atualmente, um novo tipo de máquina está entrando em cena: sistemas computacionais autônomos ou semiautônomos, capazes de reagir de maneira apropriada e efetiva a novas condições ambientais sem intervenção humana. Exemplos de uma forma antiga dessas máquinas são os robôs industriais, que estão em uso já desde 1950.[20] Hoje, sistemas semiautônomos estão conquistando novos campos de aplicação, em áreas como medicina, mobilidade, cuidados, serviços e jogos.[21] O rápido progresso no campo da robótica militar é especialmente problemático.[22] O uso de drones, ou seja, de máquinas voadoras não-tripuladas, que podem ser utilizadas para propósitos de observação e guerra, já é realidade em várias áreas de conflito. Mas, mesmo em âmbito civil, o uso extensivo de drones para transporte parece iminente, caso seja possível acreditar nos anúncios de empresas como Telekom e Google.

---

15. *Vec*, Geschichte des Technikrechts, em: *Schulte/Schröder* (Org.), Handbuch des Technikrechts, 2. ed., 2011, p. 19 ss.

16. *Vec*, Geschichte des Technikrechts (n. 15), p. 19 s.

17. *Vec*, Geschichte des Technikrechts (n. 15), p. 24 s.

18. *Ogorek*, Untersuchungen zur Entwicklung der Gefährdungshaftung im 19. Jahrhundert, 1975, p. 7 ss., 61-68.

19. *Hilgendorf*, Strafrechtliche Produzentenhaftung in der "Risikogesellschaft", 1993, p. 84 s.

20. Já naquela época houve uma animada discussão sobre o significado econômico, social e ético da robótica, que vinha surgindo, cf., p.ex., *Bittorf*, Automation. Die Zweite Industrielle Revolution, 1956; *Strehl*, Die Roboter sind unter uns. Ein Tatsachenbericht, 1952; *Sehachtschnabel*, Automation in Wirtschaft und Gesellschaft, 1961 (da p. 55 em diante, já se discutia a possibilidade de uma fábrica completamente automática).

21. Uma apresentação panorâmica em *Randow*, Roboter. Unsere nächsten Verwandten, 1997; *Nocks*, The Robot. The Life Story of a Technology, 2008; *Weymayr/Ritter*, Roboter. Was unsere Helfer von morgen heute schon können, 2010. Cf. também *Christaller* e outros (Org.), Robotik. Perspektiven für menschliches Handeln in der zukünftigen Gesellschaft, 2001.

22. *Marsiske* (Org.), Kriegsmaschinen. Roboter im Militäreinsatz, 2012.

A disseminação crescente de sistemas semiautônomos no trânsito rodoviário é de especial importância prática.[23] *Airbags* já pertencem à configuração padrão de carros. Em pouco tempo, isso também ocorrerá em relação a assistentes de estacionamento e sistemas semiautônomos de aviso de afastamento da faixa de rodagem. No trânsito ferroviário e, sobretudo, no aéreo, máquinas semiautônomas já conquistaram espaço há algum tempo. Em um futuro não tão distante, elas também vão dominar o trânsito rodoviário. "Carros-robôs" se transformarão em obviedades em grandes cidades. Mais de 90% dos acidentes no trânsito rodoviário podem ser atribuídos a falhas humanas.[24] Por isso, acredita-se que o emprego de novos sistemas tecnológicos em carros reduzirá significativamente o número de pessoas mortas ou feridas no trânsito.

Um outro progresso importante na prática é a convergência dos sistemas semiautônomos com a internet.[25] As máquinas, em grande medida, não trabalham mais isoladas, mas se comunicam, por via da rede, tanto com homens e computadores como entre elas mesmas. Sob o título "Indústria 4.0", faz-se grande alarde, atualmente, sobre a ideia de uma fábrica completamente automatizada e interconectada pela internet.[26] Aonde esse progresso nos levará ainda é incerto. Certo, no entanto, é que a convergência das máquinas mais modernas com a tecnologia da internet nos trouxe a um novo patamar de desenvolvimento no fenômeno da maquinização do nosso mundo: a "internet das coisas" (e, com isso, também das máquinas) ganha forma.

Questões jurídicas dos sistemas semiautônomos: responsabilidade por danos

Quais questões jurídicas são levantadas, hoje e no futuro próximo, pelo desenvolvimento de máquinas semiautônomas?[27] O leigo em direito pensa, antes de tudo, nas *questões de responsabilidade*: quem é responsável pela reparação de danos se uma máquina semiautônoma vier a causar danos? O fabricante? O

---

23. *Köhler/Wollschläger*, Die digitale Transformation des Automobils – 5 Mega-Trends verändern die Branche, 2014, p. 88 ss.; *Meyer/Beiker* (Orgs.), Road Vehicle Automation, 2014.

24. Destatis Verkehr/Verkehrsunfälle 2012, p. 49 (Ministério Federal da Estatística, Fachserie 8, Reihe 7).

25. A interconexão é, hoje, o elemento definidor mais importante do desenvolvimento tecnológico. Cf., p. ex., *Friedewald* e outro, Ubiquitäres Computing. Das „Internet der Dinge" – Grundlagen, Anwendungen, Folgen, 2010. Para uma visão do futuro, *Schmidt/Cohen*, The New Digital Age. Reshaping the Future of People, Nations and Business, 2013; *Kemper/Mentzer/Tillmanns* (Org.), Wir nennen es Wirklichkeit. Denkanstöße zur Netzkultur, 2014.

26. <http://www.autonomik40.de>

27. Sobretudo a respeito dos problemas de responsabilidade, ver *Beck*, Grundlegende Fragen zum rechtlichen Umgang mit der Robotik, em: Juristische Rundschau 2009, p. 225-230.

programador? Aquele que usou a máquina? Ou é possível pensar até mesmo em uma responsabilidade própria da máquina?

Em princípio, todos que, de forma dolosa ou culposa, criaram uma causa para o dano podem ser responsabilizados (§ 823 do Código Civil alemão, BGB).[28] Caso o fabricante não tivesse produzido e colocado a máquina no mercado, o dano não teria ocorrido por ser utilizada pelo usuário final. Por isso, ele pode ser obrigado a reparar os danos, caso lhe tenha sido possível prever ou tenha até mesmo assumido o risco de que o emprego da máquina viesse a causar danos materiais ou corporais. O mesmo se aplica, em princípio, ao programador. O vendedor da máquina também pode ser responsabilizado em relação ao usuário final. Ele também pode ter responsabilidade advinda da relação contratual com o consumidor final, caso, como ocorre normalmente, tivesse o dever de entregar uma máquina segura.

A questão da responsabilidade pelo dano causado pela máquina se torna problemática caso a máquina tenha, "na realidade", funcionado de forma apropriada e os danos tenham decorrido apenas de uma infeliz cadeia de acontecimentos. Imaginemos o caso de um robô que transfere produtos de diferentes formas e pesos de uma esteira para outra e funciona há vários anos sem qualquer problema, até que, um dia, uma criança, durante uma visita à fábrica, se separa do grupo de visita, sem autorização, se aproxima da máquina e vem a ser atingida pelo braço do robô, lesionando-se.[29] Em circunstâncias normais, nem o fabricante da máquina nem aquele que a instalou na fábrica poderiam esperar que isso ocorresse. Portanto, não é possível imputar-lhes um agir culposo. Por isso, eles não são considerados sujeitos de responsabilidade. A responsabilidade poderia recair sobre a pessoa que estava conduzindo a visita, caso ela tenha violado os deveres de cuidado.

Segundo a legislação atual, não é possível atribuir responsabilidade à própria máquina, porque a ela falta uma condição essencial para a atribuição de responsabilidade, qual seja, a qualidade de pessoa. Segundo o direito, a pessoa capaz de atuar responsavelmente é, sobretudo, o ser humano (natural). No entanto, deve-se notar que o Código Civil alemão (BGB) também reconhece agrupamentos cole-

---

28. Panorama em *Hanisch*, Zivilrechtliche Haftungskonzepte für Roboter, em: *Hilgendorf/Günther* (Org.), Robotik und Gesetzgebung. Beiträge der Tagung vom 7. Bis 9. Mai 2012 in Bielefeld, 2013, p. 109-121; detalhadamente, o mesmo, Haftung für Automation, 2010; *Spindler*, Zivilrechtliche Fragen beim Einsatz von Robotern, em: *Hilgendorf* (Org.), Robotik im Kontext von Recht und Moral, 2014, p. 63-80; de forma geral sobre o § 832 BGB, *Kötz/Wagner*, Deliktsrecht, 12. ed. 2013. Da perspectiva anglo-saxã, *Jong*, Regulating Uncertain Risks in an Innovative Society: A Liability Law Perspective, em: Robotik und Gesetzgebung (ver acima), p. 163-181.

29. Para evitar tais acidentes com os trabalhadores, até recentemente, os robôs eram utilizados quase exclusivamente dentro de áreas bloqueadas.

tivos como "pessoas jurídicas".[30] As necessidades práticas foram o fator determinante para esse reconhecimento. Isso mostra que o conceito de pessoa não é estático, senão que, em algumas circunstâncias, também pode ser estendido.

Direito Penal

A responsabilidade civil pela reparação por danos causados é diferente da responsabilidade penal pelos danos provocados pela máquina em patrimônios, coisas e corpos. A estrutura desta se assemelha à da responsabilidade civil pela reparação por danos causados do § 823 BGB.[31] Nesse sentido, a responsabilidade penal por uma lesão corporal, do § 223 StGB, pressupõe que uma pessoa tenha causado um dano no corpo de outra pessoa por meio de uma ação ou omissão dolosa. No caso acima, no qual uma criança foi atingida e lesionada pelo braço de um robô, tanto o fabricante quanto aquele que instalou o robô na fábrica praticaram condutas causais para a lesão da criança. No entanto, falta aos dois o dolo. Nem mesmo uma lesão corporal culposa pode ser discutida, caso se assuma que os dois não precisavam contar com o fato de que a criança se aproximaria do sistema. A questão é diferente em relação ao condutor da visita. Caso seja possível lhe atribuir uma violação de seu dever de supervisão, ele teria agido culposamente e seria responsabilizado como autor de uma lesão corporal culposa (§ 229 StGB).

Em alguns segmentos da robótica, questiona-se se as normas mencionadas seriam suficientes para nos proteger de danos provocados por máquinas semiautônomas. Por exemplo, em relação a violações aos direitos da personalidade por meio do emprego de drones para espionagem de terceiros. Importantes cenários de violações não são abrangidos pelo direito penal, por exemplo, quando um drone monitora o terraço de um prédio alheio e filma pessoas que estejam tomando banho de sol. O legislador deveria preencher logo essas *lacunas de responsabilidade penal*.

Responsabilidade dos provedores de internet

Um grande desafio, até hoje contudo pouco discutido, é o fato de que sistemas autônomos do futuro estarão conectados entre si e com a internet, para trocarem informações e obterem dados atuais a partir da rede. Exemplos importantes são a fábrica interconectada ("Indústria 4.0") e, sobretudo, o veículo (semi) autônomo, que recebe informações da internet sobre condições meteorológicas, engarrafamentos, acidentes e outros dados, sem esquecer dos arquivos de áudio e vídeo que os motoristas e passageiros solicitem online, durante o caminho, para

---

30. *Bark,* Allgemeiner Teil des Bürgerlichen Gesetzbuchs, 3. ed. 2011, § 5.

31. *Hilgendorf/Valerius,* Strafrecht Allgemeiner Teil, 2013, § 4 nm. 2 (há versão em português: Direito Penal – Parte Geral, trad. Orlandino Gleizer, São Paulo: Marcial Pons, 2019).

seu entretenimento.[32] O fato de, com isso, tais sistemas serem dependentes da internet também terá consequências. Assim como hoje são lançadas pedras de viadutos nas autoestradas, no futuro será possível instalar malwares em carros em movimento – p.ex., para redirecionar o veículo, obrigá-lo a parar ou causar um acidente.

Nem sempre é possível identificar o causador dessas agressões. Assim, será mais importante atribuir juridicamente deveres aos provedores, sem os quais o trânsito de dados não seria possível. Na Alemanha, a responsabilidade dos provedores é regulada pela Lei de Telesserviços (*Telemediengesetz* – TMG), que, por sua vez, remonta a uma diretriz europeia.[33]

Basicamente, aquele que, enquanto provedor, produz conteúdo próprio (chamado *Content-Provider*) é inteiramente responsável, já aquele que coloca à disposição espaço de memória (*Host-Provider*) é responsável caso conheça a ilegalidade dos arquivos armazenados em seu espaço. O chamado *Access-Provider*, que apenas permite o acesso à Internet, não é responsável por danos sofridos por seus clientes por meio de arquivos da Internet, a menos que trabalhe em conluio com aquele que causa o dano (p.ex., como parte de um grupo criminoso). Segundo uma visão controversa, mas correta, o *Access-Provider* também tem responsabilidade quando ele tem conhecimento seguro da atividade criminosa de um dos seus clientes, mas nada faz para bloquear o acesso desse cliente à rede. Assim, caso A fizesse regulares uploads de softwares maliciosos para veículos de passageiros na Internet usando a infraestrutura disponibilizada pelo Provedor B, B seria responsável como cúmplice ou talvez até mesmo como coautor, caso, apesar de claras advertências, não bloqueasse o acesso de A à internet. Espera-se que, com a crescente difusão da "Internet das Coisas" (e máquinas), a responsabilidade dos provedores seja agravada, e em particular a do *Access-Provider*, especialmente nos casos em que (p.ex., no trânsito) ocorram danos pessoais ou que haja o risco de que estes venham a ocorrer.

A proteção jurídica dos dados

Problemas relacionados à proteção de dados também são de grande importância.[34] A fim de não permitir que danos ocorram, os sistemas semiautônomos (especialmente aqueles que são concebidos para uma utilização móvel) são equi-

---

32. A esse respeito, de forma abrangente, *Siebenpfeiffer* (Org.), Vernetztes Automobil. Sicherheit, Car-IT, Konzepte, 2014.

33. Detalhes em *Hilgendorf/Valerius,* Computer- und Internetstrafrecht, 2. ed. 2012, p. 56-70.

34. Excelente panorama, com várias referências práticas, em *Schmidt/Weichert* (Org.), Datenschutz. Grundlagen, Entwicklungen und Kontroversen, 2012. Especialmente em relação a sistemas autônomos, *Haustein,* Herausforderungen des Datenschutzrechtes vor dem Hintergrund aktueller Entwicklungen in der Robotik, em: Robotik und Gesetzgebung (n. 28), p. 93-108.

pados com inúmeros sensores, que captam, processam e armazenam os dados ambientais. Entre esses dados ambientais também podem estar informações pessoais, por exemplo, sobre os hábitos de trabalho dos empregados, seus períodos de pausa e seus padrões de movimento. Com isso, há relevantes questões de proteção de dados dos funcionários que ainda não foram totalmente esclarecidas. Carros semiautônomos também podem captar e armazenar um enorme número de informações sobre seus passageiros e sobre outras pessoas (p.ex., passageiros de outros veículos).

Os princípios da lei alemã de proteção de dados estabelecem que dados pessoais só podem ser captados, processados e armazenados com o consentimento do afetado ou em virtude de lei que autorize explicitamente a coleta, o armazenamento ou o processamento dos dados (§ 4 da Lei de Proteção de Dados Federal – *Bundesdatenschutzgesetz*).

Além disso, aplicam-se os princípios da economia de dados (não se deve coletar, processar e armazenar mais dados do que os incondicionalmente necessários) e da vinculação à finalidade (os dados só podem ser utilizados para os fins para os quais foram coletados).

A obediência a esses princípios delineados torna-se particularmente problemática quando os sistemas semiautônomos de coleta de dados estão conectados via internet. Os desenvolvimentos atuais discutidos sob o título "Big Data" tornam a lei tradicional de proteção de dados completamente obsoleta. O "Big Data" é baseado na ideia de obter prognósticos sobre, dentre outras coisas, o comportamento de grupos de pessoas e de indivíduos a partir de dados com a maior abrangência possível, por meio de uma análise funcional.[35] Essa ideia está em contradição direta com os princípios da economia de dados e da vinculação à finalidade, delineados acima. Desde que se tornou possível formular prognósticos viáveis sobre o comportamento dos indivíduos a partir de dados, até mesmo o próprio conceito de "dados pessoais" passou a ser questionável – atualmente, qualquer dado, qualquer informação que possa ser lida e analisada por um computador, é potencialmente relacionável a pessoas concretas e, por isso, "pessoal". Dessa forma, coloca-se em questão a distinção categorial entre dados "pessoais" e "não-pessoais" e, com isso, uma base essencial do atual direito de proteção de dados.[36]

---

35. *Mayer-Schönberger/Cukier* (Org.), Big Data. A Revolution That Will Transform How We Live, Work and Think, 2013.

36. *Weichert,* Big Data und Datenschutz, 2013, p. 21, no entanto, considera desnecessária uma alteração legislativa (disponível em: <https://www.datenschutzzentrum.de/uploads/bigdata/20130318-bigdata-und-datenschutz.pdf>). Entretanto, parece questionável se essa visão pode ser mantida por muito tempo.

Direito de registro e de operação de veículos automotores

Além do direito da responsabilidade civil, do direito penal, da responsabilidade do provedor e do direito de proteção de dados, outras áreas do sistema jurídico também estão sendo desafiadas pelo desenvolvimento de sistemas semiautônomos. No âmbito do direito de registro e de operação de veículos automotores também há, atualmente, um problema econômico especialmente urgente. Isso porque os autores da legislação automobilística alemã não previram veículos automotores semiautônomos, que, por exemplo, podem estacionar em uma vaga e se movimentar com grande segurança em um engarrafamento sem interferência humana.

O direito relativo ao trânsito rodoviário alemão se baseia no conceito de um veículo conduzido por uma pessoa.[37] Por exemplo, segundo o § 3 do StVO, conforme a diretriz da Convenção de Viena sobre Tráfego Rodoviário de 1968, um motorista não pode alcançar uma velocidade que não lhe permita manter constantemente o controle de seu veículo. Por trás disso, está o conceito de um motorista humano que tem seu carro sob permanente controle. Sendo assim, veículos sem motorista não são permitidos, nem pelo direito internacional (Convenção de Viena) nem pelo direito nacional (StVO). Há controvérsia a respeito de em que medida esses veículos, nos quais o motorista exerce controle apenas por meio de sistemas técnicos (parcial ou completamente autônomos), são compatíveis com tais requisitos.[38]

Da relevância das questões fundamentais: algoritmo da morte

Pode-se pensar que questões fundamentais teriam um papel menor no contexto de tecnologia e direito. Essa suposição seria completamente incorreta. A situação é inversa: em relação à operação de sistemas técnicos autônomos, ressurgem questões jurídicas fundamentais que, por vezes, são tão urgentes que a implementação técnica do sistema depende de sua solução.

Um exemplo disso é a programação de veículos (semi)autônomos para situações de colisões inevitáveis.[39] Suponha que uma criança apareça, de repente,

---

37. *Hötitzsch/May*, Rechtliche Problemfelder beim Einsatz automatisierter Systeme im Straßenverkehr, em: Robotik im Kontext von Recht und Moral (n. 28), p. 189-210.

38. Para as sugestões de alteração ou atualização do texto da Convenção de Viena no ano de 2014, ver a contribuição de *Lutz, Anforderungen an Fahrerassistenzsysteme nach überstaatlichem Recht*, em: *Hilgendorf/Hötitzsch* (Org.), Das Recht vor den Herausforderungen der modernen Technik. Beiträge der 1. Würzburger Tagung zum Technikrecht im November 2013, p. 171-210.

39. *Lin*, The Robot Car of Tomorrow May Just Be Programmed to Hit You, em: http://www.wired.com/2014/05/the-robot-car-of-tomorrow-might-just-be-programmed-to-hit-you. A tecnologia abaixo esboçada poderia estar disponível em aproximadamente dez anos.

em frente a um veículo em movimento equipado com um sistema de direção e de freio autônomos. Por razões físicas, não é mais possível frear a tempo.

O sistema autônomo tem três alternativas: pode atropelar a criança (solução 1), pode guinar à direita e atropelar um grupo de pedestres (solução 2), ou à esquerda e colidir com um veículo totalmente ocupado e de aproximadamente mesmo peso (solução 3). Qual algoritmo de solução deve ser dado ao veículo que está indo "em direção" à criança?

Se o veículo não fosse controlado por uma máquina, mas por uma pessoa, não seria possível tomar uma decisão para essa situação descrita. Mesmo motoristas treinados são incapazes de absorver as informações relevantes com rapidez suficiente, muito menos processá-las, tomar uma decisão e implementá-la. Para um motorista humano, seria quase inevitável atropelar a criança e, eventualmente, matá-la. De qualquer modo, na avaliação jurídica do evento, tudo fundamentaria a rejeição da responsabilidade do motorista. Provavelmente, não seria possível afirmar sequer um comportamento violador do dever objetivo de cuidado. Esse evento é, na verdade, um *acidente*, no qual a responsabilidade civil ou criminal está fora de questão.[40]

No entanto, o sistema autônomo difere substancialmente de um ser humano em termos de velocidade de captação e processamento de informação e implementação de uma decisão. A máquina não apenas absorve informações de forma mais rápida, como também pode processar muito mais informações que um ser humano, incluindo até mesmo aquelas que não são acessíveis, ou que são acessíveis apenas de forma indireta, à percepção sensorial humana. Por isso, em nosso caso, a máquina pode reconhecer com precisão não apenas a quantidade e a posição dos pedestres do lado direito, mas também a idade aproximada e o sexo. No lado esquerdo, a máquina pode reconhecer o tipo e o estilo do veículo. Além disso, ela também pode constatar o número de passageiros e o peso dos passageiros também pode ser calculado (pelo menos aproximadamente) ao calcular o peso total do veículo. O sistema também é capaz de determinar a estabilidade do outro veículo e riscos adicionais em caso de uma colisão.

Qual forma de reação deveria ser estabelecida para o sistema autônomo por meio do "algoritmo de acidente" (*Unfall-Algorithmus*)? Uma primeira possibilidade seria estabelecer uma reação tipicamente humana, de modo que a criança seria atropelada e, eventualmente, outros danos seriam causados em razão da perda do controle. Um resultado semelhante seria alcançado caso o fabricante renunciasse à instalação de um "algoritmo de acidente".

---

40. Em todo caso, são aplicáveis as regras da responsabilidade pelo risco segundo o § 7 StVG.

Contudo, tal solução não seria convincente por várias razões: por um lado, a finalidade dos sistemas autônomos é tirar as pessoas de situações difíceis no trânsito e, assim, minimizar os riscos.

Portanto, parece contraditório, especialmente em situações particularmente difíceis, dispensar as capacidades especiais de tal sistema ou até mesmo não o utilizar. Soma-se a isso um segundo ponto de vista, ainda mais importante: caso o fabricante renuncie a um algoritmo de acidente, *isso* (essa renúncia) não constitui um acidente. A não utilização ou a não instalação do algoritmo é algo que pode ser simplesmente evitado. Portanto, o fabricante, a depender das circunstâncias, pode ser responsabilizado civil ou criminalmente caso renuncie à instalação do algoritmo. O mesmo se aplicaria a um motorista que o desligasse.

Outra possibilidade é equipar o sistema com um operador randômico que deixaria ao acaso a decisão pelas variantes 1, 2 ou 3. De fato, muitas coisas no mundo acontecem por acaso. No entanto, não está claro qual seria a vantagem dessa opção em relação às soluções acima mencionadas. Aqui também há riscos significativos de responsabilização, porque o fabricante poderia ser acusado de ter instalado o sistema deliberadamente e renunciado a outras soluções possivelmente melhores. Não resta dúvidas de que um operador randômico seria, em todo caso, uma opção plausível se os possíveis danos tivessem mais ou menos a mesma gravidade. Por outro lado, pareceria absurdo (e altamente censurável) delegar deliberadamente ao acaso a escolha entre, p.ex., não ferir pessoas ou ferir gravemente duas.

Com isso, fica claro que um algoritmo de acidente deve se basear em algum princípio de decisão que também oriente decisões humanas: o princípio da redução de danos. Esta ideia se encontra em uma variedade de dispositivos do direito alemão (por exemplo, o § 34 StGB, segundo o qual o interesse protegido deve ser substancialmente predominante em relação ao atingido), e constitui, além disso, um princípio geral de direito, que (de uma perspectiva diacrônica) pode ser encontrado na história do direito e (de uma perspectiva sincrônica) também em outros ordenamentos jurídicos. Isso significa que, ao programar o algoritmo de acidente, deve-se estabelecer uma hierarquia de danos ou, dito de forma positiva, uma hierarquia de valores. Em relação a isso, surgem problemas fundamentais interessantes, que, nesta oportunidade, podem ser indicados, mas não discutidos. Enquanto se tratarem de meros bens materiais, é possível contar com valores econômicos aproximados. No entanto, quando for necessário escolher entre um dano patrimonial ou pessoal, os danos pessoais deverão ser evitados em regra, mesmo que o eventual dano à propriedade seja muito alto.[41]

---

41. Isso resulta em diferentes modelos de negócios para seguros, como o acordo de contribuições menores para pessoas que estão dispostas a aceitar uma lesão corporal (irrelevante). Mas também é possível conceber variantes macabras, como o acordo de pagamento de compensações para parentes de pessoas que também aceitam sua própria morte.

Na concorrência entre danos pessoais, há que se decidir, em caso de lesão corporal, pela menor gravidade, ou seja, pelo cenário que traz menor sofrimento à vítima. Mas o que se deve escolher quando o conflito for entre lesões corporais permanentes graves e gravíssimas, de um lado, e a perda de vidas, de outro?[42] Suponhamos que, de um lado, A venha a perder seus membros e, de outro lado, B venha a perder sua vida. Qual decisão deve ser programada no algoritmo de acidente em tais casos? Certamente, devem ser consideradas as respectivas probabilidades de ocorrência em tais situações. Mas é legítimo, em termos éticos e/ou legais, tomar tais decisões na forma de uma regra geral-abstrata sem levar em consideração o caso concreto?

A situação mais problemática é aquela na qual há que se decidir entre duas ou mais vidas. Se uma vida conflita com outra e há idêntica probabilidade da ocorrência dos danos, tem-se um conflito entre bens jurídicos de mesmo valor hierárquico. Supondo a mesma probabilidade de ocorrência dos danos, o que fazer caso se tenha que decidir entre a vida de uma pessoa e a de duas, vinte, duzentas ou de duas mil pessoas? Tradicionalmente, os juristas alemães partem da premissa de que uma vida humana "vale tanto" quanto duas, vinte, ou qualquer outro número de vidas humanas.[43] Mas é realmente possível manter esse valor ao programar sistemas autônomos em situações de acidentes?

Problemas estruturalmente semelhantes podem ocorrer em relação a decisões de triagem,[44] mas também no contexto de proteção contra riscos.[45]

"Uma vida vale tanto quanto muitas vidas". Essa frase é correta? Utilitaristas e defensores de outras éticas consequencialistas tendem a rejeitá-la, enquanto kantianos provavelmente a aceitariam. Portanto, de repente, em razão do problema dos algoritmos da morte, acabamos caindo em um dos grandes debates da filosofia

---

42. *Brech,* Triage und Recht: Patientenauswahl beim Massenanfall Hilfebedürftiger in der Katastrophenmedizin. Ein Beitrag zur Gerechtigkeitsdebatte im Gesundheitswesen, 2008.

43. Esta posição remonta, primordialmente, às decisões sobre os chamados assassinatos de doentes mentais no "Terceiro Reich", ocasião em que um certo número de pessoas doentes foi sacrificado para salvar um número significativamente maior. Após 1945, a jurisprudência recusou-se a enxergar esse comportamento como justificado. Cf. OGH BZ 1, 312; 2, 217, outras referências em *Maurach,* Strafrecht Allgemeiner Teil, 1954, p. 292 s. Uma dificuldade parecida é tratada no "caso do controlador de trilhos" [*Weichenstellerfall*], desenvolvido por *Welzel,* ZStW 63, 51. Desde então, o problema sempre voltou a ser discutido (referências em *Roxin,* Strafrecht Allgemeiner Teil, Vol. 1, 4. ed. 2006, p. 738 ss.), recentemente por *Bott,* In dubio pro Straffreiheit? Überlegungen zum Lebensnotstand, 2011; da perspectiva da filosofia moral, *Fritzsche,* Die Tötung Unschuldiger, 2004.

44. Cf. *supra* n. 42.

45. Supondo que o policial X, que se encontra à paisana a bordo de um avião sequestrado por dois terroristas, tenha a opção de matar o terrorista A, que está prestes a atirar em um passageiro, ou o terrorista B, que está obrigando o piloto a desviar o avião em direção a um arranha-céu (criando o risco de um número imprevisível de mortes). Não é possível para o policial fazer as duas coisas. Pode-se defender, neste caso, a equivalência de ambas as opções de ação?

prática. Segundo Kant, seres humanos possuem dignidade e não preço, e, assim, não é possível ou permissível[46] serem objeto de ponderações.[47] Por isso, kantianos consequentes poderiam argumentar que não faz diferença se uma ou cem vidas são eliminadas. No entanto, caso pensemos nos sofrimentos individuais causados não apenas aos afetados, mas também a seus parentes e amigos, essa posição parece moralmente duvidosa. A noção de que uma vida humana "pesa" tanto quanto várias (ou até mesmo infinitas) vidas humanas só pode ser sustentada se tais decisões permanecerem como ficções de livros didáticos. Adotá-la como base de tomada de decisões na realidade da vida pode ser extremamente problemático.

Não é possível justificar uma solução aqui pela figura da "comunidade de perigos", que é usada por uma significativa opinião minoritária. Segundo essa opinião, é possível justificar a conduta de alguém que sacrifica uma pessoa, dentre várias que correm risco de morte, para salvar as demais[48] (p.ex.: se a corda, na qual dois alpinistas se penduram, ameaça arrebentar, o alpinista que está acima pode cortar a corda abaixo de si e matar o segundo alpinista, enquanto ele próprio se salva). Nos casos sob exame, não existe uma tal comunidade de perigos.

Para mim, o relevante parece ser o seguinte:[49] a proibição de quantificação e cálculo de vidas humanas foi desenvolvida no direito penal para tornar claro que, para o direito, cada ser humano individualmente representa um "valor máximo". Trata-se de uma formulação especialmente marcante da ideia de que o direito se orienta pelas pessoas (individuais).[50] A posição jurídica do indivíduo, que culmina na singular dignidade humana, tem um valor tão alto que a morte de uma pessoa "inocente" é sempre tida como ilegal, mesmo que por meio dela se possa evitar a morte de um grande número de outras pessoas. Com um olhar mais atento, nota-se uma diferença marcante em relação a casos penais conhecidos, como os assassi-

---

46. Até hoje não se diferencia cuidadosamente, na literatura filosófica, entre "não ser possível" [*Nicht-Können*] e "não ser permitido" [*Nicht-Dürfen*], embora ambos se diferenciem categoricamente um do outro: no primeiro caso, trata-se de uma afirmação fática, de evidência [*Tatsachenaussage*] e, no outro, de uma afirmação normativa.

N.T.: Enquanto no português, o verbo *poder* expressa tanto uma possibilidade fática quanto uma permissão para agir, no alemão, o primeiro é representado pelo verbo *können* e o segundo pelo verbo *dürfen*.

47. "Quando uma coisa tem um preço, pode-se pôr em vez dela qualquer outra como *equivalente*; mas, quando uma coisa está acima de todo o preço, e, portanto, não permite equivalente, então ela tem dignidade", *Kant*, Grundlegung zur Metaphysik der Sitten (1785/1786), Immanuel Kant Werkausgabe, org. por Weischedel, Vol. VII, 1968, p. 68 (*Kant*, Fundamentação da Metafísica dos Costumes (1785/1786), trad. Paulo Quintela, Lisboa: Edições 70, 2011, p. 82).

48. Referências em *Roxin*, Allgemeiner Teil (n. 43), p. 739 ss.

49. As reflexões a seguir se limitam a algumas sugestões e, obviamente, carecem de uma análise mais detalhada.

50. Mais detalhes em relação à orientação humana do direito moderno, em *Hilgendorf*, Humanismus und Recht – humanistisches Recht? Eine erste Orientierung, em: *Groschopp* (Org.), Humanismus und Humanisierung (2014), p. 36-56.

natos de doentes mentais, o dilema do bonde e outros semelhantes:[51] não se trata da avaliação jurídico-penal de um comportamento orientada ao que aconteceu no passado, mas de uma decisão, voltada ao futuro, a respeito de como um dilema deve ser resolvido. Além disso, o decisivo não é justificar a variante do acidente causada pelo computador de bordo. Segundo a opinião defendida aqui, o homicídio de pessoas inocentes permanece antijurídico, mesmo que apenas por meio dele seja possível salvar um grande número de pessoas inocentes. No entanto, é possível defender uma *gradação no injusto*, segundo a qual é melhor sacrificar alguns do que muitos. A ideia básica de minimizar os danos, portanto, também se aplica aqui. A morte de um indivíduo não pode ser justificada pelo salvamento de muitos, mas estamos tanto *moral como juridicamente* obrigados a manter o número de mortos o mais baixo possível.[52]

Também surgem problemas interessantes caso o computador de bordo decida que a vida do motorista tem de ser sacrificada: suponhamos que o motorista A tenha adquirido, por muito dinheiro, um carro de última geração, com inúmeras funções autônomas, incluindo alguns algoritmos de colisão (*crash-Algorithmen*). No primeiro teste, A atravessa um túnel em alta velocidade, quando, de repente, o pneu de um ônibus escolar lotado estoura na sua frente. O ônibus tomba e atravessa a pista. Em frações de segundo, o sistema de acidentes de A calcula que a frenagem total não é mais possível. Em vez de desviar o carro em alta velocidade para a pista contrária, onde estão vários veículos menores, o sistema de bordo do veículo conduz o carro para uma coluna de concreto maciço na margem direita do túnel. No visor do motorista, aparece a mensagem "passe bem e obrigado por tudo!" e, em seguida, o carro colide com a coluna de concreto a toda velocidade. Com o impacto, o veículo é completamente destruído e A morre. Do ponto de vista do sistema de bordo, a decisão de sacrificar o próprio motorista A para proteger a vida de crianças em idade escolar e motoristas de carros pequenos na pista oposta era racional. Uma vida vale menos que muitas vidas. Mas terá um veículo configurado de forma a matar, consequentemente, o próprio motorista em certas situações de tráfego muitos compradores?

Por fim, problemas especiais surgem caso, segundo os critérios subjacentes, haja um empate valorativo entre os bens ameaçados, por exemplo, assumindo-se uma idêntica probabilidade de ocorrência de danos entre dois objetos de valor ou entre duas vidas. O programador pode ou deve, neste caso, diferenciar ainda mais

51. A filósofa britânica, Philippa Foot, discutiu, em um ensaio altamente conceituado, intitulado "Killing and Letting Die", uma situação aparentemente inspirada no caso do controlador de trilhos, em que um bonde ("trolley") está rolando ladeira abaixo. Por isso, na literatura anglo-saxã, a situação é, frequentemente, chamada de "dilema do bonde". Tradução para o alemão, "Töten und Sterbenlassen", em: Foot, Die Wirklichkeit des Guten. Moralphilosophische Aufsätze 1997, p. 186-196 (193 ss.).

52. Portanto, as decisões de um algoritmo por "sempre menos morte" ou por "sempre mais morte" não são equivalentes (e nem indiferentes em relação ao direito).

e programar critérios adicionais de decisão para o algoritmo de acidente? O carro poderia, por exemplo, sempre preferir alvos mais leves como objetos de colisão, para minimizar o máximo possível seus próprios danos? Mas os fabricantes de carros pequenos aceitarão isso facilmente?[53] Ou o carro deve escolher sempre colidir com o objeto mais protegido, de modo a minimizar os danos a terceiros? É claro que isso prejudicaria os usuários do tráfego viário que, consequentemente, protegem-se contra acidentes. E que tal seria um algoritmo de acidentes que, entre duas vítimas humanas, escolhesse matar a pessoa mais velha? A lista de perguntas poderia ser significativamente estendida sem muita dificuldade. No entanto, já ficou claro que o desenvolvimento de algoritmos de acidentes exigirá considerações éticas e legais fundamentais.

Propostas de soluções[54]

As questões jurídicas levantadas pelo desenvolvimento de máquinas semiautônomas podem ser resolvidas, ou pelo menos mitigadas, de várias formas. Basicamente, em um conflito entre direito e tecnologia podem ser feitos ajustes de ambos os lados: assim, o direito pode se adaptar à tecnologia, mas também a tecnologia, ao direito. Na realidade jurídica, caminha-se nas duas direções.[55] No contexto do direito tecnológico, o termo "*compliance* jurídico" significa a tentativa de projetar, de antemão, os desenvolvimentos técnicos já em conformidade com o direito, de modo que nem sequer venham a ocorrer conflitos. Isso também se aplica à produção e comercialização de novas máquinas cujos custos de desenvolvimento geralmente chegam a milhões.

No entanto, por outro lado, também se adapta o direito ultrapassado às novas realidades tecnológicas. Assim, no âmbito da responsabilidade civil, o conceito de culpa, no que diz respeito às exigências de dever de cuidado necessárias para o tratamento das máquinas semiautônomas, terá que ser desenvolvido. Já se considera a introdução de uma responsabilidade própria de máquinas para os casos em que uma pessoa não pode mais ser responsabilizada por danos causados por sistemas semiautônomos: assim como o conceito de pessoa "natural" foi complementado pela figura de uma "pessoa jurídica", seria possível ir um passo além e criar uma "*e-person*", que seria vista como um sujeito autônomo de respon-

---

53. Considere que, do ponto de vista do motorista do carro pequeno, o algoritmo de evasão instalado no carro envolvido no acidente é um algoritmo finalístico, que, de certa forma, oferece o próprio veículo "em sacrifício". Este poderia ser um motivo para responsabilizar o fabricante/usuário do algoritmo.

54. Por razões de espaço, as observações a seguir devem ser limitadas a algumas breves referências a tópicos selecionados. Sistemas autônomos podem, obviamente, levantar muitas outras questões jurídicas, como as que envolvem patentes e seguros por danos causados.

55. *Hilgendorf*, Die strafrechtliche Regulierung des Internet als Aufgabe eines modernen Technikrechts, em: Juristenzeitung 2012, p. 825-832.

sabilidade.[56] Até lá, no entanto, muitas questões jurídicas ainda precisam ser esclarecidas.

Para a reforma do direito de trânsito rodoviário o legislador tem menos tempo. Se a próxima geração de veículos *premium* ainda não for capaz de violar a Lei de Tráfego Rodoviário (Straßenverkehrsgesetz) ou a Lei de Condutas no Tráfego Rodoviário (Straßenverkehrsordnung), a permissibilidade de sistemas semiautônomos em veículos automotores deve ser explicitamente estabelecida em breve. Isso significa que o legislador tem que dizer adeus ao modelo conceitual de veículos guiados a todo momento pelo motorista. Para isso, é necessário modificar ambas as leis mencionadas, mas também é necessário mudar a Convenção de Viena sobre o Trânsito Rodoviário de 1968, na qual se baseiam ambas as leis.[57] Mesmo que os sistemas técnicos autônomos pudessem ser harmonizados à Convenção de Viena (o que é defendido aqui, ao contrário da opinião aparentemente predominante) por meio de uma interpretação adequada dos dispositivos jurídicos, ainda assim seria necessária uma *afirmação clara* por parte da lei.

Por fim, também há necessidade de uma reforma legal na área de proteção de dados. O *Big Data* e a atual lei de proteção de dados não são compatíveis. Ou as novas técnicas de análise de dados devem ser suspensas ou a lei alemã de proteção de dados tem que se desenvolver ainda mais.[58] Já existem várias propostas para isso. A mais promissora poderia ser a que visa substituir esse modelo até hoje binário de "dados pessoais vs. dados não-pessoais" por um modelo de classificação segundo classes de proteção. Esse modelo pretende estabelecer certos limites ao tratamento daqueles dados cuja captação, processamento etc. ainda são completamente livres, mas por outro lado também facilitar o tratamento de determinados dados pessoais. Tal modelo permite um manejo mais flexível dos dados que o atual, mas sem abrir mão da proteção extremamente necessária do direito à autodeterminação informacional, como estabelecido na famosa "decisão do censo" do *Bundesverfassungsgericht*.[59] A proteção de dados não se trata de uma incômoda bobagem, mas de um direito humano e fundamental, central para o Estado Constitucional Democrático. Uma pessoa que tem que se sentir permanentemente observada e controlada não perde apenas suas liberdades cívicas essenciais; ela acaba sendo sensivelmente inibida em seu desenvolvimento individual.

---

56. *Beck*, Über Sinn und Unsinn von Statusfragen – zu Vor- und Nachteilen der Einführung einer elektronischen Person, em: Robotik und Gesetzgebung (n. 28), p. 239-260; *Günther*, Roboter und rechtliche Verantwortung. Eine Untersuchung der Benutzer- und Herstellerhaftung, 2016.

57. Cf. as contribuições de *Hötitzsch/May* (n. 37) e *Lutz* (n. 38).

58. Uma terceira possibilidade seria a aceitação de déficits de fiscalização, que podem fazer com que os regulamentos de proteção de dados fiquem apenas no papel, com praticamente nenhuma relevância. No entanto, tal situação estaria em contradição com os princípios do Estado de Direito.

59. Decisão de 15 de dezembro de 1983, Amtliche Sammlung der Entscheidungen des Bundesverfassungsgerichts, Vol. 65, p. 1 ss.

Um controle total seria inclusive uma violação à dignidade humana.[60] Por isso, as possibilidades atuais de emergência de uma vigilância total por grandes empresas, como a Google, ou pela NSA, devem ser levadas muito a sério.

Um olhar para o futuro: a *allnet* e a maquinização do ser humano

Já em um futuro próximo, a "internet das coisas" irá substituir a internet atual. Hoje, já não são apenas os computadores de mesa que se comunicam entre si. Há muito tempo, a internet se tornou móvel com os notebooks, tablets e smartphones.[61] Em seguida, por meio da miniaturização de máquinas (p.ex., RFID-Chips[62]), cada vez mais itens do nosso cotidiano (p.ex., peças de roupa), irão armazenar, enviar e receber dados.[63] Carros semiautônomos receberão, em tempo real, dados e softwares necessários a partir da internet, e também trocarão dados entre si.[64] Nas fábricas do futuro, máquinas semiautônomas estarão funcionando conectadas entre si via internet. As máquinas em rede tornar-se-ão, por assim dizer, os olhos, ouvidos e mãos da internet. Essa nova internet, onipresente na vida profissional e no cotidiano, é melhor descrita pelo termo "allnet".

Paralelamente à diferenciação no mundo das máquinas, a maquinização da humanidade está progredindo ainda mais. Atualmente, o uso de próteses complexas (que também inclui os novos óculos de dados do Google) e dispositivos artificiais no corpo humano não são mais uma raridade, basta pensar em bombas de insulina, marca-passos e neuroestimuladores mecânicos ("marcapasso cerebral"). A "instalação" de microprocessadores no corpo humano, que permitem identificar seus usuários mesmo à distância ou que podem servir para a implementação de mecanismos de pagamento, também pode ser tecnicamente realizada sem maiores dificuldades. Também devem ser mencionadas as próteses de perna ou braço, que hoje podem dar aos seus usuários muito mais força, velocidade e resistência do que possuem pessoas normais. As possibilidades de uma "ciborguização humana", ou seja, a fusão de pessoas com máquinas, estão aumentando.

Com isso, surge toda uma série de interessantes questões jurídicas: próteses são partes do corpo ou coisas?[65] Há um direito a obter as melhores peças de substituição existentes? Planos de saúde têm o dever de custeá-las? Pode-se retirar

---

60. *Hilgendorf,* Die mißbrauchte Menschenwürde. Probleme des Menschenwürdetopos am Beispiel der bioethischen Diskussion, em: Jahrbuch für Recht und Ethik, Vol. 7 (1999), p. 137-158 (148).

61. *Saylor,* The Mobile Wave. How Mobile Intelligence Will Change Everything, 2012.

62. NT.: A sigla RFID significa, em inglês, Radio-Frequency IDentification (identificação por radiofrequência).

63. *Friedewald,* Ubiquitäres Computing (n. 25).

64. Ver, ao lado do volume de *Siebenpfeiffer* (*supra* n. 32), também *Köhler/Wollenschläger,* Transformation des Automobils (n. 23), p. 59 ss., 56 ss.

65. Essa questão já é discutida há muito tempo no direito penal, cf. apenas *Fischer,* Kommentar zum Strafgesetzbuch, 61. ed. 2014, § 242 nm. 8.

membros do corpo saudáveis, p.ex., braços ou pernas, para substituir os membros amputados por extremidades artificiais de maior desempenho? Até que ponto pode ir a "ciborguização de um humano", ou seja, a instalação de partes do corpo artificiais?[66] A partir de que fração de "partes artificiais" um humano deixa de ser um humano e vira uma máquina? Há, nesses casos, uma mudança de status jurídico – de um ser humano para uma mera coisa?[67]

Máquinas morais como novas espécies

Um problema futuro que, no entanto, já levanta questões interessantes é o desenvolvimento de robôs autônomos que podem rivalizar com pessoas em inteligência e prudência ou até mesmo superá-las com suficientes avanços tecnológicos. Qual é o status moral e jurídico dessas máquinas? Elas podem ter direitos e deveres? E conceitos como "direitos fundamentais" ou até "dignidade" podem ser transferidos a máquinas?

Questões como essas não são discutidas apenas na literatura de ficção científica, mas também na ética e na ciência jurídica.[68] Há mais de 70 anos, o escritor americano de ficção científica, Isaac Asimov, formulou suas três "leis da robótica", que serviriam para permitir que seres humanos e máquinas autônomas coexistissem:

- Um robô não pode ferir um humano ou, por meio de uma omissão, permitir que um humano seja ferido.

- Um robô deve obedecer aos comandos dados a ele por um humano – a menos que tal comando viole a primeira regra.

- Um robô deve preservar sua existência, desde que essa preservação não viole a primeira e a segunda regras.[69]

Do ponto de vista jurídico, essas regras são ingênuas. Suas falhas já podem ser observadas em casos simples de estado de necessidade, nos quais bens equi-

---

66. *Brunhöber,* Darf der Staat die Technisierung des eigenen Körpers beschränken?, em: Robotik im Kontext von Recht und Moral (n. 28), p. 151-170; *Sternberg-Lieben,* Strafrechtliche Verbote einer "Maschinisierung des Menschen" – erste Überlegungen, em: *ibidem*, p. 119-150; cf. também as contribuições em *Beck* (Org.), Jenseits von Mensch und Maschine. Ethische und rechtliche Fragen zum Umgang mit Robotern, Künstlicher Intelligenz und Cyborgs, 2012.

67. Esclarecedora, *Beck,* Sinn und Unsinn von Statusfragen (n. 56).

68. Cf., além das obras citadas na n. 63, na literatura anglo-saxã, *M Anderson/p. L. Anderson* (Org.), Machine Ethics, 2011; *Benford/Malartre,* Beyond Human. Living with Robots and Cyborgs, 2007; *Lin/Abney/Bekey* (Org.), Robot Ethics. The Ethical and Social Implications of Robotics, 2012; *Wallach/Allen* (Org.), Moral Machines. Teaching Robots Right from Wrang, 2009.

69. Desenvolvido, pela primeira vez, em I. Asimov, Runaround (1942); versão alemã, p.ex., em I. Asimov, Meine Freunde, die Roboter (1982), p. 67.

valentes estejam em conflito. O seguinte caso é um exemplo: o robô R retorna à estação espacial e encontra aí seus colegas humanos A e B em grave perigo. Mas ele só pode salvar um deles. Um robô que seguisse as regras de Asimov estaria, provavelmente, sujeito a dois idênticos imperativos jurídicos de ação: "salvar A!" e "salvar B!". Mas como não se pode cumprir ambos os comandos jurídicos, o robô se encontra em um dilema que as regras de Asimov não resolvem (segundo o direito alemão, um agente humano estaria justificado pelos princípios da chamada "colisão de deveres justificante", caso cumprisse apenas um entre dois deveres de igual peso que não pudessem ser satisfeitos concomitantemente[70]).

Vale ressaltar que as regras de Asimov, evidentemente, não têm qualquer relevância em relação ao desenvolvimento dos robôs modernos. E isso não vale apenas para robôs industriais ou domésticos, comparativamente simples, que não possuem autonomia suficiente para aplicar essas regras de maneira significativa. As regras de Asimov não são implementadas nem mesmo na área provavelmente mais avançada em termos técnicos, a robótica de guerra. Também por isso, o uso de drones para fins militares é tão controverso.[71] Os filósofos tecnológicos da área do "pós-" ou "trans-humanismo" delinearam um futuro em que os robôs começam a superar o ser humano em todos os aspectos relevantes.[72] Estamos diante do surgimento de uma nova espécie, superior a nós. O robocista e futurologista californiano, Hans Moravec, já falava há mais de 20 anos dos "filhos de nossas mentes", que logo seriam infinitamente superiores a nós:

> "Hoje, nossas máquinas ainda são criaturas simples que, como todo recém-nascido, precisam do cuidado e atenção dos pais e são dificilmente dignas do adjetivo 'inteligente'. Mas no próximo século, elas se transformarão em entidades tão complexas quanto nós, transcendendo, eventualmente, tudo aquilo que conhecemos, e talvez um dia possamos nos orgulhar do fato de que elas se definam como nossas descendentes. Tendo em vista que esses filhos de nossas mentes não são dependentes do curso vacilante da evolução biológica, eles se desdobrarão sem controle e se voltarão a grandes tarefas de importância fundamental no vasto universo. Nós, seres humanos, nos beneficiaremos de seu trabalho por um bom tempo. Mas, mais cedo ou mais tarde, assim como as crianças biológicas, eles seguirão seus próprios caminhos, enquanto nós, pais, envelhecemos e nos retiramos."[73]

---

70. *Hilgendorf/Valerius*, Allgemeiner Teil (n. 29), § 11 nm. 81 ss. (versão em português: Direito Penal – Parte Geral, trad. Orlandino Gleizer, São Paulo: Marcial Pons, 2019).

71. *Strutynski* (Org.), Töten per Fernbedienung. Kampfdrohnen im weltweiten Schattenkrieg, 2013.

72. *Hilgendorf*, Menschenwürde und die Idee des Posthumanen, em: *Joerden/Hilgendorf/Thiele* (Org), Menschenwürde und Medizin. Ein interdisziplinäres Handbuch (2013), p. 1047-1067.

73. *Moravec*, Mind Children: Der Wettlauf zwischen menschlicher und künstlicher Intelligenz, 1988, (alemã) 1990, p. 9 s.

Dos benefícios de visões futurísticas

Em muitos círculos de intelectuais, é de bom tom desacreditar visões tecnológicas como essas. Os tecnólogos não são levados realmente a sério, especialmente quando falam sobre o futuro. Ao mesmo tempo, no entanto, as inúmeras melhorias em nossas condições de vida, que devemos aos tecnólogos e engenheiros, são, pronta e irrefletidamente, bem recebidas. Notavelmente, a arrogância de "estudiosos das ciências humanas" é frequentemente associada a um desconhecimento da história, da metodologia e da capacidade de desempenho da pesquisa tecnológica. Há pelo menos três razões para discutirmos, mesmo enquanto filósofos ou juristas interessados em questões fundamentais e políticas, as visões tecnológicas:[74]

- Em primeiro lugar, as visões tecnológicas, não raro, contêm previsões sobre o nosso futuro, que ocorrerão em poucos anos. Nisso reside a função prognóstica de futuros cenários. Foi o que aconteceu a respeito das viagens espaciais e da robótica, assim como da internet e dos carros autônomos. Se não desejamos nos surpreender completamente com o progresso tecnológico, é bom nos ocuparmos hoje dos desafios éticos e jurídicos de amanhã.

- Mas mesmo que as previsões dos tecnólogos não se materializem, ainda faz sentido lidar com as visões desenvolvidas por eles, porque elas têm um grande efeito na construção de opiniões. Os cenários do futuro, mesmo aqueles que, com uma probabilidade nos limites da certeza, nunca se tornarão realidade, desempenham um papel importante nos debates sociais sobre novas possibilidades tecnológicas. Por exemplo, o personagem do "Exterminador" no filme hollywoodiano "Exterminador do futuro" [*Terminator*] (1984) teve um grande impacto na concepção de robôs humanoides. Filmes como "Ela" [*Her*] ou "A revolução" [*Transcendence*] (ambos de 2014) moldam a imagem que temos sobre a inteligência das máquinas e os perigos que ela representa. A influência de tais obras no desenvolvimento de sentimentos de perigo e a concomitante necessidade de regulamentação provavelmente será muito maior do que o impacto da ciência social ou das discussões jurídicas.

- Uma terceira razão para se ocupar das visões tecnológicas do ponto de vista jusfilosófico é o fato de que, dessa forma, é possível ver e examinar, sob uma nova luz, conceitos jurídicos e sócio-filosóficos ultrapassados. Os cenários exóticos, às vezes, tornam muito mais fácil repensar os conceitos fundamentais de nossa política e nossa ética. Isso poderia ser chamado de *função crítica* das visões tecnológicas.

---

74. Com ulteriores diferenciações, *Grunwald*, Technik und Politikberatung, 2008, p. 76-95.

Humanismo e dignidade humana

Um conceito básico do nosso sistema jurídico é o humanismo. A palavra possui uma variedade de significados e se refere, dentre outras coisas, a um certo movimento filosófico e político, uma época, uma tradição, um programa educacional, uma visão de mundo ou mesmo uma atitude moral. A ideia central do humanismo político (ou jurídico) é a exigência de que o Estado se oriente pelos direitos humanos e, acima de tudo, pela dignidade humana do indivíduo.[75]

A "dignidade humana" pode ser interpretada, neste contexto, como um conjunto de diferentes direitos humanos básicos.[76] Nisso se incluem o direito a um mínimo de substâncias materiais necessário para a existência, a uma mínima liberdade de desenvolvimento, a estar livre de dores extremas, à igualdade jurídica fundamental, ao controle das informações íntimas, à proteção contra lavagem cerebral e outras irreparáveis intervenções na psique e contra outras lesões igualmente profundas. Os direitos constitutivos da dignidade humana se diferenciam dos direitos humanos usuais na medida em que, em nenhuma hipótese ou circunstância, são passíveis de restrições jurídicas. Limitações à dignidade humana são, portanto, sempre antijurídicas.[77] O Estado é obrigado a observar a dignidade humana dos seus cidadãos e a protegê-la ativamente (cf. Art. 1º GG), ou seja, afastar condições contrárias à dignidade humana.

A concepção de dignidade humana e de direitos humanos, predominante desde o Iluminismo do século XVIII na Europa e desde então implementada, tem sido repetidamente colocada em questão, não apenas por alternativos modelos teocráticos, totalitários e autoritários – ou revelados por divindades como "verdades eternas" ou baseados na vontade de um líder de alguma forma abençoado –, mas também pelo progresso tecnológico. Atualmente, no contexto do desenvolvimento de sistemas autônomos e robôs, invoca-se muitas vezes o afastamento de ideias humanistas supostamente "ultrapassadas" e sugere-se um raciocínio novo, "pós-" ou "trans-humanístico".[78] Segundo a premissa básica deste pensamento, o ser humano seria suplantado e perderia seus valores com o advento das máquinas. No entanto, esta conclusão não é convincente. Assumindo uma perspectiva humanista, máquinas são um meio pelo qual podemos tornar o nosso mundo e nossa vida ainda mais valiosos e "humanamente justos".[79] É a

---

75. A esse respeito, cf. também os textos sobre humanização do direito, citados na n. 48.

76. *Hilgendorf,* Die mißbrauchte Menschenwürde (n. 60), p. 148.

77. *Dreier,* Artikel 1 I nm. 46, em: *idem,* (Org.), Grundgesetz-Kommentar, Vol. 1, 3. ed., 2013.

78. *Kurzweil,* The Age of Spiritual Machines. When Computers Exceed Human Intelligence, 1999; resumidamente, *Herbrechter,* Posthumanismus. Eine kritische Einführung, 2009; *Hilgendorf,* Menschenwürde und die Idee des Posthumanen (n. 72).

79. Um bom exemplo de um mundo povoado por máquinas altamente eficientes, mas ao mesmo tempo bastante digno de ser vivido (e, portanto, de acordo com os ideais humanistas), é descrito nos romances culturais do recém-falecido autor britânico, *Jan M Banks.*

tecnologia que tem que se adaptar aos humanos, e não o contrário.[80] No entanto, as preocupações a esse respeito não são apenas temas de ficção científica, senão que já se encontram, atualmente, dentre as tarefas mais importantes da política jurídica.

Conclusão

O tema "direito e máquinas autônomas" provou ser muito mais amplo e diversificado do que muitos poderiam, a princípio, esperar. A marcha triunfal das máquinas coloca o direito diante de grandes desafios, afetando toda a nossa ordem jurídica: do direito civil ao direito penal e público. O moderno direito da tecnologia é, portanto, uma típica matéria transversal. Questões problemáticas surgem, sobretudo, no campo da responsabilidade (civil e penal), incluindo a responsabilidade do provedor, da proteção de dados e, por fim, do tráfego rodoviário. Em alguns casos, uma mudança na aplicação da lei (*de lege lata*) é suficiente para resolvê-los, mas às vezes são necessárias mudanças na própria lei (*de lege ferenda*), que em alguns casos podem ir muito longe (pode-se mencionar, por exemplo, a tão necessária remodelação do direito de proteção de dados). O confronto com as visões de máquina do trans-humanismo pode abrir caminho para questões fundamentais da ética e da filosofia jurídica que já surgem hoje ou que surgirão em um futuro próximo. Dessa forma, continua a ser desejável que os éticos, os filósofos e os sociólogos do direito aprendam a lidar com os problemas, ideias e visões dos tecnólogos de forma mais aberta, inteligente e criativa do que se tem feito até agora, pelo menos nos espaços da língua alemã.

---

80. Por isso, alarmante o relatório de *Köhler*, Der programmierte Mensch. Wie uns Internet und Smartphone manipulieren, 2012 (com numerosas referências).

O VEÍCULO AUTÔNOMO E O TRATAMENTO DE SITUAÇÕES DILEMÁTICAS[1]

Prof. Dr. ARMIN ENGLÄNDER, München[2]

I. Introdução

Há muito se sabe que a participação de veículos automotores no tráfego rodoviário pode conduzir a situações dilemáticas. Já na primeira fase da indústria automobilística, no início do século 20, *Kohler* fez menção ao "caso do condutor", de sua própria concepção.[3] Neste caso, um motorista se depara com o problema de que seu veículo se aproxima de um grupo de pessoas e não há mais tempo hábil para parar. Consequentemente, resta ao motorista somente a escolha entre seguir conduzindo em linha reta ou desviar para a esquerda ou para a direita. De qualquer forma, não importa como ele irá decidir: haverá inevitavelmente um choque com certas pessoas deste grupo, que serão fatalmente feridas.

O "caso do condutor" se une a uma multitude de situações-dilema reais ou imaginárias de todas as áreas da vida, em que o bem jurídico de um indivíduo só pode ser salvo às expensas do bem jurídico de outro. Nosso sistema legal [alemão] possui regras diversas para superar este conflito sob a ótica do direito penal. De particular importância são o estado de necessidade justificante, o estado

---

1. Tradução de Mário Jorge, LL.M., doutorando em Direito Penal na Humboldt Universität zu Berlin e assistente científico na Ruprecht-Karls-Universität Heidelberg.

2. Agradeço a Martin Asholt, Michael Hettinger, Nikola Kästle, Marie-Lena Marstaller e Till Zimmermann pela proveitosa discussão de vários aspectos deste tema.

3. *Kohler*, ARSP 8 (1915), 411 (431 e ss.)

de necessidade exculpante, §§ 34 e 35 StGB, o estado de necessidade exculpante supralegal,[4] que, embora não tenha previsão legal, é em geral reconhecido pela doutrina majoritária, bem como, no âmbito dos delitos omissivos, também aceita em virtude do direito consuetudinário, a colisão de deveres justificante[5] e a inexigibilidade de conduta diversa[6]. Em seus detalhes, porém, nem tudo resta esclarecido. Perguntas básicas sobre o tema permanecem em discussão. Não obstante, desenvolveu-se uma dogmática que possibilita uma análise jurídica confiável da maioria dos conflitos. Seguem existindo os "hard cases", mas estes, não se pode negar, são inevitáveis neste âmbito específico.

Porém: ainda que as situações-dilema no tráfego rodoviário não sejam novas e, em princípio, exista um dogma consolidado sobre como tratá-las no direito penal, podem surgir, nesta área, questões e problemas complexos. Neste sentido, a revolução em curso no meio automobilístico cria um novo desafio: o desenvolvimento e a planejada introdução de veículos que se autoconduzem, chamados de "veículos autônomos", ou seja, veículos que conduzem, controlam e estacionam de forma totalmente automatizada e que não são conduzidos e controlados por um condutor humano.[7] Supondo que carros autônomos também possam se deparar com situações-dilema, seu comportamento ao volante se diferencia dos veículos convencionais, já que não dependeriam mais da decisão preponderantemente espontânea e geralmente instintiva do condutor, mas sim da programação do software que conduz o veículo.[8] Por um lado, problemas técnicos difíceis surgem desta situação – tais como: em que medida é tecnicamente possível que o carro autônomo, através de sensores, registre com precisão a situação do trânsito, ou seja, possa, por exemplo, distinguir entre uma pessoa que se encontra na via e uma caixa. Por outro lado, também se propõe uma série de questões jurídicas pendentes de solução: como deve se programar o software em situações-dilema para que os usuários e os fabricantes do veículo se comportem em conformidade com a lei ou, ao menos, não cometam um delito? Há alguma mudança na análise jurídica pelo fato de a decisão não ser mais tomada pelo motorista na situação concreta de conflito, mas sim com bastante antecedência, pelo fabricante, ao definir as

---

4. Mais especificamente *Engländer*, em: Matt/Renzikowski (ed.), Straftzbuch Kommentar, 2013, § 35 nm. 19. Detalhado sobre os diversos enfoques explicativos *Zimmermann*, Rettungstötungen, 2009, p. 272 e ss.

5. Confira *Engländer* (n. 2), 32 e ss., nm. 29 e ss.

6. Sobre o tema *Haas*, em: Matt/Renzikowski (n. 2), § 13 nm. 30 e ss. Fundamental para esta figura *Momsen*, Die Zumutbarkeit als Begrenzung strafrechtlicher Pflichten, 2006.

7. Para um breve resumo do estado atual da técnica e das perspectivas veja *Jänich/Schrader/Reck*, NZV 2015, 313 (314). Com mais profundidade sobre os diversos aspectos técnicos, jurídicos e sociais Maurer/Gerdes/Lenz/Winner (Org.), Autonomes Fahren, 2015. Para questões jurídicas ver também Hilgendorf/Hötitzsch/Lutz (Org.), Rechtliche Aspekte automatisierter Fahrzeuge, 2015.

8. Este tema também está atraindo cada vez mais a atenção dos meios de comunicação. Confira, por exemplo, *Dworschak*, Der Spiegel 4/2016, p. 104 e ss.

especificações do programa?[9] Ou será que, após investigação mais aprofundada, não há qualquer diferença? Estas questões jurídicas serão examinadas a seguir.[10] Antes, porém, e para uma melhor compreensão, será recapitulado brevemente como são tratadas legalmente as variadas situações-dilemas que ocorrem quando um condutor humano controla seu veículo de maneira convencional.

Uma nota sobre o critério para a valoração jurídica: tomar-se-á como fundamento, em geral, a doutrina majoritária – pelo menos onde ela conseguiu se formar. O objetivo do presente ensaio é, portanto, limitado: não se almeja submeter a dogmática consolidada sobre situações-dilema a outra revisão crítica exaustiva. Ela será, sim, tomada como ponto de partida – ao menos para propósito de teste – para a investigação de um novo campo, no intuito de se destacar o problemático do que, em grande medida, não é problemático, além de demarcar questões abertas e produzir esclarecimentos iniciais, preliminares. No contexto desta contribuição limitada, não se podem abordar todas as situações-dilema concebíveis. O presente estudo, portanto, não é mais que um primeiro incentivo à discussão, sem pretensão de exaustividade, o que demanda o devido aprofundamento.

II. Situações-dilema quando um veículo é conduzido por um condutor humano

1. Justificação de acordo com o § 34 StGB

Se um motorista lesiona o bem jurídico de algum participante do sistema de tráfego viário,[11] com o seu veículo, no intuito de evitar um perigo atual para si ou para outrem, esta lesão só estará justificada com base no § 34 StGB desde que, para além dos outros requisitos para a intervenção, o bem protegido possua valor

---

9. Do ponto de vista moral-filosófico (ainda que sem considerar mais profundamente o direito positivo) *Hevelke/Nida-Rümelin*, em: Jahrbuch für Wissenschaft und Ethik, Vol. 19, 2015, p. 5 ss. Ver também *Goodall*, Transportation Research Record: Journal of the Transportation Research Board No. 2424 (2014), 58 e ss.; *Lin*, em: Maurer/Gerdes/Lenz/Winner (n. 5), p. 70 e ss.

10. Não se aborda a questão, um tanto "esotérica", sobre até que ponto as máquinas autônomas podem ser consideradas penalmente responsáveis. Veja-se o debate sobre um direito penal para máquinas em *Gleß/Weigend*, ZStW 126 (2014), 561 e ss.; *Hilgendorf*, em: Beck (Org.), Jenseits von Mensch und Maschine, 2012, p. 119 e ss.; *Joerden*, em: Hilgendorf/Günther (Org.), Robotik und Gesetzgebung, 2013, p. 195 e ss.; *Ziemann*, em: Hilgendorf/Günther (idem), p. 183 e ss. Para um apanhado geral sobre a imputação de robôs *Schuhr*, em: Hilgendorf (Org.), Robotik im Kontext von Recht und Moral, 2014, p. 13 e ss.

11. O uso do conceito "participante do sistema de tráfego" (*Verkehrsteilnehmer*), eleito por razões de claridade e simplificação linguística, entende-se em sentido amplo. Deve cobrir todas as pessoas que poderiam sofrer lesão em razão de uma manobra do condutor na tentativa de evitar um acidente, incluindo, a título de exemplo, também o proprietário de um terreno cuja cerca do jardim é danificada pelo motorista no intuito de evitar um obstáculo mortal.

consideravelmente superior ao bem prejudicado.[12] Exemplo: quando o motorista só pode escapar de uma colisão fatal com um obstáculo que aparece repentinamente se ele, como consequência do desvio, danificar o veículo de um terceiro, estacionado no acostamento. Aqui, o interesse do condutor em permanecer vivo supera consideravelmente o interesse do proprietário do veículo estacionado de ter sua propriedade intacta.

Por outro lado, afasta-se o estado de necessidade justificante assim que não se mostre presente a superioridade considerável de um bem sobre o outro. Este é especialmente o caso se terceiro for morto ou gravemente ferido durante a manobra defensiva por parte do motorista. Pois, em princípio, não se pode exigir que alguém se sacrifique e se coloque solidariamente na posição de vítima em favor de outro, quando o resultado for a própria morte ou uma violação grave de sua integridade física.[13] Exemplo: a única maneira de o motorista evitar colisão mortal com obstáculo que aparece subitamente é desviar para a calçada, atropelando um pedestre e lesionando-o fatalmente. Segundo a doutrina majoritária, a limitação ao sacrifício se aplica inclusive se, com a morte ou a lesão grave de um indivíduo, várias vidas puderem ser salvas.[14] Exemplo: o motorista de um ônibus escolar lotado não se encontra em estado de necessidade justificante quando evita a colisão fatal com um obstáculo mortal que aparece repentinamente diante de si e salva a todos os quarenta alunos da escola, se, o que configura sua única possibilidade, desvia o ônibus para a calçada e atropela um pedestre fatalmente. Em tais situações, o sistema legal requer que o motorista deixe a situação seguir seu curso e que não evite o perigo às custas de outra pessoa. Para o "caso do condutor", descrito anteriormente, isso significa que o condutor não pode alterar a direção do veículo a partir do momento em que reconhecer ou que possa reconhecer que se encontra em situação dilemática. Se, apesar de tudo, o condutor atua diante deste cenário e sacrifica um terceiro para evitar perigo contra si ou para outros, no melhor dos casos, poder-se-á considerar uma exculpação.

---

12. Para os critérios de ponderação v. *Engländer* (n. 2), § 34 nm. 23 ss. com mais detalhes.

13. Confira sobre o tema *Engländer* (n. 2), § 34 nm. 32; mais além *Pawlik*, Der rechtfertigende Notstand, 2002, S. 257; *Zimmermann* (n. 2), p. 69. Em relação do bem jurídico da vida, a doutrina majoritária também se utiliza do argumento de que se trata de um valor supremo *(Hochstwert)*, que de antemão já impossibilita qualquer análise qualitativa ou quantitativa de ponderação. Confira *Perron*, em: Schönke/Schröder, Strafgesetzbuch, Kommentar, 29. Ed. 2014, § 34 nm. 23, com outras referências. Crítico e com mais detalhes a esse respeito, *Engländer* (n. 2), § 34 nm. 27.

14. BVerfGE 115, 118 (151 e ss.); BGHSt 35, 347 (350); *Dreier*, JZ 2007, 261 (263 e ss.); *Kaspar*, Strafrecht, Allgemeiner Teil, 2015, nm. 320; *Erb*, em: Joecks/Miebach (Org.), Münchener Kommentar zum Strafgesetzbuch, Vol. 1, 2. Ed. 2011, § 34 nm. 118; *Neumann*, em: Kindhäuser/Neumann/Paeffgen (Org.), Nomos Kommentar, Strafgesetzbuch, Vol. 1, 4. Ed. 2013, § 34 nm. 74; *Wessels/Beulke/Satzger*, Strafrecht, Allgemeiner Teil, 45. Ed. 2015, nm. 467. Ausführlich *Stübinger*, Notwehr-Folter und Notstands-Tötung?, 2015, S. 276 e ss.

2. *Exculpação de acordo com o § 35 StGB e em virtude de estado necessidade exculpante supralegal*

A exclusão da culpabilidade pode derivar-se em primeiro lugar do § 35 StGB. É necessário que se atente para os requisitos de natureza pessoal: o perigo para a vida ou integridade física deve se dirigir contra o autor (no caso, o motorista), um parente do autor ou pessoa a ele próxima. Além disso, o § 35, item 1, segunda frase StGB não excluirá a culpabilidade quando era razoável exigir que o motorista aceitasse o perigo devido ao fato de ele mesmo o ter causado. Não obstante, há consenso de que ser meramente a causa da situação de estado de necessidade não pode ser suficiente para se afastar a excludente de culpabilidade, ao contrário do que a redação do artigo postula. Do contrário, inclusive uma conduta não reprovável, em certas circunstâncias, poderia dar lugar a tal afastamento.[15] Além da causalidade, será afastada a aplicação do § 35 StGB caso o autor lidar com o seu bem jurídico de maneira contrária aos seus deveres.[16] Por exemplo: devido à velocidade excessiva, o motorista já não pode frear a tempo quando um obstáculo surge repentinamente, e sua única maneira de escapar é atropelando fatalmente um pedestre na calçada. Neste caso, o motorista não poderá se valer do § 35 StGB, uma vez que ele se colocou em perigo ao conduzir demasiadamente rápido e em violação ao seu dever de dirigir dentro do limite de velocidade.

Ausentes os pressupostos de natureza pessoal do § 35 StGB, não é possível excluir a culpabilidade. Utilizando uma variante do "caso do condutor" de *Kohler* como exemplo: um motorista de caminhão realiza uma curva com o seu veículo. A via termina alguns metros adiante em um estacionamento, o que o motorista não sabe e nem teria como saber devido à falta de sinalização. Lá se encontra um grupo de vinte crianças e, para a direita e para a esquerda, um pedestre de cada lado. Não é mais possível que o motorista do caminhão freie a tempo. No último segundo ele desvia e deixa de atropelar as crianças, subindo na calçada e atropelando fatalmente o pedestre à direita. Neste caso, o motorista do caminhão não se encontrava em perigo e as crianças não são parte do seu círculo próximo, impossibilitando a aplicação do § 35 StGB. Somente o estado de necessidade exculpante supralegal – reconhecido pela doutrina majoritária em virtude do direito consuetudinário – pode ser levado, portanto, em consideração. É controverso, porém, se o seu âmbito de aplicação se limita aos casos em que há risco de vida e em que se forma uma comunidade de perigo, na qual todos certamente

---

15. Veja a esse respeito *Engländer* (n. 2), § 35 nm. 9.

16. *Hörnle*, JuS 2009, 873, (879); Müssig, em: Joecks/Miebach (n. 12), § 35 nm. 53 e ss.; *Neumann* (n. 12), § 35 nm. 35; *Roxin*, Strafrecht, Allgemeiner Teil, Vol. 1, 4. Ed. 2006, § 22 nm. 88. Um comportamento objetivamente antijurídico do autor é demandado por *Wessels/Beulke/Satzger* (n. 12), nm. 661; e um comportamento prévio culpável por parte, entre outros, de *Kaspar* (n. 12), nm. 468.

serão mortos caso não se sacrifique um dos indivíduos,[17] ou se ele se estende também aos casos do estado de necessidade que envolvem uma quantificação de vidas, em que um grande número de pessoas são salvas ao custo da morte de indivíduos que, diferentemente da comunidade de perigo, não estavam em situação de perigo antes da intervenção.[18] O motorista do caminhão só seria exculpado caso se siga o segundo ponto de vista, de maior alcance.

3. Considerações especiais no estado de necessidade justificante defensivo

Uma regra de ponderação alternativa se aplica no nível de justificação se a medida de defesa contra o perigo não se dirige contra um terceiro inocente, mas sim contra a pessoa que criou o perigo – o chamado estado de necessidade justificante defensivo. Neste caso, basta para a justificação que o ato seja necessário para evitar o perigo e que o dano causado pela defesa não seja desproporcional ao perigo criado, ou seja, que o bem jurídico protegido não tenha valor muito menor que o interesse prejudicado.[19] Exemplo: o motorista só pode escapar de uma colisão mortal com um obstáculo repentino subindo na calçada e atropelando um pedestre, que será lesionado gravemente; o pedestre, no entanto, fora o responsável por colocar o obstáculo na via.[20]

---

17. Por uma exculpação neste caso se posicionam, por exemplo, *Neumann* (n. 12), § 35 nm. 60 e ss.; *Roxin* (n. 14), § 22 nm. 146 ss.; *Lenckner/ Sternberg-Lieben*, em: Schönke/Schröder (n. 11), Vor §§ 32 ss. nm. 117. Um exemplo de comunidades de perigo são os chamados casos de "eutanásia" – casos em que médicos, na esfera dos programas de eutanásia nazistas, mataram alguns pacientes com deficiência mental a eles confiados, para – assim, ao menos segundo as suas irrefutáveis representações – evitar que eles mesmos fossem substituídos por médicos fiéis ao partido e que matassem os restantes dos internos. Veja a esse respeito, com mais profundidade, BGH NJW 1953, 513; OGHSt 1, 321.

18. Também a favor de uma exculpação, *Kaspar* (n. 12), nm. 479; *Kühl*, Strafrecht, Allgemeiner Teil, 7. Aufl. 2012, 12 nm. 104 e ss.; *Rönnau*, em: Laufhütte/Rissing-van Saan/ Tiedemann (Org.), Strafgesetzbuch, Leipziger Kommentar, Vol. 2, 12. Ed. 2006, § 32 nm. 347; diss. *Lenckner/ Sternberg-Lieben* (n. 15), preâmbulo §§ 32 e ss. nm. 117 e ss.; nesse ponto, sustentando posição contrária, *Neumann* (n. 12), § 35 nm. 61 e ss.; *Roxin* (n. 14), § 22 nm. 161 e ss.; *Stübinger* (n. 12), p. 385 e ss. Exemplo famoso do estado de necessidade que envolve quantificação de vidas é o "caso do controlador de trilhos", no qual o empregado da ferrovia desvia um trem que transporta mercadorias, que ameaça colidir com um trem de passageiros lotado, mediante o ajuste de um interruptor de tal maneira que morrem três trabalhadores no trilho no lugar dos passageiros dos trens. A esse respeito, *Welzel*, ZStW 63 (1951), 47 (51).

19. Mais especificamente, *Engländer* (n. 2), § 34 nm. 47.

20. Cabe assinalar que, subjetivamente, o motorista também deve reconhecer as circunstâncias que justificam o estado de necessidade justicante defensivo. Se ele não reconhece que o pedestre é quem criou o risco em primeiro lugar, falta ao motorista o elemento subjetivo da justificação. Neste caso, porém, é possível se valer do estado de necessidade exculpante do § 35 do Código Penal. Sobre a necessidade do elemento subjetivo da justificação e as consequências jurídicas da sua ausência, *Engländer* (n. 2), §§ 32 ss. nm. 5 ss.

No caso do estado de necessidade justificante defensivo, também é controvertido se é possível justificar a morte da pessoa responsável pela criação do perigo. A jurisprudência nega essa possibilidade em razão da imponderabilidade da vida humana.[21] Este argumento, no entanto, não é convincente. No estado de necessidade justificante agressivo, em que se evita o perigo às expensas de uma parte não implicada, a morte, como já se disse, não pode ser justificada como medida defensiva permitida porque o sacrifício da própria vida não pode ser exigido de ninguém como ato de solidariedade. No caso da situação defensiva, no entanto, não há um dever de solidariedade por parte do destinatário da intervenção, mas sim sua responsabilização pelos perigos derivados de sua própria esfera jurídica. Neste caso, diversamente, não se pode obrigar a pessoa que se encontra em perigo a aceitar danos graves por solidariedade ao autor do perigo.[22]

4. Considerações especiais nos delitos omissivos

Por último, há certas particularidades quando a conduta consiste em uma omissão, ou seja, caso o garantidor, a fim de preservar seus próprios bens ou os bens de outrem, deixe de realizar uma ação de socorro possível e necessária. Exemplo: devido à perfuração de um pneu, o condutor perde controle temporariamente de seu carro. Como resultado, ele gira o volante para o lado e ameaça se chocar com um carro estacionado, podendo danificá-lo levemente. No último segundo o condutor recupera o controle e sua capacidade de condução novamente, quando ainda poderia evitar o choque com o carro estacionado. No entanto, ele deixa de fazer a manobra, já que ela conduziria a uma colisão mortal com outro obstáculo. As considerações especiais se referem em primeiro lugar ao estado de necessidade em si. Neste caso, não é necessário que o bem a ser preservado se encontre em uma situação de perigo no momento da omissão. Basta que o omitente o coloque em tal situação ao levar a cabo a ação de socorro a que é obrigado.[23] Assim, a conduta do motorista estaria, neste exemplo, justificada pelo § 34 do StGB.

Ademais, no caso do estado de necessidade do omitente, há uma alteração no critério de ponderação.[24] Sem embargo, isto não se aplica ao garantidor de

---

21. BGHSt 48, 255 (260); mais além *Zieschang*, em: Laufhütte/ Rissing-van Saan/ Tiedemann (n. 16), § 34 nm. 74; *Perron* (n. 11), § 34 nm. 30; *Wessels/Beulke/Satzger* (n. 12), nm. 465; argumento alternativo, pelo menos para os casos de comunidades de risco OVG NRW NZWehrR 2009, 39 (41).

22. *Neumann* (n. 12), § 34 nm. 87; *Pawlik*, GA 2003, 12 (18 e ss.); *Renzikowski*, Notstand und Notwehr, 1994, p. 267; *Zimmermann* (n. 2), S. 168 ss.; diss. *Erb* (n. 12), § 34 nm. 159, 164. Igual ao menos na conclusão, *Rosenau*, em: Satzger/ Schluckebier/Widmaier (Org.), Strafgesetzbuch, Kommentar, 2. Ed. 2014, § 34 nm. 24.

23. *Küper*, Grund- und Grenzfragen der rechtfertigenden Pflichtenkollision im Strafrecht, 1979, p. 94 e ss.; veja, ademais, *Engländer* (n. 2), § 34 nm. 54.

24. Mais especificamente *Engländer* (n. 2), § 34 nm. 55.

vigilância que permanece inerte para não colocar em perigo seus próprios bens jurídicos. Tal omissão só se justifica se o interesse protegido é significativamente superior ao interesse prejudicado.[25] Portanto, a justificação é afastada tão pronto se vejam afetados interesses de pessoas em perigo que não sejam proporcionalmente muito inferiores aos do garantidor de vigilância. Em tal caso, o garantidor segue obrigado a tomar as necessárias medidas de socorro. Exemplo: em decorrência de um pneu perfurado, o condutor perde brevemente o controle de seu veículo e, por isso, ameaça atropelar um pedestre; no entanto, quando o condutor recupera sua capacidade de atuar, no último segundo, se abstém de desviar o veículo já que tal proceder colocaria sua própria vida em perigo. Se um pedestre vem a falecer devido ao choque, o condutor não pode, como garantidor, invocar o § 34 StGB, já que seu interesse pela vida não é consideravelmente superior ao interesse pela vida do pedestre. Novamente, só se poderá considerar aqui uma exculpação de acordo com o § 35 StGB.

Até aqui tratou-se de uma visão geral – não exaustiva – de possíveis situações-dilema sob a perspectiva de um carro convencional, com motorista humano, o que ao menos serve para demonstrar a natureza multifacetária do problema.

III. Situações-dilema quando se tratar de um carro autônomo

O que sucede se, em uma situação-dilema, a violação do bem jurídico de outro participante do sistema de tráfego, com o fim de se evitar algum perigo, já não se baseia na decisão de um condutor humano em uma situação de conflito específica, mas sim como consequência da configuração de um programa de um carro autônomo? Sob quais condições se afasta e se mantém a punibilidade do usuário do veículo, ou seja, da pessoa que coloca o carro autônomo em movimento e assim assume a posição do condutor convencional?[26] E o que vale para o fabricante? (O conceito de fabricante que se utiliza aqui é um conceito abrangente, que se refere às pessoas físicas que, na posição de fabricantes, podem ser consideradas possíveis sujeitos de sanções penais). Estas serão as questões investigadas a partir de agora.

1. O usuário do veículo

A primeira pessoa a ser levada em consideração é o usuário do veículo. De início, propõe-se uma pergunta sobre a conduta deste usuário, já que falta, caso se trate de um carro autônomo, o comportamento volitivo de conduzir o veículo durante a situação de conflito concreta, que serve de ponto de partida para a valo-

---

25. Veja para a fundamentação *Engländer* (n. 2), § 34 nm. 55.

26. O conceito de "usuário do veículo" (*Fahrzeugnutzer*) é sugerido por *Gasser*, para ressaltar a alteração do papel do motorista quando se tratar de carros autônomos; confira *Gasser*, em: Maurer/Gerdes/Lenz/Winner (n. 5), p. 551. É necessário diferenciar o usuário do veículo do passageiro ou outro ocupante do veículo (*Fahrzeuginsasser*).

ração jurídico-penal quando se trata de um condutor humano.[27] Aqui a situação é diversa e é necessário analisar a conduta de colocar em movimento o veículo programado. Esta conduta é a causa da posterior realização do resultado: morte, lesão corporal ou dano material em relação a outros participantes do sistema de tráfego, a depender da construção do caso concreto.

a) Afastamento da imputação sob o ponto de vista do risco permitido?

O resultado típico é obra do usuário do carro autônomo e pode a ele ser objetivamente imputado? *Hilgendorf* considera aqui uma exclusão da imputação sob o ponto de vista do risco permitido. Segundo este autor, carros autônomos diminuem consideravelmente o risco geral de acidentes e seriam portanto altamente benéficos para todos os participantes do sistema de tráfego. Não obstante, é possível que se encontre em uma situação-dilema na qual a violação do bem jurídico de terceiros aconteça, mas cuja probabilidade é baixíssima, caso em que seria razoável, portanto, considerar a realização excepcional do risco como um caso de exclusão pelo risco permitido.[28]

Esta consideração, porém, não é convincente. Isto se demonstra ao se analisar de perto a dimensão do risco permitido como critério para exclusão da imputação.[29] O risco permitido se refere a condutas que, de um lado, se consideram úteis do ponto de vista social e, do outro, apesar do cumprimento de todas as precauções exigidas, excepcionalmente também podem vir a causar danos que não se permitem evitar. Tratam-se de condutas em que o resultado típico só poderia ser evitado prescindindo universalmente dessas condutas – alternativa que a sociedade não está disposta a aceitar, em razão dos benefícios que tais condutas trazem. Exemplo: vacinas podem ocasionar danos à saúde mesmo tomando-se todas as medidas de cuidado possíveis. Uma vez que este tipo de dano à saúde só se poderia evitar abolindo-se completamente a vacinação, o que traria proporcionalmente prejuízo muito maior à saúde de todos os indivíduos, a sociedade considera a vacinação como um risco permitido, de modo que não se imputa eventual lesão ao médico que atua em conformidade com a *lege artis*.

Além da utilidade geral da conduta excepcionalmente danosa, a característica decisiva do risco permitido é a falta de capacidade de evitar o resultado que impede responsabilizar o autor, ou seja, sua incapacidade de impedir o resultado no caso concreto (a menos que não se queira renunciar completamente à conduta

---

27. De forma acertada, *Weber*, NZV 2016, 249 (251).

28. *Hilgendorf*, Sachverständigenaussage vor dem Ausschuss für Wirtschaft und Medien, Infrastruktur, Bau und Verkehr, Energie und Technologie des Bayerischen Landtags, 17. Wahlperiode, 38. Sitzung am 29.10.2015, p. 50.

29. Geral para esta figura *Roxin* (n. 14), § 11 nm. 65 e ss.; *Kudlich*, em: Satzger/Schluckebier/Widmaier (n. 20), § 13 ss. nm. 53; crítico *Renzikowski*, em: Matt/Renzikowski (n. 2), § 13 nm. 102.

em questão).[30] Não obstante, esta condição não se cumpre nas situações de conflito apresentadas. É certo que não é possível se evitar completamente a aparição de situações-dilema apesar do cumprimento de todas as regras de cuidado, mas é possível evitar a violação do bem jurídico do participante do sistema de tráfego efetivamente afetado. Não se produz um resultado, por assim dizer, de forma predestinada e inevitável. Pelo contrário, produz-se deliberadamente um resultado para evitar outro, por exemplo, que afetaria os ocupantes dos veículos. Seria muito fácil evitar a realização do tipo: simplesmente programando o carro autônomo de maneira diferente para tais situações dilemáticas. E aqui não se teria de renunciar às vantagens da condução automatizada. Isto significa que não há um caso de risco permitido. Portanto, a impunidade do usuário do carro autônomo não pode se explicar com essa causa de exclusão da imputação.

b) Justificação sob o ponto de vista do estado de necessidade

Assim como no caso do condutor humano, é clara a necessidade de se considerar uma justificação com base no § 34 do StGB. A incidência dessa norma não é afastada, porém, em razão da exigência de iminência ou atualidade do perigo – embora realmente não se trate de perigo atual quando o usuário de um carro autônomo aciona o veículo já programado para lidar com situações-dilema e o coloca em movimento –, e também não é o caso de perigo permanente.[31] Aqui se trata da mesma situação verificada na legítima defesa antecipada,[32] ou seja, a ação defensiva em forma de defesa automatizada, por exemplo, pelo uso de uma cerca elétrica ou um sistema de disparo automático. Da mesma forma, leva-se em conta aqui o momento no qual entra em vigor a medida automatizada de prevenção de riscos.[33] Se neste momento existe um perigo atual no sentido do § 34 do StGB, pode-se dizer que existe uma situação de estado de necessidade.

Mas, como sempre, para uma justificação é necessário que o bem jurídico protegido seja proporcionalmente muito mais importante que o bem jurídico lesionado. Se este não for o caso, poder-se-á discutir apenas uma exculpação. Exemplo: uma justificação segundo o § 34 do StGB não é possível se o carro autônomo atropela um pedestre, de acordo com sua programação, para salvar o usuário do veículo. De acordo com os pressupostos anteriores, também não importa se muitas vidas poderiam ser salvas às custas de poucas. Exemplo: o ônibus escolar autônomo está programado para salvar seus ocupantes às custas de somente um pedestre.

---

30. Mais especificamente *Kindhäuser*, GA 1994, 197 (198 e ss.).

31. Para determinação do perigo atual quando aplicando o § 34 do StGB (StGB) conferir *Engländer* (n. 2), § 34 nm. 10 e ss.

32. De forma acertada *Weber*, NZV 2016, 249 (252).

33. Conferir *Heinrich*, ZIS 2010, 183 (185 e ss.). De forma fundamental sobre o tema, já *Sommerlad*, GS 39 (1887), 359 (383 ss.).

Sem embargo, *Hevelke/Nida-Rümelin* consideram – ainda que com respeito à valoração moral, e não à legal – uma perspectiva a partir da qual a ponderação poderia mudar devido ao fato de que as decisões não são tomadas pelo motorista em uma situação de conflito concreta, mas muito antes pelo fabricante, por meio da programação do veículo, de modo que o sacrifício de um indivíduo para salvar a vida de muitos talvez seja justificável.[34] A diferença decisiva seria a seguinte: no caso de um condutor humano que decide sozinho em uma situação-dilema concreta, já está claro quem terá de ser sacrificado para salvar os demais. A decisão de salvar o maior número possível de vidas não se poderia basear em um interesse desta pessoa em sacrificar o menor número possível de vidas em seu conjunto. Pelo contrário, seu interesse em uma situação de conflito concreta seria oposto a essa decisão. No entanto, a situação seria completamente diferente no caso de carros autônomos. No momento da programação, não ocorreu ainda a distribuição de papéis da situação-dilema posterior. Dado que seria impossível ter este conhecimento, uma programação que reduza ao mínimo os riscos gerais poderia se mostrar benéfica a todos, incluindo o interesse da pessoa a cujo custo se evita, posteriormente, o perigo para os demais em um caso concreto.

Embora tais considerações sejam *prima facie* atraentes, elas também não convencem sob olhar mais atento. À segunda vista, a diferença apresentada acima é somente aparente. A impressão de que existe uma diferença surge do fato de que na situação-dilema com um carro autônomo se parte da perspectiva do estabelecimento da regra, enquanto que quando se trata de um motorista humano se parte da perspectiva de aplicação da regra. A programação do carro autônomo corresponde ao estabelecimento de uma regra geral: "sempre que o carro autônomo se encontre em uma situação-dilema x, deve comportar-se de maneira tal e qual". Neste momento ainda não está claro quem se beneficiará no caso concreto com a aplicação de tal regra, quer dizer, quando o veículo estiver em operação, quem se beneficiará às custas de quem. No entanto, isto não é diferente de quando se considera o que um condutor humano pode ou deve fazer em uma certa situação-dilema. Também aqui, os atores por trás da concepção das regras gerais de conduta estão envolvidos em um "véu da ignorância",[35] ou seja, não têm conhecimento da subsequente distribuição de papéis na situação concreta na qual será aplicada a norma. Se em algum momento se produz uma situação-dilema e se aplica a regra, tem-se então a fixação da distribuição de papeis. Uma vez mais, isso se aplica tanto ao carro com condutor humano quanto ao carro autônomo. No momento em

34. *Hevelke/Nida-Rümelin* (n. 7), p. 10 e ss.

35. *Rawls* inseriu este conceito bem-sucedido no debate social filosófico; confira-se *Rawls*, Eine Theorie der Gerechtigkeit, 1975, p. 29 e outras. A título de esclarecimento, é necessário mencionar que não se toma o conceito sob uma concepção específica, como feito por *Rawls*, que utiliza o termo localmente. Baseando-se na posição original de *Rawls*, *Coninx*, Das Solidaritätsprinzip im Lebensnotstand, 2012, p. 101 e ss., desenvolve o significado do estado de necessidade justificante; uma crítica aprofundada em *Stübinger* (n. 12), p. 317 e ss.

que o carro autônomo executa o programa (= utiliza a regra), também está claro quem sofrerá uma lesão, da mesma maneira como quando o condutor humano toma sua decisão de evitar o perigo às custas de outro indivíduo.

Seria possível afirmar que esta linha de argumentação ignora um aspecto central: o momento diferente da decisão. A decisão é tomada, no caso dos carros autônomos, já durante a programação, ou seja, em um momento em que ainda não está determinado quem será sacrificado para que outro se salve. A execução do programa ocorre de maneira completamente automática. O condutor humano, por outro lado, decide somente em face da situação de conflito concreta, independentemente do estabelecimento da norma, quando sua decisão já permite reconhecer a distribuição de papéis.[36]

Não obstante, este argumento também não é satisfatório. É correto afirmar que o condutor humano em realidade só toma sua decisão sobre como agir na situação-dilema concreta. Do ponto de vista jurídico, contudo, ele já está vinculado a uma determinada conduta. A forma como ele irá se comportar está determinada pela regra geral de conduta previamente regulada para a situação de conflito correspondente, de modo que, sob o ponto de vista normativo, ele já não tem mais escolha. Ao contrário dos carros autônomos, o condutor humano tem a possibilidade de desrespeitar a regra. Mas isso não altera o fato de que, tanto para o condutor humano como para o carro autônomo, a decisão ocorre já no momento do estabelecimento da regra. Se o condutor humano decide violar a regra de conduta em uma situação-dilema, isto equivale ao carro autônomo que não executa o que está pré-programado em decorrência de defeito técnico.

Em última instância, as reflexões de *Hevelke/Nida-Rümelin*, levadas às últimas consequências, focam em outro ponto, mais geral. Se as seguíssemos, seria necessário repensar completamente o princípio de que nunca, sob qualquer circunstância, se deve sacrificar a vida de um indivíduo ou de mais de um indivíduo para salvar a vida de muitos ou até mesmo, em casos extremos, de todo o resto da humanidade.[37] Esta discussão não pode ser realizada aqui.[38] Em qualquer caso,

---

36. Este ponto de vista também é percebido por *Hevelke/Nida-Rümelin* (n. 7), p. 10 ss.

37. Esta consequência, no entanto, não corresponde às intenções de *Hevelke/Nida-Rümelin*, como suas colocações sobre o caso do controlador de trilhos mostram; confira *idem* (n. 7), p. 10.

38. Veja, a esse respeito, em meio a uma literatura que já não é mais passível de ser acompanhada, somente *Archangelskij*, Das Problem des Lebensnotstandes am Beispiel des Abschusses eines von Terroristen entführten Flugzeuges,2005; *Bott*, In dubio pro Straffreiheit?, 2011; *Coninx* (n. 33); *Fritze*, Die Tötung Unschuldiger, 2004; *Hörnle*, em: Putzke/Hardtung/Hörnle/Merkel/Scheinfeld/ Schlehofer/Seier (Org.), Strafrecht zwischen System und Telos, Festschrift für Rolf Dietrich Herzberg zum siebzigsten Geburtstag am 14. Februar 2008, 2008, p. 555; *Ladiges*, ZIS 2008, 129 ss.; *idem.*, Die Bekämpfung nicht-staatlicher Angreifer im Luftraum, 2. Ed. 2013; *Merkel*, JZ 2007, 373 ss.; *Mitsch*, GA 2006, 11 ss.; *Pawlik*, JZ 2004, 1045 ss.; *Roxin*, ZIS 2011, 552 ss.; *Sinn*, NStZ 2004, 585 ss.; *Stübinger* (n. 12), p. 271 ss.; *Zimmermann* (n. 2).

pode-se afirmar o seguinte: enquanto os condutores humanos seguirem a regra estrita de que não está justificado matar ou ferir gravemente um terceiro (que não tenha dado causa ao perigo) para evitar um perigo mortal para si mesmo ou para os demais, não há razão para se julgar de forma diferente os carros autônomos.

c) Exculpação sob o ponto de vista do estado de necessidade

Se, para evitar um perigo, o carro autônomo, conforme foi programado, lesiona o bem jurídico de terceiro sem que o bem jurídico protegido seja significativamente superior ao bem lesionado (ou no caso do estado de necessidade justificante defensivo, quando o bem jurídico protegido seja significativamente menos importante que o bem violado), a conduta do usuário do veículo permanece ilícita. Só poderá ser exculpada sob os mesmos requisitos necessários para um condutor humano. É questionável, porém, se uma exculpação de acordo com o § 35 do StGB não estaria afastada, ao contrário do que ocorre com o condutor humano, uma vez que, no caso dos carros autônomos, a decisão de sacrificar o bem jurídico de terceiro em sentido contrário às normas de conduta não ocorre de forma espontânea ou instintiva em face de uma situação de conflito caracterizada pelo pavor de que sua própria existência ou a de alguém próximo será afetada, mas sim como produto de sóbria e prévia reflexão.[39] Ainda que o § 35 StGB não demande, em sua literalidade, que o autor se encontre em um estado psíquico excepcional –diferentemente, por exemplo, do que exige o § 33 StGB –, talvez este requisito se derive da própria lógica do estado de necessidade exculpante.

A base para a legitimação do § 35 StGB é vista pela doutrina ainda dominante em uma dupla diminuição da culpabilidade. Por um lado, a ação de socorro implica uma diminuição do injusto, já que também preserva um bem jurídico de alto valor – inclusive se, diferentemente do estado de necessidade justificante, o desvalor da ação e o desvalor do resultado da conduta não se compensem. Ao mesmo tempo, a diminuição do injusto conduz a uma diminuição da culpabilidade. Assim, a situação de conflito psicológico da pessoa em risco, que teme por seus bens existenciais, reduz sua capacidade de comportar-se de acordo com a norma, o que reduz ainda mais sua culpabilidade. Em conjunto, estes dois aspectos levarão a que o comportamento do autor deixe de ser punível.[40]

Neste contexto, é óbvio o argumento de que, nos casos que interessam a este estudo, a capacidade de agir de acordo com as normas não está absolutamente comprometida, pois o usuário do veículo não se encontra, em regra, sob pressão psicológica em relação à programação (neste momento sequer é possível saber quem será o futuro usuário do veículo) ou em relação ao ato de colocar o carro

---

39. Também percebido por *Weber*, NZV 2016, 249 (252 e ss.), que, no entanto, não se atém alongadamente ao problema.

40. *Kühl* (n. 16), § 12 nm. 2 e ss.; *Perron* (n. 11), § 35 nm. 2; *Rosenau* (n. 20), § 35 nm. 1; *Wessels/Beulke/Satzger* (n. 12), nm. 653.

autônomo em movimento. Por isso, faltam ambas as circunstâncias que atenuam a culpabilidade necessárias em face do § 35 do StGB. Contrapõe-se a isso o fato de que, no mesmo momento em que a instrução pré-programada é executada, o motorista convencional estaria exatamente neste estado de conflito psicológico previsto no § 35 StGB como atenuante da culpabilidade. Obviamente, isto não muda o fato de que não estava presente a pressão psicológica no momento em que o usuário do carro autônomo coloca o veículo em movimento. Ademais, é possível contestar esse aspecto com o argumento de que o § 35 StGB encontraria aplicação também em casos nos quais não há um conflito psicológico, mas sim um cálculo frio por parte do autor que agiu em defesa de seus interesses durante uma situação concreta de estado de necessidade.[41] Portanto, a circunstância excepcional de conflito psicológico defendida pela doutrina majoritária talvez não possa ser vista como condição empírica que necessita estar presente para a exculpação, mas sim como uma atribuição generalizadora. E, então, pode-se perguntar, imediatamente, qual o motivo de esta atribuição ter um efeito atenuante de culpabilidade. Bem mais plausível é a consequência de que, com base na teoria da dupla diminuição da culpabilidade, sempre se deverá afastar a aplicação do § 35 StGB quando o autor não se encontrar em uma situação de conflito psicológico no momento de agir.

Não obstante, a interpretação ainda prevalecente do estado de necessidade exculpante tem sido cada vez mais criticada, especialmente nos últimos tempos.[42] Um dos argumentos contra ela é o de que assim se trata dos interesses da vítima e dos interesses do autor simplesmente como valores de utilidade que podem ser compensados entre si. Não resta claro por que se deve reduzir o conteúdo do injusto da intervenção na posição jurídica garantida da vítima a tal ponto que o autor retire uma vantagem de seu ato ilícito. Outro ponto de vista argumenta com o recurso à função da pena: nos casos de estado de necessidade exculpante não está presente a necessidade de punição, já que o autor não demanda ressocialização e o ato também não abala a confiança da sociedade na ordem jurídica.[43] Este enfoque, claramente, deixa em aberto o motivo pelo qual a confiança nas normas não se desestabilizaria, apesar da lesão a outro indivíduo.[44]

---

41. *Frister*, Strafrecht, Allgemeiner Teil, 7. Ed. 2015, 20/2; *Zimmermann* (n. 2), p. 219. Com profundidade a respeito disso *Bernsmann*, „Entschuldigung" durch Notstand, 1989, p. 157 ss.

42. Muito próximo *Engländer* (n. 2), § 35 nm. 2; aprofundadamente *Hörnle*, JuS 2009, 873 (875 e ss.); *Pawlik*, JRE 11 (2003), 287 (295 e ss.); *Renzikowksi*, JRE 11 (2003), 269 (274 ss.).

43. *Kaspar* (n. 12), nm. 455; *Roxin* (n. 14), § 22 nm. 4, 6; *Timpe*, JuS 1984, 859 (862 e ss.).

44. Também criticamente e com razão *Hörnle*, JuS 2009, 873, (876); *Zimmermann* (n. 2), p. 227.

Um conceito conclusivo para a legitimação deve focar[45] a relação jurídica entre as partes envolvidas no conflito.[46] Em princípio, a concessão recíproca de direitos subjetivos ocorre no interesse de todos, porque garante um alto nível de proteção aos bens que lhes são particularmente importantes. Não obstante, na situação de estado de necessidade exculpante, as obrigações que daí se derivam conduzem ao bloqueio do último recurso para que o indivíduo proteja seus interesses existenciais. Obviamente, a vítima do ato cometido em estado de necessidade exculpante não é responsável por ele, pois é impossível se exigir o sacrifício de seus interesses existenciais no lugar dos da pessoa em perigo. O ato segue sendo, portanto, ilícito. No entanto, o interesse do indivíduo na preservação de seus bens existenciais como "fundamento" (*Geschäftsgrundlage*) da relação jurídica é uma preocupação juridicamente reconhecida que, em princípio, não é absolutamente inferior ao correspondente interesse da vítima. Isto constitui-se em uma diferença significativa se comparado às intervenções comuns que realizam tipos penais e legitima a exculpação do ato.[47]

Se seguirmos esta recomendável interpretação do estado de necessidade exculpante, não importará se o autor se encontra em um estado de coação psicológica ou não. Esta circunstância simplesmente não importa. Portanto, nada impede que o usuário de um carro autônomo seja exculpado nas condições estabelecidas no § 35 do StGB. Seu ato é exculpado nas mesmas condições que um condutor humano.

2. *O fabricante do veículo*

Mas o que ocorre com o fabricante do veículo, que define o programa segundo o qual o carro autônomo funciona em uma situação-dilema e o coloca no mercado e em circulação com essa programação? Dois cenários básicos devem ser primeiramente distinguidos: (a) o veículo foi programado de maneira que viole o bem jurídico de um terceiro em uma situação de conflito. (b) o veículo foi

---

45. A argumentação a seguir foi desenvolvida pela primeira vez em *Engländer* (n. 2), § 35 nm. 3.

46. *Bernsmann* (n. 39), S. 306 ss.; Hörnle, JuS 2009, 873 (877); *Momsen* (n. 4), S. 168 ss.; *Renzikowski*, JRE 11 (2003), 269 (276 ss.); *Zimmermann* (n. 2), S. 227 e ss. querem, contrariamente, centrar-se, primariamente, na relação jurídica entre as partes envolvidas no conflito e o Estado.

47. De maneira similar *Pawlik*, JRE 11 (2003), 287 (304 e ss.). A exculpação do estado de necessidade em favor de terceiro – parente ou pessoa próxima – encontra sua fundamentação no fato de que o indivíduo também tem interesse existencial na preservação do bem-estar de seu círculo social próximo e das pessoas que com ele interagem. Diferentemente do § 34 do Código Penal (estado de necessidade justificante), não se trata de cuidar dos interesses da pessoa que está em perigo (do contrário não haveria razão para limitar a exculpação com critérios personalíssimos), mas sim da proteção dos próprios interesses existenciais da pessoa que realiza a intervenção. Ver também *Renzikowski*, JRE 11 (2003), 269 (282); e *Zimmermann* (n. 2), S. 237 ss.

programado de tal maneira que seja lesionado o bem jurídico do usuário e demais ocupantes do veículo em uma situação de conflito.

a) Lesão do bem jurídico de outros participantes do sistema de tráfego viário

Em primeiro lugar, os casos em que a programação do carro autônomo na situação-dilema conduz à violação do bem jurídico de terceiros participantes do sistema de tráfego viário: dependendo se se considera dolo ou culpa[48] por parte do usuário do veículo no momento da infração, ou seja, quando põe o veículo em movimento, o fabricante poderá ser punível como partícipe ou na forma de autoria colateral culposa.[49]

Os casos nos quais a conduta do usuário do veículo se encontra justificada não apresentam problema algum. Exemplo: o carro autônomo colocado em movimento pelo usuário do veículo danifica o veículo de um terceiro estacionado no acostamento para salvar a vida do próprio usuário de um obstáculo mortal, de acordo com sua programação. A responsabilidade do fabricante pela cumplicidade já está afastada pela ausência de um fato principal antijurídico. Uma punição por autoria colateral culposa também não se aplica, uma vez que o fabricante pode invocar a mesma justificação que o usuário do veículo – considerando que a punição não estaria já afastada pela falta de previsão da forma culposa, como é o caso do delito de dano.

Mais complicados são os cenários em que o usuário é somente exculpado. Os casos do § 35 do StGB serão examinados primeiro. Exemplo: segundo a sua programação, o carro autônomo colocado em movimento pelo usuário atropela um pedestre para proteger o primeiro de uma colisão fatal com um obstáculo. Já que os pressupostos do estado de necessidade justificante não estão presentes,

48. No geral, confirmando o dolo, *Weber*, NZV 2016, 249 (251 e ss.). Parece muito duvidoso que se cumpram os requisitos do dolo pelo fato de que o usuário do veículo, ao colocar o carro autônomo em movimento, não tem ideia alguma sobre o momento, lugar ou vítima do ato, bem como considera extremamente improvável que algo venha a ocorrer. Esta questão não se pode analisar com mais detalhes no presente texto, mas, de qualquer forma, o argumento lançado por *Weber* não se mostra convincente, justificando o dolo no fato de que no momento em que o programa é executado a realização do tipo já não é mais improvável. *Weber* negligencia que, para o dolo, somente se leva em conta a perspectiva subjetiva do autor no momento do ato; confira-se somente *Wessels/Beulke/Satzger* (n. 12), nm. 309 e ss. O momento crucial é, então, não a realização de efeitos da programação, mas o ato de colocar em movimento o carro autônomo.

49. A autoria colateral culposa não se afasta neste caso devido à necessidade de conduta posterior por parte do usuário do veículo. Uma excludente da imputação sob o ponto de vista da intervenção posterior de um terceiro autorresponsável é afastada, pois o comportamento do usuário do veículo – colocar o carro autônomo em movimento – está especificamente conectado ao perigo criado pelo fabricante. Mais especificamente sobre a imputação nos casos de intervenção posterior de um terceiro autorresponsável, *Jäger*, Examens-Repetitorium Strafrecht, Allgemeiner Teil, 7. Ed. 2015, nm. 56 e ss.; *Roxin* (n. 14), § 11 nm. 137 e ss.

deve-se considerar ilícito não só o comportamento do usuário do veículo, mas também o do fabricante. Isto significa, por sua vez, que o fabricante tem a obrigação legal de se abster de programar o veículo em favor do usuário.

Esta afirmação é colocada em dúvida por *Weber*.[50] De acordo com as suas conclusões, a aceitação de tal obrigação por parte do fabricante significaria que o usuário do veículo se veria indiretamente obrigado a sacrificar seus bens existenciais nas situações-dilema pertinentes. No entanto, isto não seria conciliável com a "imagem de ser humano subjacente à Constituição". Assim, não se deveria privar o usuário do veículo da possibilidade de dar prioridade às suas próprias preocupações existenciais sobre as dos demais participantes do sistema de tráfego em casos de situações de estado de necessidade.

Este argumento não é convincente. *Weber* deixa passar despercebido o fato de que, de acordo com a doutrina majoritária, o sistema legal exige que o usuário do veículo não salve a sua própria vida às custas da vida de outro participante do sistema de tráfego. Ela manifesta apenas a sua indulgência e renuncia à punição quando isto ocorrer em uma situação de emergência existencial. O seu comportamento segue sendo ilícito[51] e só se exculpa com base no § 35 do StGB. Da "imagem de ser humano subjacente à Constituição"[52] não se pode derivar um direito do indivíduo em face do Estado que lhe permita atuar ilicitamente ou evitar que o Estado lhe retire esta possibilidade. Isso seria uma contradição valorativa. Um exemplo para ilustrar a situação: se um barco que está afundando não dispõe de botes salva-vidas suficientes para acomodar todos os passageiros e, sob estas circunstância, um passageiro obriga outro com uma faca a deixar seu lugar no bote salva-vidas, de modo que este vem a se afogar, aquele está exculpado de acordo com o § 35 do StGB. Mas a tripulação do barco não tem o direito de colocar a faca à disposição deste passageiro e este não possui qualquer direito constitucional a que o Estado permita que a tripulação o faça.

Se as ações do fabricante também continuam sendo ilícitas nos casos em que o usuário do veículo só está exculpado em conformidade com o § 35 do StGB, o problema que surge para o fabricante é o de que ele não se encontra em

50. *Weber*, NZV 2016, 249 (253 e ss.).

51. Somente alguns poucos representantes da "doutrina do espaço livre de Direito" chegam a uma conclusão diferente, já que assumem que também há atos "não proibidos" que, por um lado, não estão justificados, ou seja, não estão permitidos, mas que, por outro, não são ilícitos nem estão proibidos. Fundamentalmente sobre o tema, *Comes*, Der rechtsfreie Raum, 1976; *Engisch*, ZgS 108 (1952), 385 e ss.; *Kaufmann*, em: Schroeder/Zipf (Org.), Festschrift für Reinhart Maurach zum 70. Geburtstag, 1972, p. 327. Para crítica a respeito, veja-se *Stübinger* (n. 12), p. 356 e ss.; *Zimmermann* (n. 2), p. 324 e ss. Weber não se ocupa com "doutrina do espaço livre de Direito", e enxerga o comportamento do usuário do veículo, assim como a doutrina majoritária, como ilícito.

52. Crítica geral e com razão contra esta figura de argumentação chamada "imagem de ser humano subjacente à Constituição" (*Menschenbild des Grundgesetzes*) se encontra em *Dreier*, em: Dreier (Org.), Grundgesetz, Kommentar, Vol. 1, 3. Ed. 2013, Art. 1 nm. 167 e ss.

relação pessoal próxima com o usuário, que é pressuposto para a exculpação de acordo com o § 35 do StGB. Como os pressupostos do estado de necessidade exculpante supralegal também não estão presentes, isto significa que o fabricante cometeu um crime. A exculpação do usuário do veículo não impede, segundo o § 29 do StGB, que cada participante seja punido em conformidade com sua própria culpabilidade, sem levar em conta a do outro.

A base legal será diferente quando o usuário do veículo for exculpado de acordo com os pressupostos do estado de necessidade exculpante supralegal. Exemplo: para evitar uma colisão fatal com uma turma escolar, um caminhão autônomo atropela um pedestre. Se se assumir a concepção ampla de que o estado de necessidade exculpante supralegal também se estende aos casos de estado de necessidade em que há quantificação de vida,[53] o fabricante também poderá invocar esta excludente de culpabilidade junto com o usuário do veículo, já que não se requer uma relação pessoal próxima com o resgatado.[54] Cabe assinalar, porém, que isto afasta a responsabilidade penal do fabricante, mas não a responsabilidade civil (que não se pode esclarecer no contexto deste estudo) por sua ação ilícita.

b) Violação de bem jurídico do usuário do veículo e demais passageiros

Por último, devem ser abordados os casos em que, em uma situação-dilema, sejam lesados o usuário e demais passageiros do carro autônomo em razão da programação do veículo. Em primeiro lugar, tratemos da lesão aos bens jurídicos do usuário do veículo. Exemplo: segundo a programação, o carro autônomo não evita um obstáculo mortal, já que do contrário atropelaria um pedestre e causaria lesões fatais; o usuário do veículo morre em virtude da colisão.

O fabricante pode ser processado pelo menos por um delito culposo.[55] Sem dúvida alguma a programação e a comercialização do carro autônomo é a causa do resultado típico. Estas condutas representam uma ação, não uma omissão. Isso fica claro quando se utiliza o critério da energia para se distinguir a ação da omissão.[56] Mesmo quando se utiliza o critério do ponto forte da reprovabilidade

---

53. Cf. nota 18.

54. Obviamente, nada diferente se aplica nos cenários em que o usuário do veículo já se encontra exculpado em face do § 35 do StGB, mas além disso também estão preenchidos os pressupostos do estado de necessidade exculpante supralegal. Exemplo: o ônibus escolar autônomo está programado para atropelar um único pedestre para salvar os quarenta ocupantes do veículo.

55. No que se refere à responsabilidade penal derivada dos delitos dolosos, a questão levantada na nota 48 com respeito ao usuário do veículo deve ser feita novamente em relação ao autor – aqui, o fabricante, se, de uma perspectiva subjetiva, satisfizer as exigências do dolo de lesionar.

56. A favor *Freund*, em: Joecks/Miebach (n. 12), § 13 nm. 8 e ss.

como foco,[57] seguindo a doutrina majoritária, a programação e a comercialização seguem sendo condutas ativas. O fato de não se programar o veículo de maneira diferente, protegendo o usuário do veículo, só constitui uma "modalidade essencial de execução do ato".[58] O delito em questão é, consequentemente, comissivo culposo.

Entretanto, se o usuário do veículo foi informado corretamente sobre o comportamento do carro autônomo durante situações de conflito ou estava consciente da possibilidade do veículo se comportar de tal maneira, a realização do tipo não pode ser imputada ao fabricante. Neste caso, sem dúvidas será afastada a imputação com base na autocolocação em perigo (para uma outra possível razão de afastamento da imputação, ver a seguir).[59] O usuário do veículo está consciente do risco associado ao uso do veículo e, como a decisão de colocar o veículo em movimento é sua, é ele quem tem controle sobre o perigo.[60]

O que se aplica, entretanto, se o usuário do veículo não foi informado e, como resultado, imagina erroneamente que seu veículo está programado para priorizar seus bens jurídicos no caso de uma situação de conflito? Este caso é muito mais difícil de se julgar. Não obstante, analisando-se com mais profundidade, é possível invocar outra excludente da imputação, qual seja, a do risco permitido. O primeiro requisito para isto é que os carros autônomos reduzam consideravelmente o risco geral de acidentes em comparação com os veículos convencionais conduzidos por um condutor humano. Além disso, o risco de que o usuário do veículo morra ou resulte gravemente ferido em uma situação-dilema devido à programação do veículo deve ser extremamente baixo. Se forem cumpridas tais condições, há boas razões para que, à primeira vista, a excepcional realização do perigo, com resultado em morte ou lesão grave em face de situações-dilema, possa ser vista como risco permitido, dadas as enormes vantagens que carros autônomos trazem para todos os participantes do sistema de tráfego.

Há uma objeção que necessita ser considerada de imediato. Mais acima, nos casos em que o carro autônomo evita um perigo para o usuário do veículo às custas de outro participante do sistema de tráfego, foi rechaçada a assunção do risco permitido, tal como aventada por *Hilgendorf*. Em seu prejuízo está o

---

57. BGHSt 6, 46 (59); 59, 292 (296); *Krey/Esser*, Strafrecht, Allgemeiner Teil, 5. Ed. 2012, nm. 1107; *Rengier*, Strafrecht, Allgemeiner Teil, 7. Ed. 2015, § 48 nm. 10; *Wessels/Beulke/Satzger* (n. 12), nm. 987; tendendo para este sentido, *Kudlich* (n. 27), § 13 n. 5 e ss.

58. *Wessels/Beulke/Satzger* (n. 12), nm. 987. A construção deste caso corresponde até este ponto, pelo menos em sua estrutura básica, ao do famoso "caso do pelo de cabra", em que um fabricante causou a morte de várias funcionárias ao distribuir pelo de bode não desinfetado; veja a esse respeito RGSt 63, 392.

59. Para a autocolocação em perigo veja-se *Kaspar* (n. 12), nm. 167 e ss.; *Roxin* (n. 14), § 11 nm. 107 e ss.; *Wessels/Beulke/Satzger* (n. 12), nm. 260 e ss.

60. Mais especificamente sobre os critérios de domínio do risco, BGHSt 53, 56 (60 e ss.); *Kühl* (n. 16), § 4 nm. 88a e ss.; *Rengier* (n. 55), § 13 nm. 81 e ss.; *Wessels/Beulke/Satzger* (n. 12), nm. 265 e ss.

fato de que é facilmente possível evitar a lesão ao terceiro ao se programar os veículos de maneira diferente para situações-dilema. Entretanto, a objeção de que a assunção do risco permitido fracassa devido ao poder de se evitar o resultado não se aplica no cenário agora em discussão, que se refere à morte ou lesão grave do usuário do veículo. Por certo, também aqui seria possível evitar a realização do perigo em relação ao usuário do veículo. O fabricante só teria que programar o veículo de tal maneira que sacrificasse os outros participantes do sistema de tráfego para salvar os seus ocupantes, no caso de uma situação de conflito. Não obstante, como já explicado, a eliminação do risco não estaria justificada e seria, portanto, ilícita. Sob o ponto de vista jurídico, não seria possível. Não se pode exigir de ninguém que aceite sua própria morte ou uma grave deterioração de sua integridade física em favor de outro por solidariedade. Para se evitar contradições de valoração, as possibilidades de comportamentos juridicamente proibidos devem ser ignoradas. Como resultado, na situação-dilema descrita anteriormente, a única opção legalmente possível é não repassar o dano aos demais participantes do sistema de tráfego. Portanto, nesta situação de conflito concreta já não se pode impedir, de um ponto de vista normativo, a realização do resultado em relação ao usuário do veículo.[61] Isso só seria evitável ao preço de uma renúncia completa aos carros autônomos. Este preço seria demasiado caro, quando se leva em conta a – suposta – segurança adquirida com o uso dos carros autônomos. Daí que seja lógico valorar como risco permitido a possibilidade extremamente rara de ocorrer uma situação-dilema que reproduz a respectiva programação. Isto também se aplica, evidentemente, aos casos discutidos inicialmente, em que o fabricante do veículo informa o usuário do risco correspondente, de modo que a imputação do resultado típico já não deve ocorrer, também do ponto de vista do risco permitido.

Por último, segue pendente a questão dos casos em que outros ocupantes do veículo são feridos em uma situação-dilema como resultado da programação do carro autônomo. Exemplo: segundo a programação, o carro autônomo não evita um obstáculo mortal, já que do contrário atropelaria um pedestre e o lesionaria fatalmente; na colisão, não só o usuário do veículo vem a falecer, como também

61. Exatamente essa a diferença crucial para o cenário descrito acima, no qual o carro autônomo, de acordo com a programação prévia para situações-dilema, salva a vida ou a integridade física de seu usuário ao custo da vida de outro participante do sistema de tráfego. Neste caso, a renúncia à defesa contra o perigo, como demonstra o § 34 do StGB, representa não só uma possibilidade jurídica, mas inclusive um comportamento alternativo exigido pela lei. Como já se disse anteriormente, em tal situação o sistema legal requer que a pessoa em risco deixe que o evento siga seu curso e não evite o perigo às custas de outra pessoa – inclusive se ele não é sancionado, caso não cumpra este mandamento. Portanto, existe uma alternativa legalmente permitida, diferente da programação levada a cabo às custas de outro usuário do sistema de tráfego, que não acarretaria no resultado típico em relação a este. Por isso, do ponto de vista normativo também existe, nestes casos, um poder de evasão, mas com a consequência de que não terá aplicabilidade a exclusão da imputação sob o ponto de vista do risco permitido, como explicado.

outro passageiro. De acordo com o que fora dito anteriormente, também a realização do resultado em relação ao passageiro deve ser considerada como risco permitido. A justificação que se acaba de apresentar em relação ao usuário do veículo se aplica igualmente ao passageiro. Se ele também estivesse consciente do risco, tratar-se-ia de uma heterocolocação em perigo consentida.[62] Dependendo do ponto de vista que se siga aqui, chegar-se-á imediatamente à exclusão da imputação[63] ou – de acordo com a doutrina majoritária – ao menos à exclusão da ilicitude em função do consentimento (na medida em que o consentimento não represente um problema separado e estejam preenchidos seus requisitos).[64]

IV. Conclusão

Há que se ter em conta os seguintes pontos para formular-se uma conclusão preliminar:

1. A valoração jurídica das lesões sofridas por outros usuários do sistema de trânsito causadas por um carro autônomo, em uma situação-dilema, baseia-se fundamentalmente nos mesmos critérios aplicáveis a um veículo conduzido por um humano. Disto se deduz que um balanço sobre a vida humana a partir do princípio do menor dano possível não é permitido. Juridicamente, deve o fabricante programar seu veículo de tal maneira que não se evite um perigo para vida do usuário do veículo às custas da vida de um terceiro. Uma solução diversa sob os pressupostos do princípio do estado de necessidade defensivo somente é possível se esse terceiro tiver dado causa ao perigo.

62. A autocolocação em perigo é afastada pelo critério do controle sobre o risco. O outro passageiro se diferencia do usuário do veículo, que pode iniciar, modificar e parar a condução, por não possuir qualquer influência sobre o comportamento do carro autônomo. Sobre a diferenciação entre heterocolocação e autocolocação em perigo, em geral,BGHSt 53, 56 (60 e ss.); *Walter*, em: Laufhütte/Rissing-van Saan/Tiedemann (Org.), Strafgesetzbuch, Leipziger Kommentar, Vol. 1, 12. Ed. 2007, § 13 nm. 122 e ss.; *Murmann*, Grundkurs Strafrecht, 3. Ed. 2015, § 23 nm. 91 e ss.; *Kudlich*, em: Satzger/Schluckebier/Widmaier (n. 20), § 13 nm. 59

63. Para uma equiparação da heterocolocação em perigo com a autocolocação em perigo como hipóteses de exclusão da imputação objetiva, desde que iguais nos aspectos relevantes, veja *Roxin* (n. 14), § 11 nm. 123 e ss. Veja também a esse respeito BGHSt 53, 55 (61 e ss.).

64. *Gropp*, Strafrecht, Allgemeiner Teil, 4. Ed. 2015, § 4 nm. 104; *Krey/Esser* (n. 55), nm. 370; *Sternberg-Lieben/Schuster*, em: Schönke/Schröder (n. 11), § 15 nm. 165. O consentimento é afastado aqui não devido à falta de aprovação da realização do resultado pelo passageiro. De acordo com a doutrina majoritária, nos crimes culposos basta que a vítima meramente consinta em colocar seu bem jurídico em perigo; veja a esse respeito Engländer (n. 2), §§ 32 ss. nm. 19. Também não se limita o consentimento nestes casos de acordo com o § 228 em face da baixa probabilidade de realização do risco. Confira também BGHSt 53, 56 (62 e ss.), que confirma a violação dos costumes/imoralidade, que pode afastar o consentimento, somente quando houver perigo real de morte.

2. Se não se dão os pressupostos do estado de necessidade justificante agressivo ou defensivo, os usuários e fabricantes do veículo só poderão ser exculpados. O problema para o fabricante do veículo, nestes casos, será que a relação pessoal de proximidade exigida pelo § 35 do StGB não estará presente na maioria dos casos.

3. Se o usuário do carro autônomo for lesionado devido ao fato de este estar programado de tal maneira que, em uma situação-dilema, o perigo não seja evitado de maneira inaceitável às custas de outro participante do sistema de tráfego, o fabricante não poderá ser considerado responsável pela realização do resultado típico em relação ao usuário do carro autônomo sob o ponto de vista do risco permitido. Se o fabricante informar o usuário sobre o risco correspondente, há ainda o afastamento da imputação em razão da autocolocação em perigo.

4. O desafio *sui generis* no desenvolvimento de carros autônomos é, em primeiro lugar, deixá-los tecnicamente em condições de compreender as circunstâncias juridicamente significativas. Tendo em vista a heterogeneidade e a complexidade deste problema, aqui apenas indiciada, os fabricantes de carros autônomos não estão em posição invejável.

DIREITO DE NECESSIDADE PARA CARROS AUTÔNOMOS?[1]

Prof. Dr. THOMAS WEIGEND, Köln

I. Uma nova perspectiva sobre um velho problema

Ulfrid Neumann, a quem este artigo é amigavelmente dedicado em respeito ao seu trabalho científico, vem lidando reiterada e detalhadamente com questões sobre o estado de necessidade no direito penal.[2] Nos dias atuais, raramente se encontram pensamentos realmente fundamentais sobre a problemática e as consequências penais das "tragic choices", discutidas há séculos. Especialmente os eventos de 11.9.2001 e a infeliz tentativa de um combate a sequestros de aero-

---

1. Traduzido por Guilherme Góes, mestrando (LLM.) na Humboldt Universität zu Berlin, e membro do Grupo de Ensino e Pesquisa em Direito Penal Econômico da FGV Direito SP.

2. Marcantes são os comentários de *Neumann* aos §§ 34 e 35 StGB, em: Kindhäuser/Neumann/Paeffgen (Hrsg.), Nomos Kommentar, Strafgesetzbuch, Bd. 1, 5. Aufl. 2017. Veja também, por exemplo, id., JA 1988, p. 329; id., em: Schünemann/ Achenbach/Bottke/Haffke/ Rudolphi (Hrsg.), Festschrift für Claus Roxin zum 70. Geburtstag am 15. Maio 2001, p. 421; id., in: Putzke/Hardtung/Hörnle/Merkel/Scheinfeld/ Schlehofer/Seier (Hrsg.), Strafrecht zwischen System und Telos, Festschrift für Rolf Dietrich Herzberg zum 70. Geburtstag am 14. Februar 2008, p. 575; id., em: v. Hirsch/Neumann/Seelmann (Hrsg.), Solidarität im Strafrecht, 2013, p. 155; id., em: Joerden/Schmoller (Hrsg.), Rechtsstaatliches Strafen, Festschrift für Prof. Dr. Dr. h.c. mult. Keiichi Yamanaka zum 70. Geburtstag am 1. März 2017, 2017, p. 171.

naves pelo § 14 Abs. 3 da Lei de Segurança Aérea (*Luftsicherheitsgesetz*), em sua antiga redação,[3] produziram uma enorme onda de publicações sobre o tema.[4]

O estado de necessidade, no entanto, ganha um novo aspecto diante do desenvolvimento dos carros "autônomos", isso é, veículos motorizados cujo movimento no trânsito é, de diversas formas, determinado por um algoritmo pré-programado e não por uma pessoa sentada ao volante.[5] Aqui também surge a questão sobre como lidar com situações em que várias pessoas são colocadas em perigo, mas nas quais é impossível salvar todas elas. Tais casos, para os quais o "caso do controlador de trilhos de trens" (Weichensteller-Fall),[6] criado por *Welzel*, é paradigmático, foram discutidos até agora sob o aspecto da situação na qual uma pessoa deve, de maneira repentina e despreparada, decidir sobre o destino alheio: o trem de carga vai em direção a um grupo e o controlador de trilhos deve, em questão de segundos, decidir se deixa o destino seguir o seu rumo ou se, utilizando o aparelho de manobra, desvia o trem na direção de trabalhadores não envolvidos (tornando-se possivelmente punível criminalmente). Nos carros completamente autônomos – eles serão a base da discussão que segue, ainda que se trate, por ora, de uma visão do futuro – os passageiros não terão mais possibilidade alguma de escolha em situações de crise inesperada. A direção para a qual o veículo será conduzido é determinada por sua programação. Por esta via, desloca-se a possibilidade de punibilidade do motorista para a pessoa que tenha programado o algoritmo de manobras do carro, isto é, o programador, o fabricante ou o vendedor, que, tendo conhecimento de sua programação, vende-o

---

3. Sobre isso, BVerfGE 115, 118.

4. Opções atuais na literatura, sem a pretensão de totalidade: *Jäger*, ZStW 115 (2003), 765; *Jerouschek*, in: Amelung/Beulke/Lilie/Rüping/Rosenau/Wolfs- last (Hrsg.), Strafrecht – Biorecht – Rechtsphilosophie, Festschrift für Hans-Ludwig Schreiber zum 70. Geburtstag em 10. Maio 2003, 2003, p. 185; *Pawlik*, JZ 2004, p. 1045; *Sinn*, NStZ 2004, p. 585; *Archangelskij*, Das Problem des Lebensnotstandes am Beispiel des Abschusses eines von Terroristen entführten Flugzeuges, 2005; *Otto*, Jura 2005, p. 470; *Gropp*, GA 2006, p. 284; *Mitsch*, GA 2006, p. 11; *Ladiges*, Die Bekämpfung nicht-staatlicher Angreifer im Luftraum, 2007; *Merkel*, JZ 2007, p. 373; *Hörnle*, em: Putzke/Hardtung/Hörnle/Merkel/ Scheinfeld/ Schlehofer/Seier (n. 2), p. 555; *Rogall*, NStZ 2008, 1; *Zimmermann*, Rettungstötungen, 2008; *Jakobs*, em: Amelung/Günther/Kühne (Hrsg.), Festschrift für Volker Krey zum 70. Geburtstag am 9.7.2010, 2010, p. 207; *Streng*, em: Jahn/Kudlich/Streng (Hrsg.), Strafrechtspraxis und Reform, Festschrift für Heinz Stöckel zum 70. Geburtstag, 2010, p. 135; *Bott*, In dubio pro Straffreiheit?, 2011; *Roxin*, ZIS 2011, p. 552; *Stübinger*, ZStW 123 (2011), 403; *Joerden*, em: v. Hirsch/Neumann/Seelmann (n. 2), p. 49; *Wilenmann*, ZStW 127 (2015), p. 888; *Frisch*, GA 2016, p. 121.

5. Há também vasta literatura jurídica para campo da robótica. Cf. Hilgendorf/Günther (Hrsg.), Robotik und Gesetzgebung, 2013; Hilgendorf/Hötitzsch/Lutz (Hrsg.), Rechtliche Aspekte automatisierter Fahrzeuge, 2015; Maurer/Gerdes/Lenz/Winner (Hrsg.), Autonomes Fahren, 2015; Gleß/Seelmann (Hrsg.), Intelligente Agenten und das Recht, 2016; Hilgendorf (Hrsg.), Autonome Systeme und neue Mobilität, 2017. Veja também *Gleß/Weigend*, ZStW 126 (2014), p. 581; *Gleß/Janal*, JR 2016, p. 561.

6. *Welzel*, ZStW 63 (1951), p. 47 (51). Para numerosas variantes desse caso e para outras combinações, detalhado, *Zimmermann* (n. 4) p. 25 ss.

e o coloca em circulação no trânsito.[7] Por razões de simplificação, essas pessoas serão reunidas sob o termo "fabricante" (*Hersteller*).[8]

II. Situações-dilema

Coloquemo-nos na situação de um fabricante íntegro, que deseja programar seus carros de forma que, em situações de crise, estes se comportem sem violar as normas penais. Ele tem que considerar, para uma série de casos de conflito cogitáveis, quais reações deverão ser tomadas pelo veículo. Em princípio, o carro será certamente programado para chegar ao seu destino pelo caminho mais rápido, mas desviando dos obstáculos que se interponham, para não pôr em perigo a saúde e a vida dos passageiros (bem como outros possíveis afetados em caso de colisão). No entanto, pode ser necessário modificar essa regra-base, por exemplo, nas seguintes situações:

1. Uma pessoa inconsciente X bloqueia o trajeto e seria morta[9] em caso de uma colisão; o carro pode se esquivar, mas apenas[10] ao custo de atropelar e matar um pedestre não envolvido Y.

2. Como em (1.), mas, agora, duas pessoas inconscientes (X1 e X2) encontram-se sobre o trajeto e ambas seriam mortas em caso de uma colisão.

3. Uma pessoa inconsciente X bloqueia o trajeto; o carro pode dela se desviar, mas apenas ao custo de colidir contra um muro de concreto, causando a morte do passageiro P.

Para poder programar o carro em conformidade com as especificações legais para essas situações de conflito, o fabricante irá se orientar, em primeiro lugar, pela solução dada aos casos semelhantes envolvendo carros conduzidos por pessoas: se a decisão por um comportamento de uma pessoa ao volante é aprovada pela ordem jurídica, então um algoritmo construído de maneira paralela também levará, provavelmente, a uma solução lícita.

---

7. Em contrapartida, *Engländer*, ZIS 2016, p. 608 (611 ss.), concentra suas considerações em uma possível punibilidade do "usuário do veículo" e somente considera a punibilidade do fabricante sob o aspecto da participação ou da culpa (p. 615 ss.). Pelo fato de o "usuário do veículo" apenas a colocar o carro em movimento (possivelmente, mas não necessariamente, ciente de sua programação), a questão sobre sua responsabilidade criminal me parece ser secundária.

8. *Gleß/Janal*, JR 2016, p. 561 (562), utilizam o conceito de operador ("*Betreiber*"), este, porém, encontra-se linguisticamente próximo ao conceito de "usuário" ("*Nutzer*") do carro – que deve ser diferenciado do de fabricante.

9. Para agravar o problema, é assumida em todos os casos uma consequência fatal na colisão.

10. Pressupõe-se, na situação, que frear o veículo ou desviá-lo sem consequências não é mais possível.

III. Possíveis soluções

1. Justificação

a) Estado de necessidade nos casos de motoristas humanos

Considera-se, em geral, quando se trata de uma pessoa que ocupa a posição de motorista, na situação de conflito (1.), que um desvio do carro, e por consequência a morte do pedestre Y, não seria justificada pelo § 34 StGB. Isto é decorrência do texto literal da norma, que só outorga uma justificação quando, na ponderação dos interesses conflitantes, "o interesse protegido supera consideravelmente o afetado". Não há nenhum aspecto que possa fundamentar a aceitação de que a vida de Y seja menos digna de proteção do que a vida de X. O motorista que, por acaso, estiver nessa situação só se comportará de forma justificada se não intervir no rumo do carro (que não pode ser mais ser freado, por exemplo), atropelando X.

Também no segundo caso – no qual duas pessoas (X1 e X2) poderiam ser salvas – a opinião majoritária na literatura alemã se manifesta contra uma justificação do motorista que, por meio do redirecionamento do carro em direção a Y, salva a vida de duas pessoas.[11] Para fundamentar essa solução contraintuitiva são apresentados, sobretudo, dois argumentos: primeiro, o dever de omissão ("Não mate!") é mais importante do que um dever de ação ("Salve X1 e X2!"), exceto nos casos explicitamente regulados pelo § 34 StGB;[12] segundo, toda vida humana possui em si valor supremo ("*höchsten Wert*") e não deve ser compensada ("*verrechnet*") com outros valores (ou outras vidas).[13]

Esses argumentos, no entanto, não são incontestáveis. No que tange à prioridade dos deveres de omissão em relação aos deveres de ação (referente a bens jurídicos de mesmo valor), foi objetado, não sem razão, que o legislador considerou que, no âmbito de aplicação do § 13 StGB, os dois deveres possuem a mesma

---

11. Veja *Perron*, em: Schönke/Schröder, Strafgesetzbuch, Kommentar, 29. Aufl. 2014, § 34 nm. 23 s., com ulteriores referências.

12. Veja, por exemplo, *Jakobs*, Strafrecht, Allgemeiner Teil, 2. Aufl. 1991, 16/6; *Roxin*, Strafrecht, Allgemeiner Teil, Bd. 1, 4. Aufl. 2006, § 16 nm. 117; id., ZIS 2011, p. 552 (554); *Bott* (n. 4), p. 35 ss. (40: "Além disso, a recusa a uma posição em favor da quantificação representa a valoração incondicional da vida, o princípio da proteção absoluta da vida e, não menos importante, a afirmação da ideia da vida em si mesmo considerada"); *Stübinger*, ZStW 123 (2011), p. 403 (445); *Lenckner/Sternberg-Lieben*, em: Schönke/Schröder (n. 10), comentários prévios ao § 32 nm. 71 ss.; *Joerden*, em Hilgendorf (n. 5), p. 73 (94 ss.). Crítico quanto a isso *Otto*, Jura 2005, p. 470 (473 s.). *Neumann* (n. 1 – FS Roxin), p. 427 s., busca, em seguida, diferenciar se, sob uma perspectiva normativa, o comportamento representa uma intervenção em posições jurídicas ou uma ausência de salvaguarda de chances de salvamento. Esta deve existir, se a vítima tiver se colocado em perigo por uma conduta inadequada anterior.

13. Especialmente para o caso do carro autônomo, cf. *Engländer*, ZIS 2016, p. 608 (609, 612); geral, por exemplo, *Roxin*, ZIS 2011, p. 552 (558); *Stübinger*, ZStW 123 (2011), p. *403* (415).

importância.[14] Poder-se-ia deduzir disso o direito de escolha de um garante de cumprir o dever de ação ou o dever de omissão: caso, por exemplo, o controlador de trilhos veja seus filhos em perigo de morte como consequência da aproximação de um trem de carga, será possível confirmar uma permissão (ou, em todo caso, a falta de uma proibição) para o desvio do trem em direção aos trabalhadores; por outro lado, também não seria a ele proibido deixar o trem seguir o seu caminho e por consequência vitimizar seus filhos.[15]

Contudo, a proibição de compensação de vidas humanas constitui um obstáculo a essa solução liberal – mesmo em nosso segundo caso de partida –, com supedâneo, ao fim e ao cabo, no princípio da dignidade humana.[16] *Hörnle* – fazendo referência a uma defesa da ponderação quantitativa entre vidas humanas, tida como evidente para os anglo-americanos[17] – objetou corretamente contra uma tal absolutização da inviolabilidade de cada vida que o Estado deve a cada cidadão, se possível, a proteção efetiva de sua vida.[18] Além disso, a ideia por trás do Art. 1 Abs. 1 GG de que todas as pessoas possuem o mesmo valor, também será levada em consideração em uma comparação quantitativa entre os sobreviventes.[19]

Ulfrid Neumann rejeita uma ponderação quantitativa de vidas humanas, como alguns outros autores, sobretudo sob a justificativa de que o direito não deve exigir de nenhuma pessoa que sacrifique sua vida por uma outra.[20] Além disso,

---

14. *Paeffgen/Zabel*, em: Kindhäuser/Neumann/Paeffgen (n. 2), comentários prévios ao § 32 nm. 171; veja também *Otto*, Jura 2005, p. 470 (473 s.).

15. *Zimmermann* (n. 4), p. 123, fala, de forma pertinente, para esta constelação de casos em um "impasse" ("*Pattsituation*") entre o dever de salvamento de um garante e um dever de omissão; porém, quer resolver essa situação no sentido da opinião majoritária, negando, por conta do § 34 StGB, a existência de um dever de agir nos casos de conflitos vida contra vida (p. 126 ss.).

16. *Höfling/Augsberg*, JZ 2005, p. 1080 (1083); *Roxin*, ZIS 2011, p. 552 (558). Provavelmente desatualizada é a concepção do BGH de 1953 no sentido de que "quando vidas humanas estão em jogo, ponderar o desvalor jurídico da conduta segundo o resultado total contrariaria a visão cultura sobre a natureza e personalidade humanas [...], determinados pela doutrina moral cristã predominante" (BGH NJW 1953, 513 (514).

17. *Hörnle* (n. 4), p. 558. Para a autorização expressa de "cômputo" de vidas humanas, veja Sec. 3.02 do código penal modelo norte-americano, também *Jerouschek* (n. 4), p. 196 s.

18. *Hörnle* (n. 4), p. 562.

19. *Hörnle* (n. 4), p. 568. Baseada em uma ponderação sutil e cautelosa das perspectivas do autor, da vítima e da comunidade estatal ", *Hörnle* (n. 4, p. 568 s.) chega, no "caso do controlados dos trilhos", a uma proibição, e no caso de sequestro de avião a uma permissão de uma intervenção (fatal) ativa.

20. *Neumann* (n. 1 - NK-StGB), § 34 nm. 77d; também contra a consideração de um dever civil de sacrificar-se, *Depenheuer*, em: Depenheuer/Heintzen/Jestaedt (Hrsg.), Staat im Wort, Festschrift für Josef Isensee, 2007, p. 43. No mesmo sentido que *Neumann*, também *Merkel*, JZ 2007, p. 373 (381: "Com o sacrifício forçado justificado de um em favor dos [tantos] outros, ele [scil. o Estado] liquida totalmente seu relacionamento com aquele vitimizado: ele o exclui da ordem jurídica. Em relação a todo indivíduo que ele matar dessa maneira, ele, como Estado, se torna completa e definitivamente ilegítimo"); e *Bott* (n. 4, p. 86 s.). Todavia, é frequentemente aceito – em contraposição à tese da proteção "absoluta" de cada

afirma, não se trata de um saldo, mas de um interesse pela vida de cada indivíduo. Inexistiria um sujeito global, ao qual pudesse ser adicionada a perda de várias vidas humanas. Conforme *Neumann*, não é o valor imponderável de cada vida humana que impede a possibilidade de predominância sobre uma maior quantidade de vidas, mas a inadmissibilidade de somar a vida de diversas pessoas.[21]

A razão pela qual um cálculo desse tipo não deve ser admitido em uma situação de decisão trágica é algo que não se deduz facilmente. *Zimmermann*, que concorda com a solução de *Neumann*, defende uma solução contratualista para esse grupo de perguntas,[22] afirmando que um indivíduo pode determinar para si, se, por exemplo, sua liberdade de locomoção ou a propriedade sobre seu carro é mais valiosa. Porém, "ter ou manter ou perder mais do que uma vida" pode não representar um valor agregado perceptível a um indivíduo, de modo que uma comparação entre interesses "sob o véu da ignorância" não é a ele possível.[23] É seguramente correto afirmar que nenhum indivíduo pode decidir com base na ideia de que possui diversas vidas; mas também não é disso que se trata nos casos aqui relevantes. O indivíduo deve decidir sobre a manutenção da sua (única) vida numa situação de incerteza sobre se ele pertencerá ao grupo (menor) de sujeitos a serem possivelmente sacrificados ou ao grupo (maior) de sujeitos a serem salvos. Assim ele pode ponderar as chances e os riscos.[24] Deve-se reconhecer que, nesse cálculo, dificilmente haverá uma proporção determinada, que possa ser expressada em números, entre chances de salvamento e riscos de vitimização – para a qual seria esperado um consenso de muitos indivíduos (com suas diferenças de disposição para o salvamento e para a vitimização) – de forma que essa proporção pudesse ser transformada numa regra vinculante. Uma proibição estrita de ponderação, porém, a ponto de deixar 10.000 pessoas morrerem quando apenas a vida de uma pessoa seria sacrificada para salvá-las, deveria ser, no mínimo, endossada pelos (e, de qualquer forma, não para os razoáveis) envolvidos por meio de um acordo sobre esse problema específico.[25]

vida individual – que o indivíduo deve sacrificar sua vida, se, por outro lado, a segurança do Estado estiver ameaçada; como no caso Schleyer BVerfGE 46, 160 (164 s.); afirmando-a *Neumann* (n. 1 - NK-StGB), § 34 nm. 73; *Erb*, em: Heintschel/Heinegg (Hrsg.), Münchener Kommentar zum Strafgesetzbuch, Bd. 1, 3. Aufl. 2017, § 34 nm. 116.

21. *Neumann* (n. 1 - NK-StGB), § 34 nm. 74.

22. *Zimmermann* (n. 4), p. 45 ss.

23. *Zimmermann* (n. 4), p. 54.

24. Comparar também *Ladiges* n. 3, p. 468: indivíduos não envolvidos também se beneficiam de um ponto de vista contratualista no caso de chances desiguais de salvamento "num plano abstrato" – o que não é o caso aqui –, porque eles teoricamente também poderiam pertencer à maioria salva.

25. Para uma justificação em virtude de uma ponderação quantitativa, *Delonge*, Die Interessenabwägung nach § 34 StGB und ihr Verhältnis zu den übrigen strafrechtlichen Rechtfertigungsgründen, 1988, p. 118 ss.

Antes de refletirmos sobre em que medida as considerações sobre o estado de necessidade justificante também são válidas para a programação dos carros autônomos, deveríamos checar o caso especial do "estado de necessidade defensivo", pois, caso preenchidos os seus pressupostos, alguns autores afirmam, atualmente, que haveria uma justificação da morte de uma pessoa para salvar outra (ou o próprio autor), contanto que não existisse outra alternativa.[26] Conforme as normas não positivadas do estado de necessidade defensivo, uma pessoa que seja uma fonte de perigo para a vida de outra pode ser morta (ainda que não esteja agindo de forma antijurídica).[27] Essa situação pode acontecer com carros autônomos, se, como no caso 3, a pessoa inconsciente na rua seja considerada responsável pelo (afastamento do) perigo ao passageiro P. Neste caso, seria permitido atropelar X, se de outra forma P tivesse que morrer. No entanto, tais questões de responsabilidade (*Zuständigkeitsfragen*), cujas decisões dependem também de ponderações normativas,[28] dificilmente poderiam ser determinadas com antecedência por meio da fixação da reação do veículo em seu algoritmo. Os sensores do veículo dificilmente poderão detectar se X se encontra no caminho do veículo em virtude de embriaguez autorresponsável, ou em razão de um repentino ataque cardíaco, ou ainda no exercício de seu ofício como policial. Por isso, os pressupostos específicos de um estado de necessidade defensivo não podem ser reproduzidos na programação do veículo.

b) Estado de necessidade do fabricante?

Como vimos, a situação de estado de necessidade para um motorista humano é descrita como a escolha entre deixar o acontecimento seguir seu caminho ou intervir ativamente. Em uma situação de conflito, o motorista será premiado por se comportar passivamente, cumprindo seu dever de omissão, porque geralmente a ordem jurídica privilegia a defesa do *status quo*.[29] Afinal, o § 34 StGB só o

---

26. Ver *Jakobs* (n. 11), 13/46 ss.; *Renzikowski*, Notstand und Notwehr, 1994, p. 47 e ss.; *Pawlik*, Der rechtfertigende Notstand, 2002, p. 326; *Zimmermann* (n. 4), p. 163 e ss.; *Neumann* (n. 1 - NK-StGB), § 34 nm. 86; detalhado *Otte*, Der durch Menschen ausgelöste Defensivnotstand, 1998. Crítico ao conceito de estado de necessidade defensivo como causa especial de justificação *Roxin* (n. 12), § 16 nm. 75 ss.; *Perron*, in: Schönke/Schröder (n. 10), § 34 nm. 30; *Erb* (n. 20), § 34 nm. 20, 155 ss.

27. Ver *Zimmermann* (n. 4), p. 166 s.

28. *Neumann* (n. 1 - NK-StGB), § 34 nm. 77c, ressalta, com razão, que o estado de necessidade defensivo só existe quando uma contribuição causal para o aumento do perigo fundamenta uma responsabilidade da vítima pela situação de perigo. Contra isso alguns autores querem, para o caso do avião sequestrado por terroristas, considerar os passageiros como destinatários de uma intervenção conforme as regras do estado de necessidade defensivo, em razão de sua relação espaço-temporal com o avião utilizado abusivamente, no caso concreto, como uma arma; veja *Gropp*, em: Hoyer/Müller/Pawlik/Wolter (Hrsg.), Festschrift für Friedrich-Christian Schroeder zum 70. Geburtstag, 2006, p. 284 (287); *Merkel*, JZ 2007, p. 373 (384); *Rogall*, NStZ 2008, 1 (3).

29. Sobre isso, *Zimmermann* (n. 4), p. 160 ss.

permite "brincar com o destino" quando, por meio de seu agir, o agente puder proteger um interesse que supere consideravelmente o interesse afetado.

No entanto, o fabricante responsável pela programação de um carro autônomo encontra-se em uma outra situação: do seu ponto de vista, não existe um caminho "natural" que o carro deva tomar, e nenhum "destino" que ele possa ou deva "deixar seguir seu caminho". Da mesma forma, não há uma pessoa em perigo e outra que esteja em segurança (e cujos interesses possivelmente gozassem de prioridade). O próprio fabricante, de outro modo, cria as regras que o automóvel irá seguir e, com isso, distribui as chances (de sobrevivência) entre as pessoas que futuramente serão afetadas. Como não há a sinalização de um caminho "natural" que deva ser seguido e que deva ser evitado por um "impulso condutor",[30] também não é verdade que – como defende Hilgendorf – "antes da decisão do sistema, as chances de sobrevivência estariam distribuídas desigualmente".[31] Isso porque "o sistema" decide apenas o que corresponde ao algoritmo que lhe foi introduzido de antemão. A decisão sobre a vida ou a morte da pessoa afetada já estará tomada no momento da fabricação do automóvel, "sob do véu da ignorância", e também nesse momento serão distribuídas as chances de sobrevivência.[32]

Engländer, por outro lado, afirma que não há uma diferença entre a situação de decisão de uma pessoa na posição de motorista e a de programador, logo, devem ser aplicadas as mesmas normas penais às duas situações. Isso porque, primeiro, a decisão sobre o comportamento correto já está estabelecida na regulamentação e, segundo, porque a divisão de papéis é fixada logo que uma determinada situação-dilema acontece e desencadeia a aplicação da regra. Uma pessoa ao volante ainda poderia descumprir a máxima de decisão predeterminada. Isso corresponderia, porém, ao caso em que um carro autônomo, em razão de um defeito, não executa corretamente sua diretriz de programação.[33] No entanto, essa argumentação parece ignorar que, para a análise da situação, é relevante não a existência de regras, mas o controle *fático* sobre o acontecimento. O motorista de um veículo tradicional pode ou não ter conhecimento da regra do § 34 StGB e de sua interpretação pela jurisprudência. Independente disso, ele tem o carro "nas mãos" – que já não pode ser freado, conforme o caso base – e pode redirecioná-lo na direção do pedestre Y. Caso ele o faça, ele não se desvia de uma "programação", como poderia ser o caso de um carro autônomo defeituoso, mas, sim, toma uma decisão ruim diante da situação-dilema. Com isso também se resolve a segunda objeção de *Englander*: o fabricante do carro decide, com base em características abstratas, já no momento da programação, qual das pessoas deve ser morta na situação-dilema prevista; o

30. Nesse sentido, no entanto, a clara concepção de *Hilgendorf*, em: Hilgendorf (n. 5), p. 143 (157 s.); como também *Joerden* (n. 12), p. 84.

31. *Hilgendorf* (n. 30), p. 157.

32. Semelhante, *Hevelke/Nida-Rümelin*, Jahrbuch für Wissenschaft und Ethik 19 (2015), 5 (10 ss.).

33. *Engländer*, ZIS 2016, p. 608 (613).

motorista, porém, vê as pessoas na sua frente e tem que tomar sua decisão diante das circunstâncias concretas.

c) Colisão de deveres

A regulamentação do § 34 StGB, adequada para uma decisão entre um risco "natural" de morte e um risco de morte recém-criado pelo autor, não é adequada para os carros autônomos[34] em face da grave diferença entre as situações de tomada de decisão. O fabricante desses carros se encontra em uma situação que pode ser descrita como uma colisão de dois deveres de omissão (hipotéticos, porque alocados num futuro distante): de acordo com a proibição geral de matar, ele não deve programar o carro para matar X (respectivamente X1 e X2), nem para que o carro atropele e mate o pedestre Y. Esse fabricante se encontra em uma situação de colisão de deveres inescapável, porque deve estabelecer alguma solução para o conflito.[35] *Ulfrid Neumann* desenvolveu precisamente a solução correta para esse tipo de situação em 2001:[36] nestes casos não se aplica o § 34 StGB, pois o dispositivo pressupõe a colisão entre um dever de ação e um dever de omissão; todavia, são aplicáveis as regras desenvolvidas para a colisão entre dois deveres de ação. Segundo estas regras, o autor age justificadamente[37] se cumprir com o dever de maior valor; caso os deveres – como em nosso caso 1 – sejam de igual valor, então o autor tem permissão para escolher entre eles e não realiza nenhum injusto[38] quando cumpre um desses deveres.[39]

Para o fabricante isso significa que ele deve deixar o carro autônomo ser programado de forma que, no caso 2, o carro atropele o pedestre Y e deixe as pessoas X1 e X2 incólumes.[40] Já para o caso 1 – no qual um dos dois participantes do trânsito deve morrer –, não há uma diretriz legal que indique num ou

34. Com outra visão, *Engländer*, ZIS 2016, p. 608 (613).

35. O caso mostra que não é correta a concepção de *Gropp*, Strafrecht, Allgemeiner Teil, 4. Aufl. 2015, p. 231 ss., de que não há colisão entre deveres de omissão.

36. *Neumann* (n. 1 - FS Roxin), p. 429 s. Ver também *Hruschka*, JZ 1984, p. 241.

37. Isso corresponde à atual opinião majoritária; ver *Lenckner/Sternberg-Lieben* (n. 12), comentários prévios ao § 32 nm. 73 m.w.N. Para uma mera exculpação, também *Jescheck/ Weigend*, Strafrecht, Allgemeiner Teil, 5. Aufl. 1996, p. 367 s., onde, porém, é tomada unilateralmente a perspectiva da vítima.

38. Com isso é afastado, coerentemente, um direito de legítima defesa da pessoa "selecionada" como vítima; comparar *Ladiges* (n. 4), p. 470; de outra forma *Bott* (n. 4), p. 66 ss. Uma legítima defesa contra o programador do carro autônomo não é considerada já por razões fáticas (e também pela falta de uma agressão atual).

39. *Zimmermann* (n. 4), p. 188 s.; *Lenckner/Sternberg-Lieben* (n. 12), comentários prévios ao § 32 nm. 76.

40. *Neumann* (n. 1 - FS Roxin), p. 432, mostra que o "princípio da impossibilidade de cumulação de vidas" não contraria uma solução como essa. Outro ponto de vista Hilgendorf (n. 30), p. 157 (que, no entanto, parte do pressuposto, de que há uma direção predeterminada a X1 e X2 e que pode haver um desvio por um novo impulso condutor.

noutro sentido; neste caso, o correto deveria ser deixar a "decisão" a cargo de um operador randômico.[41]

Resta para reflexão o caso 3, no qual apenas a pessoa X ou o passageiro P sobreviverá. Para o fabricante, há dois deveres de omissão excludentes entre si: ele não pode programar o carro para que P seja morto, nem para que X morra. Por isso, dever-se-ia assumir também que a solução deveria ser assignada a um operador randômico.

Entretanto, outras regras de preferência são também apresentadas: Hilgendorf[42] postula que os veículos sejam programados "para que os passageiros sejam protegidos em qualquer circunstância". Dessa forma, se o carro se dirige a um grupo (!) de pessoas deitadas no chão, não é "ética e nem juridicamente obrigatório que se destrua o carro (por meio de um desvio em direção a um pilar de concreto ou de um mecanismo de autodestruição), mesmo que o número de pessoas salvas supere o de pessoas vitimizadas".[43] Hilgendorf fundamenta essa solução com a existência de uma comunidade simétrica de perigo, bem como com a reflexão de que os passageiros não são obrigados a sacrificar suas vidas. Além disso, um dever de instalar um "mecanismo de autodestruição" é tão pouco razoável para os fabricantes de veículos como para os usuários desse tipo de veículo.[44] Opõem-se a essa solução Gleß e Janal:[45] a questão que se coloca ao programador quanto aos carros autônomos é se ele deve acolher a vontade humana de sobrevivência dos passageiros ou seguir uma perspectiva objetivamente racional e ponderada. Em favor da última via, considera-se que os passageiros de carros robotizados já desfrutam de vantagens, "por que eles também deveriam poder usar sua superioridade técnica em uma situação de emergência ao custo de indivíduos não envolvidos?"

Na realidade, a favor da regra de preferência em favor dos passageiros, sustentada por Hilgendorf, falam motivos econômicos: ela aumentaria significativamente as chances de venda de carros autônomos, enquanto um mecanismo de autodestruição, instalado para casos de colisão iminente, não seria um item personalizado impulsionador de vendas. Por outro lado, do ponto de vista normativo, não há nenhum motivo plausível para programar um carro autônomo de forma que os passageiros permaneçam protegidos sob todas as circunstâncias, mesmo que para isso tenha que morrer um grande número de pessoas. Evidente que não

---

41. Para uma decisão baseada na sorte em situações semelhantes com atores humanos *Bernsmann*, "Entschuldigung" durch Notstand, 1989, p. 341 ss.; *Zimmermann* (n. 4), p. 419 ss.; *Neumann* (n. 1 - NK-StGB), § 34 nm. 78.

42. *Hilgendorf* (n. 30), p. 170.

43. *Hilgendorf* (n. 30), p. 170.

44. *Hilgendorf* (n. 30), p. 170 ss. Concordando, *Weber*, NZV 2016, p. 249 (253), que vê uma regulamentação legal, bem como um dever estatalmente imposto e constitucionalmente proibitivo ao sacrifício dos próprios bens.

45. *Gleß/Janal*, JR 2016, p. 561 (575 s.).

existe nenhuma obrigação legal dos passageiros de "se sacrificarem", mas no caso dos carros autônomos uma decisão desse tipo sequer lhes será exigida. Por outro lado, os passageiros conhecem o algoritmo instalado (ou podem se informar sobre ele) e sabem, portanto, qual risco aceitaram ao utilizar um carro robotizado. Eles não podem esperar que o carro autônomo, dentre outros confortos, também lhes ofereça um seguro de vida absoluto para casos de colisão.

Em todo caso, o que deve ser decisivo para o fabricante, que, no momento da programação, tem que tomar as devidas precauções para as situações-dilema, é somente o número de vítimas afetadas e não a relação de consumo.[46] Isso significa que o veículo deve ser programado de forma que, em uma colisão evitável apenas por meio de uma autodestruição, o número de pessoas que estejam fora do veículo deva ser ponderado em relação ao número de passageiros sob risco de morte. Predominando o número de pessoas "externas" em perigo, então os passageiros devem ser sacrificados. Em todo caso, em caso de empate numérico – em que o autor é livre para decidir em conformidade com as regras acima desenvolvidas – pode-se programar o veículo para dar preferência aos indivíduos externos ou aos passageiros do veículo.

2. *Exculpação?*

A seguir, deve ser rapidamente examinada a possibilidade de, caso se negue uma justificação, aplicar-se (subsidiariamente) as regras do estado de necessidade exculpante (§ 35 StGB) ou do estado de necessidade exculpante supralegal. A aplicação deste, aliás, é, já de saída, questionável, pois não se trata aqui de um motorista que pode ser perdoado pela ordem jurídica quando buscar salvar sua vida ou saúde às custas de outros;[47] o fabricante do carro autônomo não se encontra em uma situação existencial de emergência e o comprador do carro também não é uma pessoa próxima (em geral) desse fabricante para os fins das exigências do § 35 StGB.[48]

---

46. Como também *Gleß/Janal*, JR 2016, p. 561 (576), que sustentam que uma comparação entre vidas humanas toca, na Alemanha, em "um tabu baseado em consenso jurídico"; solução parecida com essa é a de *Engländer*, ZIS 2016, p. 608 (618).

47. Para uma fundamentação contratualista da exculpação no caso do § 35 StGB, ver *Neumann*, ZStW 109 (1997), p. 610 (621); *Zimmermann* (n. 4), p. 230 ss.

48. *Engländer*, ZIS 2016, p. 608 (615), afirma, por outro lado, a aplicabilidade do § 35 StGB nos casos aqui discutidos. Ele aponta, por outro lado e justificadamente, que a exculpação não pode depender da existência fática de um estado de exceção físico do autor; ele dirige, contudo, o foco da análise ao usuário do veículo e não ao fabricante ou aos programadores, a rigor os efetivos potenciais autores. Os interesses existenciais destes últimos não são, todavia, afetados. Assim, também segundo a solução de Engländer surge a possibilidade de punição do fabricante como cúmplice de um homicídio cometido pelo "usuário" de forma antijurídica, mas exculpada.

Seria possível conceber um "efeito antecipado" do (futuro) estado de necessidade supralegal disponível na situação-dilema concreta, reconhecido predominantemente em analogia ao § 35 StGB.[49] Todavia, essa figura jurídica, que foi detalhadamente discutida na situação de abate de aviões sequestrados para o salvamento de muitas vidas, não apresenta nenhum contorno definido. É especialmente controverso se ela é utilizável em todas as situações de "*tragic choices*"[50] ou apenas em casos de perigo assimétrico, ou seja, na inevitável perda de uma parte das pessoas atingidas.[51] Somente se se aceitar sua aplicação a todas situações de escolhas trágicas é que um estado de necessidade exculpante supralegal entrará em questão, porque, como muito discutido no "caso do bote",[52] cada uma das pessoas afetadas em uma colisão entre um carro autônomo e pedestres pode, em princípio, ser salva – apenas não todas elas. Trata-se, então, de uma situação de necessidade "simétrica". Há argumentos em favor da aplicação análoga do § 35 StGB quando o autor se confronta, sem ter contribuído para isso, com uma situação em que ele, inevitavelmente, tenha que matar uma ou mais pessoas para salvar uma quantidade (consideravelmente) maior[53] de outras. Isso porque, para o agente, o impulso interior, altruísta, de ajudar fazer algo para que as pessoas sejam salvas pode ser tão forte quanto um dever de socorro em relação a parentes seus, situação na qual incide a exculpação até mesmo do homicídio de terceiros não envolvidos segundo o § 35 StGB. Nesta situação, pode-se compreender que seja inexigível que o agente renuncie ao homicídio para o salvamento da vida de muitos.[54]

Uma situação assim excepcional pode até mesmo se colocar diante de um motorista de um carro. *Engländer* constrói um caso no qual um caminhão só pode evitar o choque com um ônibus escolar, com o que mataria grande quantidade de crianças, se desviar em direção à calçada e matar um pedestre que ali está.[55]

---

49. Ver *Paeffgen/Zabel* (n. 14), comentários prévios ao § 32 nm. 295 com outras referências.

50. Assim, *Jescheck/Weigend* (n. 37), p. 502 s.; *Rönnau*, em: Laufhütte/Rissing-van Saan/Tiedemann (Hrsg.), Strafgesetzbuch, Leipziger Kommentar, Bd. 2, 12. Aufl. 2006, comentários prévios ao § 32 nm. 347; *Kühl*, Strafrecht, Allgemeiner Teil, 8. Aufl. 2017, § 12 nm. 94, p. 104.

51. Por exemplo, *Roxin* (n. 12), § 22 nm. 146 ss.; *Lenckner/ Sternberg-Lieben* (n. 11), comentários prévios ao § 32 nm. 117; *Neumann* (n. 1 - NK StGB), § 35 nm. 61.

52. Ver *Küper*, JuS 1981, p. 785 (786); *Zimmermann* (n. 4), p. 310: um marinheiro, que coloca em seu barco um grupo de crianças sobre um rio agitado, reconhece, durante o trajeto, que o barco afundará em razão de um furo se ele não jogar uma parte das crianças para fora da embarcação.

53. Para a (difícil) definição da proporção quantitativa necessária, *Zimmermann* (n. 4), p. 293 ss.

54. Para esse fundamento do estado de necessidade exculpante supralegal, detalhado *Zimmermann* (n. 4), p. 286 ss. Ver também *Hörnle* (n. 4), p. 573: "Em face de difíceis dilemas morais deve-se, de todo modo, ter tanta compreensão pela posição daqueles que, de forma não convincente, defendem uma justificação, que a ação correspondente deve ser exculpada".

55. *Engländer*, ZIS 2016, p. 608 (616).

Entretanto, até mesmo se se admitir que, nesse caso, o motorista do caminhão está em um estado de necessidade exculpante supralegal,[56] pode também o fabricante, que autorizou de maneira previsível essa solução por meio da programação do caminhão autônomo, invocar essa causa de exculpação? Argumenta-se contra isso que o fabricante não se encontra em situação de conflito interno premente entre o agir danoso (atropelamento do pedestre) e o não-agir ainda mais danoso (colisão com o ônibus).[57] Pelo contrário, a programação do carro representa para ele uma distribuição de chances de vida entre diferentes pessoas, ainda completamente abstratas, feita a uma vasta distância e sob uma fria reflexão.

Pode-se, no entanto, utilizar o raciocínio que está na base do estado de necessidade exculpante supralegal também para o fabricante do carro: da mesma forma que não pode ser exigido do motorista do caminhão, sob determinadas circunstâncias, que se omita, por uma questão de princípios, em relação a um homicídio de um indivíduo para salvamento de muitos, uma programação correspondente do veículo pode ser inexigível para o fabricante – porque ele tem que dizer que ele se certifica de que, em uma situação-dilema muitas pessoas têm que morrer, mesmo que elas pudessem ser salvas (mesmo que às custas de uma ou menos vidas).[58] Como o estado de necessidade exculpante supralegal se encontra no limiar da exclusão da ilicitude – a qual, segundo o entendimento dominante, não é reconhecida nessa situação apenas em razão da "proibição de contagem de vidas" – pode-se entender, de forma generosa, já como admissível a programação antecipada de uma situação de inexigibilidade, em si mesma lícita.[59]

IV. Conclusão

Essas considerações amparam a plausibilidade das regras para a programação de carros autônomos acima apresentadas e que podem ser assim resumidas:

1. Existindo apenas a opção de colidir com um pequeno ou com um grande número de pessoas (com consequência fatal), é de se optar pela colisão com o menor número de pessoas. Isso também vale quando os passageiros do veículo venham a ser afetados.

2. Existindo apenas a opção de colidir com diversos grupos de pessoas com o mesmo número de integrantes (com consequência fatal), então deve o acaso

---

56. Contra uma exculpação nesses casos *Jakobs* (n. 4), p. 215; *Roxin*, ZIS 2011, p. 552 (562); *Stübinger*, ZStW 123 (2011), p. 403 (446).

57. Comparar, *Hörnle* (n. 4), p. 571 s., para a situação comparável a do controlador de trilhos.

58. Outra opinião, *Joerden* (n. 12), p. 86 s.; um resultado como do texto, *Engländer*, ZIS 2016, p. 608 (616).

59. Há, no entanto, um problema grave na operacionalização digital das regras "brandas" do estado de necessidade exculpante supralegal, que pode ser utilizado apenas quando houver uma diferença quantitativa "considerável" entre o número de vidas humanas salvas e o de sacrificadas.

decidir sobre o caminho do veículo. Caso um dos grupos afetados seja o dos passageiros do veículo, então deve ser escolhida a rota que não mate os passageiros.

"TROLLEY PROBLEM" REVISITADO: COMO DEVEM SER PROGRAMADOS OS VEÍCULOS AUTÔNOMOS NO DILEMA VIDA-CONTRA-VIDA?[1]

Profa. Dra. Tatjana Hörnle, Berlim

Prof. Dr. Wolfgang Wohlers, Basel[2]

A condução automática é concebível em diferentes níveis de desenvolvimento, desde os sistemas de apoio sobre direção altamente automatizada já consolidados até a direção sem condutor. Neste último, fala-se em direção automática.[3] A Oitava Lei para Alteração do StVG[4] de 16.06.2017 admite equipamentos técnicos para a condução automática, se a direção puder, em situações de crise, ser devolvida a um condutor humano que esteja obrigado a assumi-la de mão própria (§1 a Abs. 1, Abs. 2 Nr. 3-5 StVG).[5] Nas formas avançadas de automatização, o sistema operacional pode, sob determinadas

---

1. Tradução de Izabele Kasecker, LL.M., doutoranda em Direito Penal na Humboldt Universität zu Berlin.

2. Agradecemos a *Sabine Gless* por nos ter permitido apresentar nossas primeiras reflexões sobre o tema em 23.09.2016 no Workshop "Genügt es, den Dingen ihren Lauf zu lassen?, Intelligenter Verkehr – Rechtsfragen im Kontext", por ela promovido. Agradecemos aos participantes do Workshop pelas inspiradoras discussões.

3. Para a divisão em cinco etapas, consultar: Bundesministerium für Verkehr und digitale Infrastruktur, Bericht der Ethik-Komission "Automatisiertes und vernetztes Fahren", Julho 2017, p. 14 <https://www.bmvi.de/ScharedDocs/DE/Publikationen/G/bericht-der-ethik-komission.html>; *Lange* NZV 2017, 345 (346); *Huonder/Raemy* Strassenverkehr 2016, 46 (49).

4. N. T. StVG = Straßenverkehrsgesetz (Código de Trânsito alemão).

5. BGB1. I, p. 1648; sobre isso *Hilgendorf* KriPolZ 2017, 225 ss.; *Lange* NZV 2017, 345 (347 ss.), aqui também sobre as alterações na Convenção de Viena sobre o Trânsito Viário;

condições (por exemplo, numa rodovia), assumir totalmente a condução do veículo (direção completamente automática), ou prescindir de um motorista humano (direção sem condutor). Vantagens esperadas são a redução expressiva de acidentes,[6] *mais fluidez e consequente economia de tempo e de recursos no fluxo de trânsito, mais conforto para os usuários e, no caso de veículos automatizados, mobilidade para maiores círculos de pessoas.*[7] *Uma prognose segura sobre quando a direção sem condutor será tecnicamente possível não pode ser realizada, mas não se trata, em todo caso, de cenário de ficção científica distante da realidade.*[8] *Veículos autônomos não podem reagir intuitiva ou espontaneamente, sendo, antes, orientados por algoritmos – que devem, por isso, não apenas abranger o uso normal, mas manter disponíveis especificações para casos excepcionais. A questão sobre o modo como veículos autônomos devem se comportar em situações dilemáticas, nas quais não há saída sem que ocorra um acidente, já foi denominada "ponto nevrálgico da direção totalmente automática".*[9] *A necessidade de esclarecimento reside no fato de que também na imprensa diária são tematizadas questões como a de se "deve o computador de bordo de um veículo autônomo, em caso de emergência, conduzir os passageiros à morte?"*[10]

I. Introdução

Em julho de 2017, a Comissão Ética "Direção Automática e Conectada" (adiante: Comissão Ética), instituída pelo Ministro Federal do Transporte e Infraestrutura Digital, apresentou seu relatório.[11] Esse documento apresenta reflexões contra uma abordagem perfunctória relacionada à perda de liberdade e irreversível dependência de sistemas complexos, além de uma pluralidade de problemas que devem ser resolvidos – como estruturas de responsabilidade, segurança de dados e dificuldades de coordenação na fase de transição para a direção autônoma. Concentrar-nos-emos numa pequena parte de grande interesse para a ciência jurídico-penal, que se vincula à questão sobre o modo como veículos autônomos devem ser programados, tendo-se em vista a situação-dilema do tipo vida-contra-vida. Aquele que espera encontrar parâmetros claros e suficiente-

---

conferir também *Lutz* DAR 2016, 55 ss.; para a situação relacionada à Suíça, cf. *Huonder/Raemy* Strassenverkehr 2016, 46 (50 ss.).

6. Sobre a esperada redução de acidentes cf. *Gogoll/Müller* SciEngEthics 2017, 681 (682).

7. Relatório da Comissão Ética (nota 2), p. 15; cf. também *Wohlers* BJM 2016, 113 (115 e ss.).

8. Cf. *Lange* NZV 2017, 345 (346): Produção em série em 10-15 anos; *Sander/Hollering* NstZ 2017, 193 (195) (segundo informações da organização, esperados para 2030); por vezes, é mencionado também o ano de 2020, cg. *Wohlers* BJM 2016, 113 (115 com outras referências na nota 11).

9. *Stelzner* FAZ v. 19.9.2015.

10. Cf. *Gast* NZZ v. 24.6.2016.

11. Cf. nota 2.

mente detalhados no relatório da Comissão Ética irá se desapontar (sobre isso *infra* II.2.). Estamos, tanto antes quanto agora, apenas no início das discussões normativas necessárias.

Assim como outros autores do nosso ramo,[12] iniciaremos com a punibilidade de um condutor humano em situações-dilema diversas (*infra* II.). Com isso, será explorado o repertório de análise disponível na forma de causas justificantes ou de exculpantes. Num segundo momento, será investigado em que medida as fronteiras entre comportamento punível ou impunível aplicável a condutores humanos podem orientar decisões programáticas (*infra* III.-V.). Para fazer referência à conclusão: a dogmática jurídico-penal não pode fornecer resultados facilmente transferíveis. Em primeiro lugar, há constelações em que não existe consenso sequer para casos que versam sobre direção humana. Em segundo lugar, a transformação do olhar individualizante *ex-post* de um ator humano num olhar *ex-ante* de um terceiro que decide e que deve criar normas produziu efeitos significativos nos parâmetros normativos.

II. O tratamento jurídico-penal para condutores humanos[13]

*1. Heroísmo ausente e o homicídio egoísta para salvamento (*egoistische Rettungstötung*)*

(1) Heroísmo ausente (*fehlender Heroismus*): Um motorista dirige em via de sentido único observando as normas de trânsito. Um ciclista se aproxima, violando as regras, em direção contrária à permitida. O motorista não altera o seu curso porque isso só seria possível mediante choque com as barreiras laterais de proteção da via e queda num declive. O ciclista morre em virtude da colisão.

(2) Homicídio egoísta para salvamento: O motorista se encontra em situação de trânsito que coloca sua própria vida em risco. Ele faz uso da única opção de desvio possível, que conduz à morte de um terceiro não envolvido. Exemplo: um pesado caminhão vai de encontro a um carro. Para que não seja esmagado, o motorista do carro dirige seu veículo em marcha à ré, do que resulta a morte de uma criança que ali brincava.

Para estas situações existem soluções que ou são regulamentadas em lei (exemplo 2) ou deduzíveis a partir dos critérios de verificação reconhecidos na dogmática jurídico-penal. Para o exemplo 1, deve-se remeter às reflexões sobre

---

12. *Engländer* ZIS 2016, 608; *Weber* NZV 2016, 249. *Sander/Hollering* NStZ 2017, 193 (201 ss.), por sua vez, partem diretamente da pergunta sobre a punibilidade do fabricante e do dono ou usuário de um veículo completamente automático.

13. Todos os cenários de casos se assentam em simplificações. Presume-se, em relação ao resultado fatal, conhecimento seguro ou dolo eventual. Isso requer que o condutor, de imediato, não apenas compreenda a condição do trânsito, mas também reconheça as consequências de uma manobra evasiva – o que geralmente não ocorrerá na vida real.

imputação objetiva do resultado. Àquele que observou todas as regras de trânsito não deve ser imputado o resultado "morte" causado por um comportamento contrário às normas de trânsito de um terceiro.[14] No exemplo 2, a alteração do curso e consequente atropelamento da vítima consubstanciam um homicídio antijurídico, mas o condutor do veículo age em estado de necessidade exculpante (§ 35 dStGB;[15] Art. 18 schwStGB[16]). Uma razão para a exculpação reside nas significativas distorções cognitivas e emocionais que emergem em situações de pânico. No entanto, o agente seria também exculpado se, sendo um indivíduo incomumente sensato e prudente, não fosse acometido por um déficit decisório decorrente de estresse. Decisivo é que a comunidade jurídica tenha compreensão do dilema existencial originado pela visão da própria morte, e por isso, apesar da antijuridicidade da conduta, renuncie à punição.[17]

2. *Homicídio altruísta para salvamento em situação de estado de necessidade qualitativo referido à vida (*Altruistische Rettungstötung im qualitativen Lebensnotstand*)*

(3) Homicídio altruísta para salvamento: A vida do motorista não está em perigo. No entanto, ele se encontra em situação de trânsito na qual a manutenção do seu curso tiraria a vida de um indivíduo. Há apenas uma possibilidade de desvio. Durante a manobra evasiva, um terceiro não envolvido é morto.

(3a) Uma criança corre subitamente na frente do carro. Frear a tempo não é possível. O motorista julga conveniente salvar a criança, razão pela qual ele realiza o desvio para a pista contrária, colidindo com um motociclista.

Existe consenso no sentido de que o motorista não poderia recorrer ao estado de necessidade justificante. Para isso seria necessária a salvaguarda de interesses "consideravelmente superiores" (§ 34 dStGB) ou "de maior valia" (Art. 17 schwStGB), a ser constatado desde um ponto de vista objetivo – e não segundo as preferências do agente.[18] As dogmáticas penal e constitucional partem do pressuposto de que não se pode efetuar diferenciação de acordo com características

---

14. Sobre a ausência de imputação em relação a comportamento conforme ao dever de cuidado, consultar *Roxin* AT 1, 4. Aufl. 2006, § 11 nm. 55 ss.: NK/*Puppe*, 4. Aufl. 2013, Vorbem. zu §§ 13 ss. nm. 153 ss.

15. N. T. dStGB = deutsches Strafgesetzbuch (Código Penal alemão).

16. N.T. schwStGB = schweizerisches Strafgesetzbuch (Código Penal suíço).

17. Para uma reconstrução da *ratio* do § 35 dStGB fundada em razões *não* psicológicas, *Bernsmann* Entschuldigung durch Notstand, 1989; *Renzikowski* JRE 11 (2003), 269 (276 ss.); *Momsen* Die Zumutbarkeit als Begrenzung strafrechtlicher Pflichten, 2006, 168 ss.; *Zimmermann* Rettungstötungen, 2009, 227 ss.; NK/*Neumann* § 35 nm. 6, 6a; *Hörnle* JuS 2009, 873 (876 ss.).

18. Sobre a necessidade de análise objetiva NK/*Neumann* § 34 nm. 82.

pessoais quando houver situação de vida contra vida[19] – assim também o relatório da Comissão Ética.[20] Recorrendo-se às regras vigentes sobre o estado de necessidade, deve-se rejeitar, por isso, a presença do pressuposto "consideravelmente superior".

Deve-se perquirir se há uma colisão de deveres justificante[21] – então será atribuído ao agente, segundo o entendimento majoritário, a escolha do dever a ser cumprido, sem que se exija a superioridade considerável.[22] Na literatura, defende-se ocasionalmente que a afirmação da antijuridicidade é inadequada quando o agente não dispõe de alternativa, senão a de violar um dentre dois deveres de abstenção.[23] Segundo essa perspectiva, poderia a conduta do motorista estar justificada. O entendimento majoritário limita a colisão de deveres justificante aos casos nos quais apenas um dentre dois deveres de salvamento (por exemplo retirar duas pessoas de uma casa em incêndio) pode ser cumprido, excluindo as hipóteses nas quais uma ação se contrapõe a uma omissão.[24] A referência ao critério da "ação ou omissão" não é, por si, convincente. Em primeiro lugar, diferenciações descritivo-fenomenológicas acabam frequentemente em delimitações questionáveis. Enquanto, por exemplo, um automóvel mais antigo não é estável, devendo o motorista conduzi-lo ativamente, em outros veículos é possível que o prosseguimento do curso se concretize sem que haja acionamento muscular. A antijuridicidade de uma manobra evasiva não deveria depender de circunstâncias técnicas. Em segundo lugar, não é evidente que uma diferenciação naturalística entre ação e omissão conduza à conclusão de que a segunda tem sempre peso infe-

---

19. *Küper* Grund- und Grenzfragen der rechtfertigenden Pflichtenkollision im Strafrecht, 1979, 60; *Zimmermann* (nota 16) 34 ss.; *Sinn* NStZ 2004, 585 (586); *Dreier* JZ 2007, 261 (263); *Engländer* ZIS 2016, 608 (609); *Sander/Hollering*, NStZ 2017, 193 (202); *Roxin* AT I § 16 nm. 33; *Kühl* AT, 8. Aufl. 2017, § 8 nm 114; MK/*Erb*, 3. Aufl. 2017, § 34 nm. 117; *NK/* Neumann § 34 nm. 74; nesse sentido sob a perspectiva suíça *Seelmann/Geth* StrafR AT, 6. Aufl., Basel 2016, nm. 176; *Seelmann*, in: Niggli/Wiprächtiger (Hrsg.), Basler Kommentar Strafrecht, Band I, 3. Aufl., Basel 2013, Art. 17 nm. 12; *Stratenwerth*, Schweizerisches Strafrecht AT/I, 4. Aufl., Bern 2011, § 10 nm. 45.

20. Nota 2 (11).

21. Cf. *Wohlers* BJM 2016, 113 (134).

22. *Küper* (nota 18) 19 ss.; *Zimmermann* (nota 16) 147 ss.; *Roxin* AT I § 16 nm. 118; *Kühl* AT § 18 nm. 137; LK/*Rönnau*, 12. Aufl. 2006, Vor § 32 nm. 119; MK/*Erb* § 34 Rn. 41; para outra perspectiva NK/*Paeffgen* Vorbem. zu den §§ 32 ss. nm. 171.

23. *Hruschka* JZ 1984, 240 (242); *Weigend* ZIS 2017, 599 (603); Schönke/Schröder/*Lenckner/Sternberg-Lieben*, 29. Aufl. 2014, Vorbem. §§ 32 ss. nm. 76; *Otto* GK Strafrecht AT, 7. Aufl. 2004, § 8 nm. 198 ss.

24. *Küper* (nota 18) 31 ss.; *Neumann* FS Roxin, 2001, 421 (426 ss.); *Sinn* NStZ 2004, 585 (586); *Merkel* JZ 2007, 373 (381); *Joerden* in: Hilgendorf (Hrsg.), Autonome Systeme und Mobilität, 2017, 73 (91 ss.); *Roxin* AT I § 16 nm. 117; MK/*Erb* § 34 nm. 40; LK/*Rönnau* Vor § 32 nm. 119; *Jäger* ZStW 115 (2003), 765 ss.; em relação ao direito suíço, cf. também *Stratenwerth* AT/I (nota 18) § 14 nm. 51.

rior em relação à primeira.[25] No fim das contas, parece correto que, partindo-se do direito vigente, o âmbito de aplicação da colisão de deveres justificante deve ser compreendido restritivamente. Isso porque a regulamentação legal do estado de necessidade justificante estaria comprometida caso o homicídio de um terceiro que não se encontrava em perigo fosse justificado sob o manto de uma "colisão de deveres".[26] A exigência do § 34 dStGB de que o interesse protegido predomine "significativamente" decorre do fato de que os cidadãos têm um dever recíproco de solidariedade de abrangência muito limitada.[27] Quem, na condição de terceiro, deve sacrificar seus bens em virtude do denominado estado de necessidade agressivo pode recorrer à ideia de que ninguém é obrigado a sacrificar a sua vida por solidariedade.[28] As regras sobre o estado de necessidade agressivo evidenciam a perspectiva da vítima e dos direitos de defesa contra uma utilização inadequada para salvamento alheio. Assim, o direito vigente exige do motorista a omissão em relação a manobras evasivas e ao atropelamento da criança, embora qualquer um que se coloque na posição do condutor possa compreender imediatamente o seu dilema.

Para os casos de veículos sob condução humana há uma outra solução: a exculpação do motorista. Na Alemanha, o estado de necessidade exculpante, previsto no § 35 StGB, exige que o salvamento seja direcionado a uma pessoa próxima do agente – o que falta no exemplo 3a.[29] Segundo a nossa perspectiva,[30] o condutor poderia recorrer a um estado de necessidade exculpante supralegal. Isso por diversas razões. Em primeiro lugar, as circunstâncias psicológicas também exercem aqui uma função. Caso o motorista alegue que estava em estado de choque e que, em virtude da necessidade de reação imediata, não conseguiu ter pensamentos coerentes, pode-se a ele conceder a exculpação supralegal, com supedâneo nos §§ 33, 35 StGB. Em segundo lugar, a tragédia da situação para o condutor, que, entre dois deveres, é *obrigado* a violar um, é imediatamente compreensível por qualquer pessoa. Uma vez que a perspectiva da vítima (do motociclista, portanto) é decisiva para análise jurídico-penal sobre a antijuridicidade, deve-se equilibrá-la a partir da consideração, no âmbito da exculpação, da

---

25. *Jakobs* Die strafrechtliche Zurechnung von Tun und Unterlassen, 1996; NK/*Paeffgen* Vorbem. Zu den §§ 32 ss. nm. 171; *Neumann* FS Roxin, 421 (425).

26. *Küper* (nota 18) 33; *Neumann* FS Roxin 421 (426 ss.); *Zimmermann* (nota 16) 126 ss.

27. Sobre deveres de solidariedade consultar *Renzikowski* Notstand und Notwehr, 1994, 188 ss.; *Coninx* Das Solidaritätsprinzip im Lebensnotstand, 2012, 13 ss.; *Englander* GA 2017, 242 (247 ss.); NK/*Neumann* § 34 nm. 9.

28. NK/*Neumann* § 34 nm. 87; *Merkel* JZ 2007, 373 (381 ss.).

29. O direito suíço não prevê (mais) expressamente a limitação a pessoas próximas; é controverso se a vinculação do agente com a pessoa ameaçada está abrangida pelo elemento da inexigibilidade – nesse caso, a inexigibilidade de entregar o bem ameaçado (assim *Frischknecht* recht 2008, 186 (189 ss.); *Stratenwerth* AT/I (nota 18), § 11 nm. 75 ss.; outra perspectiva em *Coninx* ZStR 2013, 113 (135 ss.): não importa a relação próxima institucionalizada, mas sim a do caso concreto.

30. *Wohlers* BJM 2016, 113 (133).

perspectiva do agente.[31] Em terceiro lugar, o estado de necessidade exculpante supralegal também pode ser reconhecido quando o condutor fundamenta a sua decisão alegando que partiu de uma regra moral geral de que "crianças devem ser salvas". Havendo incompatibilidade entre deveres jurídicos e concepções morais individuais, pode-se conceder uma exculpação[32] – sob determinadas condições, ou seja, quando a avaliação do agente for concebida como aceitável na comunidade jurídica. Uma preferência pelo salvamento da criança pode ser aceita pela comunidade jurídica (seria diferente se houvesse preferência etnicamente motivada).

(3b) A pessoa morta pela manobra evasiva causou, violando um dever, a situação-dilema: "O" atingiu um outro indivíduo na rua; a manobra evasiva do condutor mata "O".

Aqui o condutor não faz diferenciações segundo circunstâncias pessoais, mas sim segundo um *comportamento ilegal prévio*. Mas seria isso suficiente para justificar a conduta do motorista? Deve-se, com razão, responder afirmativamente a essa pergunta.[33] A diferença entre um estado de necessidade agressivo, que atinge um terceiro, e o homicídio para salvamento, que atinge aquele que criou o perigo, não é gradual, mas categorial (*kategorialer Unterschied*).[34] Sob essa condição, não importa mais a reivindicação da solidariedade mínima devida a todos os cidadãos, mas a responsabilidade pelo perigo. Em todo caso, na hipótese de uma relevante responsabilidade pelo comportamento prévio (dolosa, mas também na de criação culposa grave do risco) deve a objeção "eu não tenho que sacrificar minha vida" de "O" ser rejeitada. Por isso pode ser permitido ao motorista que resolva o dilema em desfavor daquele que agiu de forma a violar o seu dever.[35]

3. *O homicídio altruísta para salvamento no estado de necessidade quantitativo*

(4) Homicídio altruísta para salvamento segundo a análise quantitativa: há duas opções – prosseguir ou alterar o curso. Em ambos os casos, haverá colisão

---

31. Sobre a necessidade de reflexão sobre situações-dilema a partir de diferentes pontos de vista, cf. *Hörnle* FS Herzberg, 2008, 555 (559). A acusação de que seria absurdo partir do pressuposto de que a justificação é impossível, aceitando-se, no entanto, a exculpação (cf. *Spendel* FS Engisch, 1969, 509, 518), é apenas acessória, uma vez que, no âmbito da exculpação, trata-se de considerar a situação individual do agente.

32. Sobre isso *Neumann* FS Roxin, 421 (438); *Hörnle* FS Herzberg, 555 (572 ss.). Outra perspectiva em *Jakobs* FS Krey, 2010, 207 ss.

33. *Renzikowski* (nota 26) 268; *Zimmermann* (nota 16) 168 ss.; *Engländer* ZIS 2016, 608 (610 ss.); *Weigend* ZIS 2017, 599 (602); *Roxin* AT I § 16 nm. 78; NK/*Neumann* § 34 nm. 87; outra perspectiva em Schönke/Schröder/*Perron* § 34 nm. 24.

34. *Renzikowski* (nota 26) 243 ss.; *Engländer* GA 2017, 242 (252 ss.); NK/*Neumann* § 34 nm. 86 ss.

35. É controverso se o resultado "justificação" deve ser obtido recorrendo-se ao § 34 dStGB ou a uma aplicação análoga do § 228 BGB. Sobre isso, cf. NK/*Neumann* § 34 nm. 86.

com consequência fatal para outros indivíduos que se encontram no trânsito. O condutor não efetua o desvio, a fim de manter o número de vítimas reduzido.

(4a) Uma pluralidade de pessoas está deitada sobre a rua em virtude de um acidente na via. O condutor faz um desvio, em detrimento do motociclista que se aproxima.

Segundo o entendimento majoritário, o homicídio de um terceiro não envolvido, a pretexto de que só assim haveria salvamento de um determinado número de indivíduos, não pode ser justificado com fundamento no § 34 dStGB, tampouco no Art. 17 schwStGB.[36] O relatório da Comissão Ética reafirma a proibição de compensação quantitativa.[37] No entanto, isso não é, evidentemente, uma vedação à compensação. Isso vale não apenas com relação ao § 34 dStGB, que permitiria que se partisse de um "interesse superior" na hipótese de salvamento de uma pluralidade de indivíduos,[38] como também em consideração às classificações que se ocultam por trás dele. No âmbito dos falantes da língua alemã, as discussões estão relacionadas ao "caso do controlador de trilhos" ("*Weichensteller-Fall*");[39] nos debates em inglês, ao "caso do bonde" ("*Trolley-Case*").[40] Na filosofia moral anglo-americana, dissemina-se a perspectiva de que a vitimização de poucos para o salvamento de muitos seria permitida.[41] Divergências de compreensão podem ser esclarecidas pelo fato de que o dilema vida-contra-vida pode ser analisado a partir de diferentes perspectivas. *Um* possível ponto de vista é o de um observador distante, afastado igualmente de todos os envolvidos, que pode ser descrito como "perspectiva de um pássaro" (*Vogelperspektive*) ou "exterior ao mundo" (*außerhalb der Welt*) – esse é o posicionamento utilitarista. Sob essa ótica, o resultado do balanço é determinante.

---

36. BGHSt 35, 347 (350); *Roxin* AT I § 16 nm. 34; *Roxin* ZIS 2011, 552 (553 ss.); *Jerouschek* FS Schreiber, 2003, 185 (192); *Jäger* ZStW 115 (2003), 765 (778); *Sinn* NStZ 2004, 585 (588); *Köhler* FS Schroeder, 2006, 257 (259); *Mitsch* FS Weber, 2004, 49 (66); *Mitsch* GA 2006, 11 (23); *Dreier* JZ 2007, 261 (264 ss.); *Sanderl/Hollering* NStZ 2017, 193 (202); *Kühl* AT § 8 nm. 114; LK/*Zieschang* § 34 nm. 65; MK/*Erb* § 34 nm. 118; NK/*Neumann* § 34 nm. 74; sobre o direito penal suíço cf. *Stratenwerth* AT/I (nota 18) § 10 N 45; *Trechsel/Noll/Pieth* Schweizerisches Strafrecht Allgemeiner Teil I, 7. Aufl., Zürich 2017, 117; outra visão em *Delonge* Die Interessenabwägung nach § 34 StGB und ihr Verhältnis zu den übrigen strafrechtlichen Rechtfertigungsgründen, 1988, 118 ss.

37. (Nota 2) 11, 18.

38. *Zimmermann* (nota 16) 36 ss.

39. *Engisch* Untersuchungen über Vorsatz und Fahrlässigkeit, 1930, 288; *Welzel* ZStW 63 (1951), 47 (51); cf. também *Kohlers* Archiv für Rechts- und Wirtschaftsphilosophie 8 (1915), 411 (431 ss.).

40. *Foot* in: dies. Virtues and Vices and Other Essays in Moral Philosophy, 2002 (primeira publicação do artigo em 1967), 19, 23; *Thomson* 94 Yale Law Journal (1985), 1395 ss.

41. V. p. ex. *Foot* (nota 39) 23; *Greene* Moral Tribes, 2013, 113 ss.; uma pesquisa entre professores de filosofia nos países de língua inglesa revelou que, em relação aos casos de Trolley, a maior parte era favorável ao giro da chave (*Umlegung des Schalters*), sendo apenas 8% a ela *desfavorável*, *Bourget/Chalmers* Philosophical Studies 170 (2014), 465 (477).

Fala-se comparativamente menos sobre uma segunda possível perspectiva: nela, o agente ocupa lugar central, e o sujeito que analisa a situação deve se colocar na posição do agente. Sob esse ponto de vista, há uma significativa diferença entre os exemplos 4a (*supra*) bem como 4b (*infra*) e o caso do controlador de trilhos (*Weichensteller*). Neste último, exige o entendimento majoritário apenas uma passividade distante: a pessoa que tem um afastamento físico em relação ao fato não deve virar a chave. No nosso caso, a situação e a exigência são fundamentalmente outras para o condutor. Dele exige o entendimento majoritário um comportamento que estivesse vinculado a uma destrutividade máxima e a uma experiência imediata de violência física (*physischer Gewalt*). É verdade que a manobra evasiva provoca um acidente com consequências fatais. Mas a superação psíquica do acontecimento trágico poderia ser mais simples se, ao invés de causar o maior massacre possível, tivesse feito, em todo caso, o humanamente possível, a fim de manter o número de vítimas reduzido.

O terceiro ponto de vista, ancorado na potencial vítima, concentra-se no direito de defesa que esse indivíduo possui contra uma ameaça de intervenção. Terceiros não envolvidos podem alegar que o sacrifício da própria vida não pode ser objeto de um dever de solidariedade (como já mencionado acima no exemplo 3a). Sob a perspectiva alemã, o ponto de vista da vítima prevalece sobre o neutro-distante,[42] também porque isso, ao ser visto como delimitação em relação ao regime injusto nacional-socialista, tem relevância central para a nossa compreensão de Estado.[43] No relatório da Comissão Ética, enfatiza-se que "o indivíduo seria visto como sacrossanto".[44] A utilização de um conceito de matriz religiosa revela o quão profundamente a perspectiva da vítima está ancorada num fundamento estatal-religioso.[45]

No entanto, é inapropriado que se mitigue o drama de situações-dilema identificando a perspectiva de análise predominante como indubitavelmente a única correta. Não há espaço para justiceiros morais quando se sensibiliza para o fato de que esse esforço, em primeiro lugar, está vinculado ao preço do *não* salvamento de um grande número de vidas e, em segundo lugar, demonstra pouca compreensão sobre qual imposição isso representaria para o condutor. Diante desse panorama, deveria o motorista, em todo caso, ser exculpado, porquanto agiu em estado de

---

42. *Höfling/Augsberg* JZ 2005, 1080 (1082); *Merkel* JZ 2007, 373 (381 ss.); cf., ainda, as referências contidas na nota 35.

43. Sobre isso *Wilenmann* ZStW 127 (2015), 888 (897, 905 ss.); *Hilgendorf* in: Hilgendorf (Hrsg.), Autonome Systeme und neue Mobilität, 2017, 143, 152.

44. (Nota 2) 18.

45. O BVerfG apoiou sua decisão sobre o § 14 Abs. 3 LuftSiG, como se sabe, no Art. 1 Abs. 1 GG, deixando a apreciação jurídico-penal em aberto, BVerfGE 115, 118 (157).

necessidade exculpante,[46] embora se deva mencionar que também essa solução é controvertida.[47]

(4b) Uma pluralidade de pessoas está deitada sobre a rua, todos seriam atingidos se o percurso permanecesse inalterado. O condutor não consegue desviar do grupo de pessoas, tampouco frear, restando-lhe apenas escolher entre virar à direita ou à esquerda para ao menos evitar que todos sejam atropelados. Ele vira à esquerda e atropela apenas uma pessoa.

Na Alemanha, o entendimento majoritário postula uma proibição de compensação ainda que haja uma "comunidade de perigo" (*Gefahrengemeinschaft*): quando a ação não afeta um terceiro não envolvido, mas uma vítima que teria morrido ainda que a ação não tivesse sido praticada.[48] Um atestado de comportamento conforme ao direito seria concedido ao condutor, no exemplo 4b, apenas se dirigisse o veículo para o meio do grupo que se encontra na rua. Concebemos esse resultado como *absurdo*. Como já mencionado (*supra* II.2.), não há fundamento suficiente para que se aluda a uma (pretensa) distinção entre ação e omissão. Todos os possíveis pontos de vista conduzem à conclusão de que o desvio *tem de* ser classificado como ação justificada pelo estado de necessidade. Isso vale não apenas para a perspectiva distante do utilitarismo – para a qual a sobrevivência do maior número de pessoas é determinante –, mas *também* quando a situação do condutor é focalizada. Desde a perspectiva do agente, isso é ainda menos compreensível e psiquicamente oneroso do que no exemplo 4a, quando se exige que o condutor, em vez de realizar uma manobra evasiva ínfima

---

46. Nesse sentido *Zimmermann* (nota 16) 286 ss; *Hörnle* FS Herzberg, 555 (572 ss); Schönke/Schröder/Lenckner/*Sternberg-Lieben* Vorbem. §§ 32 ss. nm. 117a; LK/*Rönnau* Vor § 32 nm. 346; *Kühl* AT § 12 nm. 104.

47. Contra uma exculpação: BGH NJW 1953, 513 (514); *Stübinger* Notwehr-Folter und Notstands-Tötung?, 2015, 385 ss.; *Jäger* ZStW 115 (2003), 763 (785 ss.), que defende, no entanto, a exclusão supralegal da responsabilidade; *Mitsch* GA 2006, 11 (13); *Jakobs* FS Krey, 207 ss.; *Jakobs* AT, 2. Aufl. 1991, 20/42; *Roxin* AT I § 22 nm. 162; MK/*Schlehofer*, 3. Aufl. 2017, Vorbem. Zu § 32 nm. 299 ss.

48. Contra uma justificação nos casos de comunidade de perigo (*Gefahrengemeinschaft*) BGH NJW 1953, 513 (514); *Küper* (nota 18) 57 ss.; *Archangelskij*, Das Problem des Lebensnotstandes am Beispiel des Abschusses eines von Terroristen entführten Flugzeuges, 2005, 67; *Stübinger* (nota 46) 349 ss.; *Jerouscheck* FS Schreiber, 185 (193); *Jäger* ZStW 115 (2003), 765 (784); *Dreier* JZ 2007, 261 (266); *Roxin* AR I § 16 nm. 39; Schönke/Schröder/Lenckner/*Perron* § 34 nm. 24; MK/*Schlehofer* Vorbem. Zu § 32 nm. 296. *A favor* de uma justificação, *Otto* Pflichtenkollision und Rechtswidrigkeitsurteil, 3. Aufl. 1978, 108 ss.; *Hirsch* FS Küper, 2007, 149 (161 ss.); *Zimmermann* (nota 16) 340 ss.; *Coninx* (nota 26) 123 ss.; *Ladiges* Die Bekämpfung nicht-staatlicher Angreifer im Luftraum, 2. Aufl. 2013, 474 ss.; *Ladiges* ZIS 2008, 129 (137); MK/*Erb* § 34 nm. 120 pretende criar uma exceção na hipótese de desigual distribuição das chances de salvamento, o que não auxilia aqui (tanto aqueles que estivessem à direita quanto aqueles que estivessem à esquerda poderiam, no nosso exemplo, ser salvos). Uma distinção entre chances de salvamento simétricas ou assimétricas não seria convincente no nosso exemplo: para uma análise normativa não importa se havia espaço para desvio à direita ou à esquerda ou se havia, por exemplo, um muro à direita.

e natural, siga obstinadamente em frente e provoque um massacre significativo. É importante observar, aqui, que a perspectiva da vítima, decisiva para a análise do § 34 StGB, não impede que haja uma justificação. Não serão impostos deveres de solidariedade não razoáveis à vítima concreta. A situação é fundamentalmente diversa daquela delineada do exemplo 4a, na qual o motociclista que não se encontrava em perigo foi morto pela ação do condutor. No exemplo 4b, a vítima seria de qualquer maneira e *sem demora* atingida pelo veículo. Sob essa condição, não se exige o sacrifício de qualquer coisa, nem mesmo de uma vida útil temporalmente limitada.

Aquele que rejeita uma justificação nos termos do § 34 StGB a partir da referência a uma proibição de compensação se orienta não mais pelo interesse humano, mas por um princípio abstrato que, no que tange à questão referente ao perigo coletivo aqui abordada, não pode ser fundamentado racionalmente. Ponderações efetuadas no âmbito das ciências jurídico-penais contra a justificação não são convincentes. Nesse sentido, remete *Roxin* a uma insegurança em relação às prognoses,[49] utilizando um argumento *slippery slope*: caso se permita que, em situação de acidente, se reduza arbitrariamente o tempo de vida alheio, ameaçar-se-ia a vida de moribundos que ainda tivessem dias ou meses de vida.[50] No entanto, tais reflexões subestimam grosseiramente o potencial diferenciador existente. Prognoses inseguras são relevantes em casos de sequestro de aviões.[51] Entretanto, quando todos os homens que se encontram na rua seriam seguramente atropelados, como no exemplo 4b, em questão de segundos ou milésimos de segundos, *esse* deve ser o cenário em foco – e não se deve postular uma proibição argumentativa fazendo-se remissões a casos análogos.

III. Programação de veículos autônomos

1. Existe a opção de não se preocupar com situações-dilema?

Políticos que se preocupam com o relevante tema da direção automatizada, tão importante para o futuro econômico da indústria automobilística alemã, são tomados ocasionalmente pela esperança de que não seja necessário se ocupar com complexas situações-dilema. Afinal, a preocupação deve ser no sentido de que tais situações não mais emerjam num universo de transporte conectado e automatizado.[52] Quando se tem em mente os problemas prementes a serem resolvidos considerando-se, por exemplo, questões referentes à proteção e segurança de dados, compreende-se que um ou outro profissional possa tender a classificar a

---

49. Assim também *Küper* (nota 18) 62 ss.

50. *Roxin* AT § 16 nm. 39 ss. Contra argumentos do tipo "ladeira escorregadia" (*slippery slope*), justificadamente *Ladiges* (nota 47) 387 ss., 466 ss.

51. Comparar BVerfGE 115, 118 (154 ss.); no entanto, cf. também *Jerouschek* FS Schreiber, 185 (194): nós cuidamos de não contar com milagres.

52. Nesse sentido *Lange* NZV 2017, 345 (352).

discussão de casos dilemáticos como um jogo de bolas de gude (*Glasperlenspiel*) para filósofos e teóricos do direito penal. Em última análise, situações de vida contra vida são, mesmo nas atuais condições de trânsito, muito raras, e a expectativa de que a direção automatizada torne o tráfego ainda mais seguro conduziria à ideia de que se pudesse afastar a remota possibilidade de tais infortúnios, em vez de se afligir com controvérsias éticas.

Periodicamente, os representantes das disciplinas de filosofia e teologia manifestam inquietações acerca da programação de decisões em hipóteses de vida-contra-vida. Em determinado ponto do relatório da Comissão Ética, afirma-se que seria problemático se, em circunstâncias existenciais, indivíduos fossem heterodeterminados (*fremdbestimmt*).[53] Vendo-se as coisas dessa forma, o desenvolvimento de veículos autônomos deveria ser interrompido – pois o veículo deve, de alguma forma, reagir em situações de perigo, e isso será normalmente, do ponto de vista do passageiro, heterodeterminado, considerando-se que não tem ele como influenciar na reação do veículo. No entanto, esse cenário não é totalmente novo. Aquele que recorre ao serviço de condução humana de taxi, ônibus ou aeronave não consegue solucionar eventuais dilemas sozinho. Condutores humanos decidem de forma heterogênea e caótica (poder-se-ia, por isso, diante da estandardização, lamentar o empobrecimento do repertório moral), mas para o cliente afetado não há uma maior autodeterminação.

Ao fabricante de veículos autônomos não se poderia recomendar que procedesse de forma pragmático-ignorante. Em primeiro lugar, não existe a opção de recuo, na programação, a um "não decidir". Isso é possível apenas em conduções altamente automatizadas, nas quais a responsabilidade pode ser transferida a um usuário humano do veículo. Além disso, o curso do veículo também pode ser remetido ao âmbito decisório do programador quando ele não tiver previsto regras especiais para situações-dilema.[54] Em segundo lugar, a esperança de que se pudesse excluir, com uma probabilidade muito próxima da certeza, a hipótese de ocorrência de tais infortúnios seria quase plausível, ao menos nos casos de direção totalmente automatizada em estradas fechadas (embora também aí se pudesse prever problemas técnicos e falhas de sistema[55]). Em relação a percursos em estradas vicinais rurais e em cidades, deve-se contar com fenômenos naturais e comportamentos humanos ilegais ou irracionais. Em terceiro lugar, o fato de já haver vigorosas discussões sobre situações-dilema enquanto desafio da condução autônoma e totalmente automatizada faz com que não haja mais estratégias promissoras para a interrupção do debate. Se, após a introdução no mercado,

53. (Nota 2) 16.

54. Cf. *Hilgendorf* in: Hilgendorf/Hötitzisch (Hrsg.), Das Recht vor den Herausforderungen der modernen Technik, 2015, 11 (22); *Gogoll/Müller* SciEngEthics 2017, 681 (686).

55. *Lin* in: Maurer u.a. (Hrsg.), Autonomous Driving. Technical, Legal and Social Aspects, 2015, 69 (71); *Gogoll/Müller* SciEngEthics 2017, 681 (682); *Sander/Hollering* NStZ 2017, 193 ss.

ocorresse um acidente análogo, haveria significativa comoção pública.[56] Não há que se supor que a alegação de que "nunca se refletiu amplamente sobre isso" seria vantajosa para um processo judicial.

2. *Especificações funcionais pela Comissão Ética?*

As especificações da Comissão Ética em relação ao dilema de vida-contra-vida carecem de nitidez. No capítulo "regras éticas", sobretudo a tese número 9 é relevante para o nosso tema. Ali, há duas declarações explícitas: não se pode realizar diferenciações (vedação à diferenciação segundo características pessoais idade, gênero, constituição física ou psíquica) e o número de vítimas não pode ser compensado (vedação à compensação).[57] Além da vedação à diferenciação e à compensação, há nessa seção ainda duas outras asserções: "Uma programação genérica para redução do número de danos pessoais pode ser defensável. Aqueles que participam da geração dos riscos de mobilidade não podem sacrificar terceiros." Esse entendimento não é injustificado (cf. *infra* IV, regra de preferência n. 3).

No texto que será sucintamente abordado há muito de obscuro. Eis a frase que é um convite a desentendimentos: "Ela [a Comissão Ética] qualifica o homicídio ou a lesão grave provocados por sistemas de veículos autônomos invariavelmente como injustos."[58] Isso soa como um severo veredito, que poderia ser entendido como uma proibição ao desenvolvimento de sistemas de veículos autônomos, uma vez que não se pode escapar de um injusto: afinal, é próprio da definição do dilema vida-contra-vida que o veículo mate *um* dos envolvidos. Não é isso, no entanto, o que se quer dizer. A enfática afirmação de dogmas alemães na página 18 do relatório é sucedida por um giro pragmático, na página 19. Ali se encontram esforços no sentido de não obstruir a produção de veículos autônomos e totalmente automatizados. As seguintes reflexões podem ser feitas: a classificação de uma morte como "injusto"[59] não implica que esse injusto não deveria ter ocorrido. A partir de uma comparação com *airbags*, acrescenta-se:

> "A morte causada por um *airbag* defeituoso permanece injusta; no entanto, o fabricante não será responsabilizado se tiver executado todas as medidas exigíveis para reduzir essa espécie de perigo. A instalação de sistemas automáticos é, portanto, admissível e não conduz a riscos de responsabilização excepcionais, se os fabricantes fizerem tudo o que puderem para tornar o

---

56. Manifestações sobre regras de preferência atribuídas à indústria automobilística conduzem, já nos dias de hoje, a excitantes debates, cf. *Müller-Jungau* Ein moralischer Elchtest, FAZ v. 18.10.2016.

57. (Nota 2) 11.

58. (Nota 2) 18.

59. As aspas estão assim presentes no relatório: *supra*, nota 2, 19.

> sistema tão seguro quanto possível e especialmente para minimizar o risco de danos pessoais."[60]

Traduzido para uma diretriz destinada aos fabricantes e acessível ao público geral:

> "Vocês não devem se preocupar com a programação de situações-dilema. Se o veículo autônomo matar, nós o denominaremos sempre como 'injusto' – no entanto, não haverá consequências, desde que os veículos atendam, no momento da sua introdução no mercado, às exigências técnicas viáveis estabelecidas em padrões de segurança."

A esse respeito, deve-se de saída notar que a comparação com *airbags* é deficiente. A falha de um *airbag* é, como o nome sugere, um evento não planejado pelo fabricante, assim como o rompimento de um freio antigo ou a falha de outras peças de um veículo. A programação prévia do comportamento de condução implica, no entanto, uma decisão consciente do fabricante, e também a escolha, na programação prévia, de que renunciar a uma opção A representa uma decisão consciente em favor de uma alternativa B. Em segundo lugar: é irônico que dos padrões éticos *especialmente exigentes* contidos na página 18 do relatório resulte que "uma vez que *tudo* é injusto, os fabricantes podem se furtar a essas questões e se concentrar em aspectos técnicos".

O caminho que julgamos mais adequado é outro. Situações-dilema não devem ser evitadas. Deve-se refletir sobre regras de preferência a partir das quais situações de conflito previstas sejam, na medida do possível, solucionadas. Considerando-se as questões complexas e controversas, não se poderá ter uma pretensão exagerada de exatidão. Um perfeccionismo ético não seria adequado, uma vez que – como se demonstrará adiante – se pode discutir justificadamente sobre diversas questões. No entanto, deve-se exigir que uma programação se assente sobre uma certa concepção e sobre algumas regras de preferência. *Se* esse for o caso, *então* a figura jurídica do "risco permitido" pode operar em favor do fabricante, do que resulta que, na hipótese de um acidente configurado numa situação-dilema, a morte de um dos envolvidos não lhe será imputada.[61] Ao mesmo tempo, na ciência do direito penal e na filosofia moral dever-se-ia investir no debate sobre em que medida os desenvolvimentos técnicos consistem em razão não apenas para se testarem opiniões majoritárias, mas também para revisá-las a partir de ponderações renovadas.[62] Sob a perspectiva das disciplinas normativas, é fascinante a

---

60. (Nota 2) 19.

61. Genericamente sobre o que deve ser compreendido como risco permitido em relação a novas técnicas e em que medida grandes benefícios para a sociedade em geral podem ocultar inseguranças, *Gless/Janal* JR 2016, 561 (564 ss., 573); *Gless/Weigend* ZStW 126 (2014), 561 (583 ss.).

62. *Wohlers* BJM 2016, 113 (136).

nova discussão suscitada acerca de dilemas vida-contra-vida, porquanto oferece uma razão para que se reflita sobre opiniões já radicadas.[63]

3. Nosso cenário: ônibus sem motorista em movimento

Na análise de situações-dilema realizada por cientistas do direito penal, o veículo individual totalmente automatizado esteve até agora em primeiro plano. Nesse caso, há também uma pessoa que se senta, enquanto usuário, por trás do volante e decide individualmente sobre início e fim do percurso.[64] Um tal usuário é por vezes equivocadamente denominado "condutor".[65] A alteração da análise impulsionada pela nova técnica é evidenciada quando se concentra em veículos autônomos, nos quais não há mais um indivíduo que se poderia qualificar, desde um ponto de vista perfunctório, como "quase condutor". Suporemos, nos exemplos abordados no ponto IV., que se trate de um veículo autônomo que transporte passageiros alternantes. Cenários como esse são perfeitamente reais: a partir de 2018, devem circular vans em áreas relativamente protegidas (no campus de uma clínica) em Berlim[66] e no centro de Sião (Valais), na Suíça, ônibus de correio (*Postbus*) sem condutor trafegam em vias públicas, desde 2016, a título de teste.[67]

4. O que se altera na transição para a condução sem motorista?

No presente trabalho, não nos fixamos na questão de como – eventualmente *ex post*, após o acidente de um ônibus autônomo circulante – deveria ser aferida a punibilidade dos responsáveis pela empresa de trânsito e do fabricante. Na verdade, em primeiro plano está a perspectiva *ex ante* de um profissional que deseja saber como deveria ocorrer a programação em relação a situações similares àquelas descritas acima na parte II.

Decisões referentes à programação consistem em grandes desafios – não apenas em razão da profundidade dos debates éticos, mas sobretudo em virtude da identificação da situação inicial e dos prognósticos de prejuízo. Uma questão relevante será se sensores e processamento de informações compreendem, de forma tão confiável quanto condutores humanos (ainda quando apresentados diversos déficits), o meio no qual o veículo se encontra – isto é: se poderão distinguir com

---

63. *Hilgendorf* (nota 53) 34 fala sobre a função crítica de visões técnicas.

64. Para reflexões sobre a punibilidade do usuário do veículo cf. *Weber* NZV 2016, 249 (251 ss.); *Engländer* ZIS 2016, 608 (611 ss.); *Sander/Hollering* NStZ 2017, 193 (203).

65. *Weber* NZV 2016, 249 – isso é aplicável apenas à "direção parcialmente automatizada", mas não a um veículo denominado explicitamente por *Weber* como "autônomo".

66. Relato no jornal Berliner Zeitung v. 31.7.2017.

67. "O ônibus é realmente também o condutor" NZZ Online v. 17.12.2015, consultável em <https://www.nzz.ch/schweiz/der-bus-ist-tatsaechlich-auch-der-fahrer-1.18664815> (acesso em 23.10.2017).

segurança uma frágil parede de madeira e um muro de concreto.[68] Para decisões de preferência é também importante aferir se há de fato "vida contra vida" ou talvez apenas "vida contra lesão". A suposição de uma morte certa deveria ser substituída por cálculos probabilísticos, assumindo-se a existência de doses de incerteza – o que tornaria programações *ex ante* muito mais complexas. Não apenas a probabilidade de colisão teria de ser calculada, como também se deveria determinar quão provável e, se for o caso, em relação a qual dos envolvidos seria um resultado fatal. Sobretudo para a segunda questão, poderiam faltar informações relevantes (*v.g.* o estado dos equipamentos de segurança de outro veículo). Considerando que nossa preocupação se dirige a apreciações normativas, temos de deixar de lado esses pontos de vista.

Até o momento, os cientistas do direito penal se ocuparam das especificações para a programação, tendendo a aplicar os mesmos limites do permitido para o caso do condutor humano ou do usuário do veículo.[69] Nós, entretanto, partimos do pressuposto de que, na programação de veículos autônomos, *não* se pode decidir sobre regras de preferência dessa forma relativamente simples. Para as nossas reflexões, é de fundamental relevância que *as avaliações sejam significativamente alteradas por meio da mudança do cenário da decisão para o momento da programação.*

(a) Na dogmática jurídico-penal, atribui-se importância à distinção entre ação e omissão na análise da colisão de deveres.[70] A ideia de que é preferível "deixar o destino seguir seu rumo" a "brincar com o destino"[71] só pode ser reconstruída quando se penetra psicologicamente no estado de consciência do ator humano. Descrever uma situação desafiadora de dimensões existenciais como "obra do acaso" e justificar seu comportamento passivo com "apenas largar as coisas à sua própria sorte" se aproximam dessa compreensão subjetiva. Considerando que análises jurídico-penais contemporâneas se fundam, em diversos pontos, na ideia de colocar-se empaticamente no lugar do agente, é compreensível que se defenda que seja correto "deixar as coisas seguirem seu curso".[72] No entanto, tais concepções são ostensivamente inadequadas quando ocorre o deslocamento para a situação do programador. Uma descrição segundo os critérios "deixar o destino seguir o seu curso" ou "brincar com o destino" seria, nesse contexto, ainda menos apropriada do que em relação a indivíduos numa situação concreta de estado de

---

68. Em Sião, houve um acidente no qual um ônibus de correio (*Postbus*) sem condutor encostou na porta traseira aberta de um furgão estacionado. Com isso, houve leve dano na porta, e uma janela lateral se partiu.

69. *Engländer* ZIS 2016, 608 (615 ss.); *Joerden* (nota 23) 85 ss.

70. *Jäger* ZStW 115 (2003), 765 e ss.; *Joerden* (nota 23) 94 ss.; MK/*Erb* § 34 nm. 40. Para uma crítica, *Coninx* (nota 26) 184 ss.

71. Cf. *Jäger* ZStW 115 (2003), 765 (779); *Roxin* AT I § 22 nm. 165.

72. Cf. referências da nota anterior.

necessidade – faça o que fizer, o programador configura ativamente o destino daqueles que serão futuramente afetados.[73]

(b) Programadores não executariam suas atribuições em situação de pânico, de sofrimento existencial particular ou sob pressão temporal (assim se espera). Eles não poderiam recorrer ao estado de necessidade exculpante. Sua tarefa consiste apenas em atentar ao limite entre o conforme e o contrário ao direito e programar, segundo essa delimitação, o veículo que agirá futuramente de forma autônoma. Disso resulta a invalidação de figuras jurídicas que permitem um resultado justo em relação a condutores humanos. Uma análise jurídico-penal *ex-post* pode, graças à combinação de causas justificantes e exculpantes, aproximar perspectivas e valores conflitantes talvez não harmonicamente, mas de maneira funcional. Divergências entre princípios fundantes do Estado, de um lado, e decisões individuais compreensíveis e até moralmente justificáveis, de outro, podem ser equilibradas por meio da exculpação. Afinal, os agentes não devem ser punidos quando se deixam orientar pela plausível intuição "salve a sua vida" ou por intuições altruístas como "salve o maior número de pessoas" ou "salve crianças" e, em virtude disso, negligenciam princípios fundantes do Estado como o de que "cidadãos têm reciprocamente apenas o dever mínimo de solidariedade". Com a antecipação para uma decisão de programação, essa função de absorção de conflitos das causas de exculpação se desfaz, tornando as divergências de compreensão mais aparentes e problemáticas.[74] Dogmas como a proibição de compensação e de diferenciação não deveriam, nessa situação, ser tratados como intocáveis e inquestionáveis. Pode ser que essas posições formuladas de maneira categórica e absoluta sejam melhor ordenadas segundo grupos específicos de casos de proteção da vida.[75]

(c) Uma relevante determinação decorre da perspectiva na qual os responsáveis pelas decisões de programação miram o acontecimento. Sobre esse importante ponto deve-se refletir mais intensamente. Duas posições essencialmente distintas são imagináveis. Uma possibilidade consiste em enxergar o programador como uma espécie de representante ou mandatário (*Treuhänder*) dos passageiros *no* veículo autônomo que trafega. Isso é relevante para aferir se uma regra de preferência que favoreça os passageiros em detrimento de pessoas *externas* ao veículo possa ser justificada (sobre isso *infra*, IV, regras de preferência n. 3 e 4). Recomendações para programações apresentam resultado fundamentalmente diverso quando realizadas desde uma perspectiva neutra, superior ou externa, equidistante em relação aos passageiros e às pessoas externas ao veículo. Aqui, a função do programador se aproximaria daquela de um juiz neutro.

---

73. Assim também *Weigend* ZIS 2017, 599 (602).

74. *Hilgendorf* se refere a uma necessidade de explicação: (nota 42) 145.

75. Assim MK/*Schneider*, 2. Aufl. 2012, Vorbem. zu den §§ 211 ss. nm. 29 (em relação à eutanásia e situações análogas).

(d) Optando-se por uma posição neutra, questiona-se *quão vasto* deve ser o afastamento em relação às pessoas envolvidas. Uma concepção muito distante corresponderia ao que é característico da filosofia moral utilitarista: a perspectiva de um pássaro (*Vogelperspektive*) ou o "olhar do além" (*Blick von Nirgendwo*). Em virtude da globalização de mercados e opiniões, aumentará a pressão para que se justifique a razão pela qual, desde um ponto de vista utilitário, proibições de compensação absurdas devam ser mantidas.

IV. Possíveis regras de preferência

Necessita-se, enquanto alicerce para programações, de *regras de preferência normativamente fundadas* que permitam a *priorização de critérios decisórios*. No presente tópico, iremos, num primeiro momento, investigar quais são as regras de preferência possíveis e como elas devem ser avaliadas. Num segundo momento, discorreremos sobre três possíveis agrupamentos de regras de preferência, que conduzem algumas dessas regras a uma determinada sequência de verificação (V.).

1. Regra de preferência n. 1: solução do dilema em desfavor daquele envolvido que viola as regras de trânsito

Essa regra de preferência pode contar com o beneplácito de uma concepção difundida de forma relativamente ampla: quando a conduta contrária às normas de trânsito for praticada por um dos envolvidos *antes* do início da situação de perigo, dando-lhe causa,[76] pode-se resolver o dilema em seu desfavor.[77] Assim, haveria uma possível solução para o seguinte exemplo:

(5) Um ônibus autônomo transita por uma via de sentido único, em conformidade com as regras de trânsito. Um ciclista se aproxima em sentido contrário, infringindo normas de trânsito. A alteração do percurso apenas seria possível se o ônibus se movesse em direção à barreira antichoque, caindo num declive, o que teria consequências fatais para os seus passageiros (cf. supra, exemplo 1).

O ônibus deveria manter o seu curso. Desde que haja apenas um passageiro humano, é possível a solução do conflito vida-contra-vida em desfavor do ciclista

---

76. Seriam, fundamentalmente, regras de trânsito que deveriam reduzir o perigo *em relação aos outros*. Se os dispositivos tiverem a função de autoproteção (como o capacete para motociclistas), não é adequado o raciocínio, cf. *Wohlers* BJM 2016, 113 (135).

77. O aspecto "conduta anterior contrária ao direito" é reputado relevante por *Engländer* ZIS 2016, 608 (613, 618); *Sander/Hollering* NStZ 2017, 193 (204); cf. também *Hevelkel/ Nida Rümelin* ZSchr für phil. Forschung 69 (2015), 217 ss.

que se comporta ilegalmente.[78] O ponto de vista da responsabilidade pelo perigo[79] depõe a favor de que o homicídio para salvamento se dirija, em primeiro plano, ao envolvido que deu causa à situação-dilema por meio de um comportamento antijurídico anterior.

2. *Regra de preferência n. 2: solução do dilema em desfavor daquele envolvido cujo comportamento viola outras regras jurídicas*

(6) Uma pessoa (O) aparece subitamente em frente ao ônibus: a única manobra possível naquelas condições de trânsito mataria P, que empurrou O intencionalmente para a rua (cf. supra, exemplo 3b).

Também nesse caso a manobra de desvio seria uma solução normativamente adequada, uma vez que precedido por violação de dever de P. No entanto, uma regra de preferência como essa não teria utilidade alguma para programadores. Em contraposição ao exemplo 5, não se trata, aqui, de uma violação assimilável pelos sensores – como é o caso da direção em sentido proibido –, mas de um comportamento anterior cuja antijuridicidade é desvinculada das regras de trânsito. Sistemas técnicos de processamento de informações não conseguem reconhecer com facilidade tais situações.[80] Para isso, seria necessário que se obtivessem informações anteriores ao momento em que o ônibus desponta nas proximidades e, ainda, dependeria da difícil capacidade de derivar juízos normativos de imagens eventualmente gravadas.

3. *Regra de preferência n. 3: favorecimento dos passageiros do veículo autônomo*

(7) Um caminhão de grande porte se movimenta em direção a um ônibus, mas o condutor do veículo de carga não reage aos sinais de alarme ou o seu sistema de operação falha. Para evitar que o único passageiro do ônibus morra, apenas uma manobra para trás é possível. Atrás do ônibus há um veículo de pequeno porte, no qual se encontra também apenas uma pessoa (cf. supra, exemplo 2).

Pode-se estipular a opção "desviar" na programação do ônibus, ainda que isso implique risco para a vida de quem se encontra no veículo de pequeno porte? Um condutor humano do ônibus estaria exculpado, nos termos do § 35 StGB,

---

78. Outra questão se vincula à *permissão* para que indivíduos obtivessem, na condição de usuários de um carro autônomo, uma programação heroica. Seria imaginável que pessoas com motivação religiosa ou moral tivessem esse desejo, pois a evitação da morte de outras pessoas lhes é mais importante do que o salvamento da própria vida. Deve-se ponderar se um eventual dano posterior seria identificável como homicídio a pedido (*Tötung auf Verlangen*, §216 StGB) – isso seria evitável se, havendo um tal especial desejo, o último passo decisório tivesse de ser realizado pelo próprio usuário do automóvel.

79. *Zimmermann* (nota 16) 161 ss.

80. *Weigend* ZIS 2017, 599 (602).

mas para programações *ex ante* o cenário de decisão é outro. Não há deliberação em estado de pânico, tampouco existe risco de morte para aquele que decide. À primeira vista, é lógica a conclusão trazida por *Armin Engländer* e *Jan Joerden*: considerando que o condutor humano agiria antijuridicamente, deveria esse juízo sobre a ilicitude ser observado também em relação ao programador.[81] A regra de preferência n. 3 seria, assim, rejeitada.

A Comissão Ética se manifestou de maneira obscura sobre a delicada questão ética e política de se os passageiros do veículo podem ser privilegiados. Na seção 1.7, na página 19, há breves observações sob a rubrica "Primazia da autoproteção sobre a proteção de terceiros ou inferioridade da autoproteção?". Esse título é enganoso, uma vez que os passageiros do ônibus não protegem a si mesmos em situação de emergência aguda. Trata-se, antes, de questionar se o fabricante de veículos autônomos ou totalmente automatizados poderia ter realizado a programação de forma a favorecer seus contratantes (ou seus clientes). Ao que se segue a frase: "Assim, a autoproteção não é per se inferior."[82] Quem se ocupa seriamente com a questão sobre quais regras de preferência podem fundamentar programações julgará as respostas "não é per se inferior" pouco esclarecedora. No entanto, quando se lê a última frase da seção 1.7 do relatório, insinua-se uma regra de preferência *prima facie:* "proteção prioritária dos passageiros do veículo". Pois nessa frase formula-se uma restrição: "todavia, concebe-se fundamentalmente que os envolvidos nos riscos de mobilidade não podem vitimar não envolvidos"[83] – quem formula uma restrição transmite a mensagem de que a frase anterior é compreendida como uma regra *prima facie*. No geral, deve-se sugerir uma solução de compromisso que, não obstante, gera mais dúvidas do que respostas. Os membros da Comissão Ética temem, talvez, que o público alemão reagiria com indignação a uma regra de preferência *prima facie* (prioridade para os passageiros, em situação de vida contra vida) genuinamente formulada. Tais apreensões não são infundadas. Uma priorização dos próprios clientes pode ser interpretada como um cálculo para aumento de vendas, e uma indignação acerca do "lucro da indústria automobilística" pode facilmente ser desencadeada.

Mas é errôneo descartar uma regra de preferência "passageiros no veículo têm prioridade" simplesmente enquanto um cálculo econômico que serve exclusivamente aos próprios interesses do fabricante.[84] Deve-se, antes, partir do pressuposto de que aqueles que adquiririam ou utilizariam veículos autônomos *esperam* que os fabricantes devam estar, de alguma forma, "do seu lado", e não que sejam tratados como todos os outros indivíduos que ocasionalmente se encontrem no entorno do veículo. O olhar distanciado de um programador, desde a perspectiva

81. *Engländer* ZIS 2016, 608 (615 ss.); *Joerden* (nota 23) 85 ss.
82. (Nota 2) 19.
83. (Nota 2) 19.
84. Nesse sentido, porém, *Weigend* ZIS 2017, 599 (604).

de um pássaro, seria provavelmente percebido como inusitado e frio demais. E parece haver uma compreensão, também desde a perspectiva de um observador, de que se pode conferir preferência aos passageiros dos veículos autônomos ou totalmente automatizados. Pesquisas demonstram que, ao menos nos Estados Unidos, quando confrontados com a descrição de uma situação-dilema de vida contra vida, a maioria considerável dos inquiridos *não* esperariam que os passageiros de um veículo autônomo tivessem de perder a sua vida quando, com isso, se pudesse salvar apenas *uma* pessoa externa ao veículo.[85] Tais intuições podem ser desconstruídas, desde um ponto de vista normativo, com o argumento de que, entre todos aqueles que produzem veículos autônomos e os usuários existem deveres de cuidado contratuais, que seriam contrários a que passageiros fossem tratados como todos os outros indivíduos. A aplicação dessa regra parece-nos plausível – em todo caso, quando houver um conflito entre vidas.[86] No entanto, esse resultado seria questionável se a priorização dos passageiros do veículo conduzisse à morte de um maior número de pessoas externas a ele (cf. *infra*, regra de preferência n. 7).

4. *Regra de preferência nº 4: favorecimento dos envolvidos que não são passageiros do veículo autônomo ou totalmente automatizado*

Seria alterada a avaliação do exemplo 7, caso atrás do ônibus houvesse um transeunte na rua? No relatório da Comissão Ética, encontra-se, em dois trechos, a frase "os envolvidos na criação do risco de mobilidade não podem vitimar não envolvidos". Nas "regras éticas", essa frase é apresentada de forma genérica e categórica.[87] Em seguida, porém, aparece enquanto exceção a uma regra de preferência para passageiros do veículo. Não se esclarece como ocorreria a delimitação entre "envolvidos nos riscos de mobilidade" e "não envolvidos". São participantes nesses riscos todos aqueles que estão envolvidos no trânsito – como ciclistas e pedestres –, os motorizados ou apenas os usuários de veículos autônomos ou totalmente automáticos?

A ideia fundamental por trás da tese de "envolvidos nos riscos de mobilidade" é compreensível quando se enxerga o programador não em posição próxima do passageiro do ônibus, mas como um juiz neutro e distante. Assim, é natural que as reflexões se dirijam à questão de como os riscos podem ser distribuídos de forma *justa para a sociedade em geral*. Desde essa perspectiva, uma forma de

---

85. Cf. *Bonnefon/Shariff/Rahwan* Science 352 (2016), 1573 ss. Quando por meio da manobra evasiva puderem ser salvos *muitos* indivíduos, a maioria defende *in abstracto* a realização das manobras – mas essa avaliação é novamente alterada quando se questiona se eles mesmos adquiririam um veículo programado de maneira correspondente. Nesse caso, encontra-se a tendência clara no sentido da "priorização dos passageiros do veículo".

86. *Weigend* ZIS 2017, 599 (604).

87. (Nota 2) 11.

proceder orientada por "*benefícios e ônus*" ("*benefits and burdens*"), que conduza ao princípio de que riscos devem ser suportados por aqueles que obtêm também vantagens do sistema, é adequada.[88] Assim se poderia também responder à questão da identificação dos "não envolvidos": são todos aqueles que não desfrutam das vantagens dos veículos autônomos ou totalmente automatizados.[89] Além disso, as possibilidades de desvio seriam significativamente restringidas, para a fase inicial da nova técnica. No exemplo 7, tanto o transeunte que se encontra atrás do ônibus quanto o condutor do tradicional veículo de pequeno porte obstariam a manobra para trás.

O reconhecimento da regra nº 4 não implica necessariamente que integrantes do trânsito não motorizados teriam sempre, sem exceção, privilégio, como na hipótese de que eles próprios infrinjam regras. Seria possível ou mesmo desejável que a regra n. 1 (decisão em desfavor daquele que viola regra de trânsito) tivesse prioridade, do que resulta que, no exemplo 5, não desviar do ciclista seria, ainda, admissível.

5. *Regra de preferência n. 5: favorecimento de crianças*

(8) Uma criança corre, subitamente, na frente do ônibus. Ela só pode ser salva se o ônibus desviar para a pista contrária, o que provocaria colisão com um motociclista.

Em relação a um condutor humano, defendemos, no exemplo 3a, que se poderia recorrer ao estado de necessidade supralegal exculpante, caso sua ação se funde na convicção moral comum (*alltagsmoralischen Überzeugung*) de que crianças teriam preferência no salvamento. Uma interessante questão é se isso poderia ser transferido para decisões de programação. Podem os fabricantes apelar para convicções morais compartilhadas provavelmente pela maior parte da população ("nosso veículo jamais atropelaria uma criança")? A Comissão Ética julga, no relatório, que uma distinção fundada na idade seria ilegítima.[90] Não se sabe se essas questões ecoarão virulentamente no futuro (dependeria, entre outros fatores, de se crianças seriam reconhecíveis pelos sensores de veículos autônomos[91]).

---

88. Indicado por *Gless/Janal* JR 2016, 561 (575).

89. Esse raciocínio implica que as alusões da Comissão Ética, pensadas presumivelmente como solução de compromisso, no excerto 1.7, perderiam o sentido. A tese de que "os que não participaram da criação do risco não podem ser vitimados" não consiste, então, numa limitação de uma regra de preferência em favor do passageiro, mas no seu modelo oposto.

90. (Nota 2) 11. Assim também categoricamente *Hilgendorf* (nota 42) 160: "distinções fundadas na idade são descartadas desde logo".

91. Ainda que sensores pudessem medir tamanhos corporais, isso não permite necessariamente o reconhecimento etário, e restaria o problema da delimitação da idade – intuições se tornam opacas quando se questiona *v.g.* se um indivíduo de treze anos teria preferência em relação a um de dezesseis.

Impõe-se registrar, em primeiro lugar, que a disposição para exculpar um condutor humano não implica que também uma programação preliminar correspondente deveria ser permitida. A exculpação se vincula à pressão para a decisão imediata. Sob essas condições, espera-se que intuições urgentes sejam decisivas – e não ponderações racionalistas sobre a Constituição, a delimitação em relação ao nacional-socialismo e a consequente proibição de diferenciação.[92] Essa fundamentação não é aplicável à programação de veículos autônomos. Mas é possível que um intensivo debate pudesse demonstrar que a intuição moral "crianças devem ser salvas" é tão prevalente que a proibição de diferenciação, vista pela Comissão Ética de maneira monolítica, seja dividida.[93] Contanto que se trate de diferenciações segundo o fator "idade", as considerações não se limitam a rejeições amparadas em argumentos de "utilidade social" e afins. Há, antes, argumentos relacionados ao indivíduo, vinculados a interesses legítimos de crianças – como a chance de poder passar por fundamentais experiências de vida, geralmente já vivenciadas por pessoas mais velhas.[94] Não seria convincente contrariar essa discussão com argumentos do tipo *slippery slope*, alegando-se, por exemplo, que o favorecimento de crianças nessas situações de trânsito culminaria na morte de desempregados. Diferenciações são possíveis, e discussões não deveriam ser interrompidas mediante alusão a uma suposta necessidade de que tudo seja categórico e absoluto.

6. *Regra de preferência n. 6: diante de "comunidades de perigo", salvar o maior número*

(9) Há uma pluralidade de pessoas na via. O ônibus não consegue desviar totalmente do grupo de pessoas, tampouco frear a tempo, restando-lhe apenas escolher entre seguir o seu curso e atropelar todos ou virar à direita ou à esquerda, atingindo apenas uma pessoa.

No caso de um condutor humano, rejeitamos, em relação à variante "comunidade de perigo", a postulação de um dever jurídico de prosseguimento que implique o atropelamento do maior número de pessoas. No contexto da direção sem condutor, o argumento é mitigado, mas não é de todo irrelevante: a inexigibilidade, constatada desde um ponto de vista psicológico, de uma exigência de que, por ação própria, se provoque um massacre. O passageiro do ônibus sem condutor não conceberá o comportamento do veículo como fruto de sua culpa, mas presumivelmente experimentará a intensa brutalidade do "direcionar para

---

92. Sobre a diferença existente entre sistemas decisórios humanos, cf. *Kahnemann* Thinking, Fast and Slow, 2011.

93. Seria possível refletir sobre a relação existente entre as regras de preferência nº 5 e nº 1, ou seja, como deve ser avaliada a situação quando uma criança – e não um adulto – viola normas de trânsito.

94. Sobre isso, cf. *Lin* (nota 54) 70.

o meio do grupo" como especialmente traumática. Considerando que a perspectiva distanciada-consequencialista e a do passageiro do ônibus tornam o desvio necessário, e que não há objeções a isso desde o ponto de vista daquela que será, imediatamente e de qualquer modo, a vítima, aquilo que é válido para a variante do "condutor humano" deve, também aqui, ser aplicado. A regra de preferência deveria ser implementada.

No relatório da Comissão Ética, esse entendimento é ao menos insinuado. No documento consta: "Uma programação geral de redução do número de danos pessoais pode ser adequada".[95] Lendo-se isoladamente essa frase, não se compreende com facilidade o seu conteúdo. O que significa "programação geral", e por que a branda formulação "*pode* ser adequada"? Em trecho subsequente, fica nítido que se trata de comunidade de perigo. Nessa passagem, comunica-se, em relação aos casos de comunidade de perigo, que a Comissão não pôde "concluir suas discussões de forma satisfatória e consensual em todos os seus aspectos", razão pela qual investigações mais profundas serão fomentadas.[96] Pensamos que não são necessários estudos mais profundos. Caso se programe, para o cenário de trânsito descrito, uma manobra evasiva que salve pelo menos alguns indivíduos que de outro modo seriam, em questão de segundos, atropelados, isso não pode ser classificado como "antijurídico".[97]

7. Regra de preferência n. 7: de resto, igualmente salvar o maior número

(10) Uma pluralidade de pessoas está deitada sobre a via em virtude de um acidente anterior. O único desvio possível é em direção à pista contrária, o que provocaria a queda de um motociclista.

A diferença em relação ao exemplo 9 reside no fato de que a pessoa cuja vida foi colocada em perigo por meio da manobra evasiva não estava envolvida, tampouco sob risco. A avaliação do caso é controversa. *Hilgendorf*, que admitiria, para casos de perigo coletivo como o do exemplo 9, a programação de uma manobra evasiva, chega, aqui, a um resultado antagônico.[98] Contrapondo-se a esse entendimento, defende *Weigend* que o maior número de pessoas deva ser salvo.[99] *Hevelke* e *Nida-Rümelin* observam que, no momento das decisões de programação, não há como saber quais indivíduos seriam posteriormente afetados. Eles tencionavam traçar um paralelo com as vacinações em massa legalmente previstas, nas quais se conta com a possibilidade de provocação de sérios danos

95. (Nota 2) 11.
96. (Nota 2) 18.
97. *Hilgendorf* argumenta de outra forma, porquanto considera que homicídios para salvamento são, também em situações de perigo coletivo, antijurídicas, embora fosse possível um escalonamento do grau do injusto e, por isso, o menor grau de injusto do homicídio para salvamento seria preferível; (nota 42) 156 ss.
98. *Hilgendorf* (nota 42) 158; assim também *Joerden* (nota 23) 94.
99. *Weigend* ZIS 2017, 599 (602).

– desconhecidos, todavia, antes da campanha de vacinação – em alguns indivíduos.[100] Esse exemplo é mencionado também no relatório da Comissão Ética.[101] No entanto, essa comparação relacionada à campanha de vacinação ignora uma diferença. Ali, a propensão ao dano é constatável apenas algum tempo *depois* da intervenção (vacina). Por isso ninguém poderia alegar um direito de defesa (*Abwehrrecht*) ao tempo da vacinação. Em contrapartida, quando o ônibus realiza o desvio, o motociclista pode, enquanto vítima concreta, exercer um direito de defesa, bem como alegar que seu dever de solidariedade para com os concidadãos não é abrangido por essa situação. A única diferença residiria no fato de que não haveria como apontar um adversário – o indivíduo que se encontra ônibus não tem poder decisório e o programador está distante. Mas como o diálogo sobre direitos de defesa e solidariedade possui natureza fictícia, essa diferença deveria ser irrelevante.

Atendo-se *apenas* aos direitos de defesa do indivíduo cuja vida foi vitimada e à extensão minimalista dos deveres de solidariedade nos ordenamentos jurídicos liberais,[102] não há diferença entre as constelações "condutor humano" e "veículos autônomos".[103] No entanto, a questão decisiva é se, em decorrência da programação prévia, as concepções se alteram e a perspectiva de um pássaro – para a qual o resultado global é relevante – deveria ser enfatizada. Essa perspectiva é favorecida por meio da tecnificação, uma vez que uma perspectiva neutra-distanciada (*neutral-distanzierte Perspektive*) é natural para um programador. É digno de menção que, apesar da insistência na vigência da proibição de compensação, há no relatório da Comissão Ética um primeiro afastamento em relação à primazia absoluta dos direitos de defesa de terceiros em face do sacrifício da própria vida. Como visto anteriormente na regra de preferência n. 3, a Comissão indica uma prioridade do usuário do veículo a partir da fórmula "autoproteção per se não subordinada". Com isso, no entanto, não se abandona o princípio de que terceiros não envolvidos devem ter *preferência absoluta*.

Há indícios, considerando-se a população, de que uma perspectiva consequencialista fortemente orientada poderia, mesmo na Alemanha, ser majoritariamente apoiada. Um experimento interessante consistiu no resultado da votação executada ao final da peça de teatro "Terror", que versou sobre o tratamento jurídico-penal de um abatimento de avião segundo o modelo da decisão do Tribunal Constitucional alemão. Na Alemanha, de um total de 1.125 apresentações, em 1.022 o resultado foi favorável à absolvição. De acordo com a distribuição dos votos: 173.496 foram pela absolvição, 112.613 pela condenação. Na Suíça, a tendência é ainda mais evidente: em todas as 53 apresentações, a maioria votou

---

100. *Hevelkel/Nida-Rümelin* Jahrbuch für Wissenschaft und Ethik 19 (2014), 5 (12).
101. (Nota 2) 18.
102. Assim argumentam também *Hevelke/Nida-Rümelin* Jahrbuch für Wissenschaft und Ethik 19 (2014), 5 (10).
103. *Engländer* ZIS 2016, 608 (613).

pela absolvição, com uma proporção total de 5.622 para 2.190 (situação: setembro de 2017).[104] Resultados de pesquisas não podem demonstrar a adequação de uma análise moral. Elas não substituem argumentos da dogmática jurídica ou da ética, tampouco vinculam o legislador. No entanto, deve-se fomentar uma discussão sobre a proibição de compensação, e não sobre postulados formulados categoricamente,[105] mesmo porque eles não podem ser tomados internacionalmente como evidentes.

Não é persuasivo que *Hilgendorf*, em nova publicação, rotule de "orientação humana" a compreensão alemã sobre o direito e a moral que estão por trás da proibição de compensação, sugerindo que sistemas autoritários seriam a alternativa.[106] Essas pinturas em preto e branco são inadequadas e não fazem jus à complexidade dos problemas. Filosofias morais utilitaristas *não* visam à colocação dos indivíduos sob a escravidão de governantes autoritários, mas sim à maximização da felicidade.[107]

Além disso, há reflexões assentadas numa concepção moral-filosófica que não fundamentam o salvamento do maior número a partir do ponto de vista obje-

---

104. Cf. distribuição de votos por país em <http://terror.theather/>, acesso em 22.9.2017. A relação de votos na população em geral seria possivelmente ainda mais nítida, pois o público do teatro poderia não consistir em uma amostra representativa. Deve-se, no entanto, atentar também ao fato de que a peça retrata o cenário excepcional da "comunidade de perigo com chances assimétricas de salvamento" (*Gefahrengemeinschaft mit assymetrischen Rettungschancen*), de sorte que se pode concluir apenas limitadamente por uma disposição *geral* para o pensamento consequencialista. Ademais, critica-se, desde o ponto de vista dogmático-penal, a simplificação da complexidade jurídica, cf. *Schild* Verwirrende Rechtsbelehrung. Zu Ferdinand Schirachs "Terror", 2016.

105. Nesse sentido também *Gless/Janal* JR 2016, 561 (575) e – na discussão suíça – *Seiler* ZSR 2007, 159 (173 ss.); para as objeções à argumentação com a fórmula do objeto (*Objektformel*), cf. *Merkel* JZ 2007, 373 (379 ss. e 382 ss.); *Hörnle* FS Herzberg, 555 (567 ss.).

106. *Hilgendorf* (nota 42) 153 ss.

107. Autores alemães inclinam-se, não raramente, para uma imagem distorcida do utilitarismo. Na literatura do período pós-guerra, "as convicções morais fundamentais da nossa cultura, moldadas pelo cristianismo e pelo pensamento humanitário" foram pateticamente comparadas com "meros valores utilitários" (*Gallas* Beiträge zur Verbrechenslehre, 1968, 71), similar Pathos em BGH NJW 1953, 513 (514). Referências a "mera utilidade" são, todavia, imprecisas, uma vez que não respondem à pergunta "útil a quem?" (às elites, ao partido, ao povo enquanto etnia, aos indivíduos?). O fantasma da "mera utilidade" persiste, *v.g.* cf. *Jäger* ZStW 115 (2003), 775 nota 58, com a alegação de que Bentham teria deduzido "a existência de valores de vigência absoluta apenas do princípio da utilidade", e *Zimmermann* (nota 16) 48: Utilidade para o Estado ou "todo o povo" (*Volksganze*). O *ponto de partida* do utilitarismo *não* é, contudo, coletivista nem mesmo totalitário. É conciliável com um "pensamento humanitário", uma vez que o objetivo consiste na promoção da *felicidade dos indivíduos*. Deve-se, no entanto, admitir que a tomada de decisões utilitaristas faz emergir problemas, pois agrega, num segundo momento, interesses individuais à fórmula "a maior felicidade para o maior número". Sobre o conteúdo e críticas ao utilitarismo, *Smart/Williams* Utilitarism. For and Against, 1973.

tivo-distanciado do utilitarismo, fundando-se, antes, na perspectiva da vítima, na medida em que constroem convenções hipotéticas *ex ante*. Fossem os posteriormente afetados pessoalmente questionados *antes* de saber se estariam, na situação-dilema concreta, na posição do motociclista ou de um dos integrantes do grupo, eles teriam presumivelmente se manifestado a favor do salvamento do maior número.[108] Considerações teórico-contratualistas ganham destaque no âmbito da direção automatizada. Contanto que as reflexões sobre situações-dilema estejam relacionadas a acontecimentos muito excepcionais ou hipotéticos, como disparos em aeronave comercial, permanece vaga a consideração de que, na realidade, se poderia pessoalmente estar em *ambos* os lados (no avião ou no local de queda). No entanto, quanto mais frequente for o comportamento-base (dirigir no trânsito), maior haveria de ser a disposição para pressupor a ocorrência de eventos repetitivos e se enxergar de ambos os lados enquanto potencial vítima – e consequentemente para observar que a salvação do maior número é *também a melhor* estratégia *individual*, uma vez que aumenta as chances de sobrevivência própria.[109]

Professores de direito penal fundamentam uma proibição de compensação com argumentos do tipo *slippery slope*. Segundo essa lógica, uma justificação do salvamento do maior número conduziria, em caso de acidentes de trânsito e de outras catástrofes incontroláveis, à permissão de compensações também em outras constelações,[110] como matar alguém para retirar os seus órgãos e salvar outro indivíduo, [111] matar um político para impedir a morte de reféns ameaçados em extorsão.[112] No entanto, fomentar uma proibição de compensação geral com argumentos *slippery slope* não convence, porquanto diferenciações permanecem possíveis. Intuições sobre os dois exemplos supramencionados estão compreendidas em argumentos que explicam por que *sob essas condições específicas* uma ação em estado de necessidade não seria um meio adequado (§ 34, segunda frase,

---

108. Considerações teórico-contratualistas em *Fritze* Dt. Zeitschr. Für Philosophie 51 (2003), 213 ss.: *Zimmermann* (nota 16) 48 ss.; *Coninx* (nota 26) 21 ss. No entanto, *Zimmermann* (supra, 54) e *Coninx* (supra, 116 ss.) partem do pressuposto de que haveria consentimento em relação à própria morte apenas em situações de comunidade de perigo.

109. Para considerações relativas à teoria dos jogos (*spieltheoretische Überlegungen*) em eventos repetitivos e no resultado "minimize the harm for all people affected", *Gogoll/Müller* SciEngEthics 2017, 681 (691, 695). De novo: não se trata de considerações coletivistas, que fundamentariam a sobrevivência do maior número a partir do utilitarismo social (por exemplo: mais pagadores de impostos), mas da promoção de interesses individuais.

110. Cf. *Pawlik* JZ 2004, 1045 (1050); *Roxin* AT I § 22 nm. 162, 167; *Roxin* ZIS 2011, 552 (555 ss.). Para críticas aos argumentos *slippery slope, Wohlers* Deliktstypen des Gefährdungsstrafrechts. Para a dogmática de crimes de perigo "modernos" (2000) 324; *Zimmermann* (nota 16) 394 ss.; *Coninx* (nota 26) 167 ss., 179 ss.

111. *Seelmann/Denko* Rechtsphilosophie, 6. Aufl. 2014, § 3 nm. 42; *Jäger* ZStW 115 (2003), 765 (779); *Roxin* ZIS 2011, 552 (553); *Joerden* (nota 23) 95 ss.

112. Cf. *Jäger* ZStW 115 (2003), 765 (779).

dStGB).[113] Em vez de interromper (ou de impedir, desde logo, o início de) discussões,[114] dever-se-ia introduzi-las e apontar as razões e os requisitos para que possa haver ou não uma ponderação.

8. *Possível regra subsidiária: não alteração do curso*

Permanece, por fim, a questão relativa ao modo como deveria ocorrer a programação quando uma situação-dilema concreta *não* puder ser solucionada a partir das regras de preferências já mencionadas. Teoricamente, seria possível utilizar um operador randômico,[115] o que, no entanto, presumivelmente, seria condizente com a aceitação social. O desaparecimento das emoções de um condutor humano poderia aumentar os desejos e as expectativas de uma decisão de programação bem ponderada e racionalmente "adequada". O fato de que, na dúvida – ou seja, na ausência de outra regra que pareça ser uma opção preferível –, o veículo não deva realizar movimentos evasivos não decorre da necessidade de classificar a passividade – o "deixar acontecer" (*das "Geschehenlassen"*) – preferencialmente como moral ou jurídica. E ainda que se queira afirmar a primazia moral da omissão em relação a agentes humanos:[116] tratando-se de veículos autônomos, a única ação passível de alguma vinculação consiste na programação. A distinção entre variantes de ação e omissão se torna obsoleta a partir da evolução técnica. A aceitabilidade de uma regra subsidiária que estabeleça "na dúvida, nenhuma alteração no curso" pode *ainda assim* ser justificada apenas pelo fato de que a renúncia a uma alteração do curso enquanto *default position* impede movimentos do veículo que seriam necessariamente abruptos e imprevisíveis para os outros indivíduos presentes no trânsito.[117]

V. Agrupamentos de regras de preferência

Diferentes combinações podem ser formadas a partir das regras de preferência supramencionadas. O aspecto final dos agrupamentos, se organizados segundo a hierarquia das regras de preferência, depende das respostas conferidas a duas perguntas fundamentais: salvamento do maior número? Preferência dos passageiros do veículo ou o inverso: preferência de indivíduos que não desfrutam

---

113. Sobre o significado do § 34 , segunda frase, dStGB também *Mitsch* FS Weber, 49 (65).

114. *Roxin* ZIS 2011, 552 (557 ss.) fala em um limite deontológico.

115. Favorável: *Weigend* ZIS 2017, 599 (603); contra: *Gurney* Albany Law Review 79 (2015/2016), 183 (250 ss.); *Hilgendorf* (nota 53) 22; *Hilgendorf* (nota 42) 156 ss.; *Wohlers* BJM 2016, 113 (134 ss.).

116. Assim *Jäger* ZStW 115 (2003), 765 ss.; sobre a discussão filosófica sobre Doing and Allowing *Quinn* Philosophical Review 98 (1989), 287 ss.; *Scheffler* Ethics 114 (2004), 215 ss.

117. O significado da previsibilidade do comportamento no trânsito é também sublinhado por *Hevelke/Nida Rümelin* ZSchr für phil. Forschung 69 (2015), 217 (222 ss.).

do veículo automatizado? As decisões sobre essas duas premissas poderiam também depender do método utilizado para a seleção e priorização das regras de preferência.

Três variantes metodológicas são concebíveis. Em primeiro lugar, poder-se-ia, na existência de detentor e usuário, atribuir-lhes o poder de decisão.[118] Uma escolha dos parâmetros de prioridade plenamente livre não seria, do ponto de vista prático (ou seja, técnico), possível,[119] mas se poderia pensar na escolha entre diferentes modelos, que devem ser socialmente aceitáveis.[120] Ponderar sobre a individualização dos parâmetros seria possível apenas quando não se puder chegar a soluções genericamente passíveis de fundamentação. Com regras de preferência unificadas haveria segurança jurídica, e – desde que se cumpram as especificações – não haveria risco de punibilidade, uma vez que tanto o fabricante do veículo quanto o seu detentor se movimentariam dentro da margem do risco permitido.[121]

A segunda opção consistiria em atribuir as decisões de programação ao fabricante ou, em todo caso, não as submeter a um controle público *governamental* tão intenso.[122] Sob essa condição, aumenta-se a probabilidade de aplicação da *regra de preferência n. 3 (favorecimento dos passageiros do veículo autônomo)*.

Em terceiro lugar, poder-se-ia criar um *fundamento legal* para a programação de situações-dilema.[123] Contra a ideia de uma legislação nacional expressa-se o fato de que, numa Europa de fronteiras abertas, a programação de veículos é difícil de ser regulada de maneira localizada – salvo se os veículos forem equipados com diferentes programas, a serem sempre configurados de acordo com especificidades locais. Nos debates parlamentares, prevaleceria, presumivelmente, a perspectiva neutra "equidistância entre as pessoas no interior do veículo e as fora dele", o que não legitimaria o favorecimento dos passageiros, mas resultaria na *regra de preferência n. 4 (favorecimento de envolvidos no trânsito que não são passageiros de veículos autônomos ou totalmente automatizados)*.[124] Ademais,

---

118. *Gogoll/Müller* SciEngEthics 2017, 681 (687 ss.); *Gurney* Albany Law Review 79 (2015/2016), 183 (252 ss.); *Weber* NZV 2016, 249 (251).

119. Cf. *Gurney* Albany Law Review 79 (2015/2016), 183 (210, 254 ss.).

120. Assim também *Gurney* Albany Law Review 79 (2015/2016), 183 (256).

121. Cf. *Gurney* Albany Law Review 79 (2015/2016), 183 (264).

122. *Hilgendorf* (nota 42) 171 propõe um "algoritmo TÜV".

123. Sobre a necessidade de uma regulamentação legal *Gurney* Albany Law Review 79 (2015/2016), 183 (258 ss.).

124. O argumento, trazido por *Weber*, de que numa regulamentação legal o Estado estaria obrigado a tomar uma decisão para os passageiros do veículo, não é persuasivo, uma vez que isso decorre da "visão de homem subjacente à Constituição" ("*Menschenbild des Grundgesetzes*") e do Art. 1 Abs. 1 GG, NZV 2016, 249 (253). Do ponto de vista estatal, não existe razão para estabelecer distinção entre os passageiros do ônibus e a pessoa do veículo de menor porte. Em relação ao argumento de que indivíduos não poderiam ser concebidos como "meros objetos" de uma ação de salvamento (nesse sentido BVerfG em decisão sobre

a *regra de preferência n. 7* (*salvamento do maior número*) não teria perspectiva de êxito nos debates parlamentares na Alemanha, já que a proibição de compensação é concebida como dogma fundante do Estado, e por isso não seria conferida grande ênfase a posturas divergentes na população.

Agrupamentos de regras de preferência poderiam ser comparativamente mais simples caso se conseguisse, com êxito, superar o dogma alemão da proibição de compensação. Assim, ter-se-ia a seguinte sequência de regras de preferência: em primeiro lugar se deveria utilizar a *regra de preferência n. 7* (*salvamento do maior número*, de acordo com a proposta de *Weigend*[125]). Restam então apenas constelações nas quais existe a contraposição de uma vida a outra. Pensamos que seria mais adequado solucioná-las a partir da aplicação da *regra de preferência n. 1* (*solução em desfavor do envolvido que viola regra de trânsito*), e posteriormente da *regra de preferência n. 3* (*favorecimento dos passageiros do veículo autônomo*). Para os casos remanescentes, dever-se-ia considerar a *regra de preferência n. 5* (*salvamento de crianças*) ou desde logo a *regra subsidiária* (*não alteração do curso*).

Caso a *regra de preferência n. 7* (*salvamento do maior número*) seja rejeitada, tem-se outro agrupamento. Partindo-se, nessa hipótese, da perspectiva de um representante ou mandatário dos passageiros do ônibus, a *regra de preferência n. 3* (*favorecimento dos passageiros do veículo autônomo*) seria prioritária. Se somente houver risco para a vida dos indivíduos que não se encontram no interior do ônibus, poder-se-ia ordenar, na etapa subsequente, a *regra de preferência n. 1* (*solução em desfavor do envolvido que viola regra de trânsito*). Caso nenhum dos envolvidos tenha infringido regras de trânsito, seria possível a complementação com outras *regras de preferência* (*n. 6, diante de comunidade de perigo, salvar o maior número*; *n. 5, salvar crianças*). De outra forma, restaria a *regra subsidiária* (*não alteração do curso*).

No entanto, caso se parta de uma perspectiva distanciada, que mantenha equidistância entre todos os potenciais afetados, mas apegada à proibição de compensação, a sequência teria outra aparência. Tratar-se-ia, então, de encontrar, a partir dessa concepção distanciada, o resultado mais justo. Seria recomendável começar com a *regra de preferência n. 1* (*solução em desfavor do envolvido que viola regra de trânsito*). Caso nenhum dos envolvidos tenha violado regras de trânsito, seria utilizada a *regra de preferência n. 4* (*favorecimento de envol-*

LuftSiG, BVerfGE 115, 118 [154]; para críticas *Merkel* JZ 2007, 373 [379 ss.]), pode-se nele pensar apenas quando houver uma distribuição assimétrica das chances de salvamento. Assim fica claro desde o início que um homicídio para salvamento teria que atingir necessariamente a outra parte, cuja perspectiva (perspectiva da vítima) constitui o foco da discussão. No nosso exemplo 7, ambas as partes têm chance de sobrevivência. Ambos podem alegar que a própria morte, na condição de esforço para a sobrevivência do outro, supera o âmbito do seu dever de solidariedade, o que invalida esses argumentos.

125. *Weigend* ZIS 2017, 599 (605).

vidos no trânsito que não são passageiros de veículos autônomos ou totalmente automatizados). Se somente houver risco para a vida dos indivíduos que não se encontram no interior do ônibus, o filtro subsequente seria a *regra de preferência n. 6* (*diante de comunidade de perigo, salvar o maior número*). Por fim, seria concebível a incorporação da *regra de preferência n. 5* (*salvar crianças*) antes de se recorrer à *regra subsidiária* (*não alteração do curso*).

VI. Consideração final

Teme-se, em alguns casos, que a solução de situações-dilema não seja, em princípio, possível.[126] Uma consequência disso seria possivelmente a inadmissão de veículos conduzidos de maneira autônoma[127] ou – o que culminaria, ao final, no mesmo resultado – o apego à necessidade de que haja um condutor humano como *back-up* para situações de emergência.[128] Essa implicação é, no entanto, pessimista demais. É fundamentalmente possível delinear agrupamentos de regras de preferência verificáveis dentro de uma determinada sequência e justificar por que essas regras deveriam ser válidas. Os problemas se inserem no plano prático-político. As perguntas essenciais são sob qual perspectiva devem as situações-dilema ser analisadas e a quem compete determinar os parâmetros relevantes. Assim, seria desejável o empenho no sentido de não tratar dogmas estabelecidos como tabus, mas sim de submetê-los a uma avaliação crítica.

---

126. Cf. p. ex. *Sonder/Hollering* NStZ 2017, 193 (204).
127. Sobre essa opção, *Gurney* Albany Law Review 79 (2015/2016), 183 (246 ss.).
128. Comparar *Gurney* Albany Law Review 79 (2015/2016), 183 (247 ss.).

COCHES AUTOPILOTADOS EN SITUACIONES DE NECESIDAD. UNA APROXIMACIÓN DESDE LA TEORÍA DE LA JUSTIFICACIÓN PENAL[1]

Dr. IVÓ COCA VILA, Freiburg/Barcelona

I. Introdución

Tras años transitando los caminos de la ciencia ficción, los principales fabricantes de coches autopilotados coinciden en que, a más tardar, en el año 2020 será posible adquirir en el mercado automóviles plenamente autónomos o autopilotados.[2] Éstos constituyen el producto final de un largo –y todavía hoy inconcluso– proceso gradual de autonomización de los automóviles, desde el coche plenamente manual hasta el capaz de circular sin conductor de forma segura ante cualquier situación imaginable.[3] Todo indica, pues, que su pronta comer-

1. El presente trabajo se corresponde, si bien ligeramente modificado, con la ponencia presentada el día 15 de noviembre de 2016 en el seminario del proyecto de investigación (UBACyT) de la Facultad de Derecho de la Universidad de Buenos Aires: "Supuestos problemáticos del estado de necesidad exculpante". A todos sus asistentes y, en particular, a su director, el Dr. Marcelo Lerman, agradezco sus valiosas sugerencias y críticas. La publicación de este artículo se encuadra asimismo en la ejecución del proyecto financiado por el Ministerio de Educación y Ciencia del Gobierno de España, titulado "La traslación de la teoría del delito al derecho penal económico" (Referencia: DER2013-41252-P).

2. Capaces de circular en el año 2020 autónomamente en autopista y en 2030 en carreteras secundarias y en ciudad. Cfr. EBERL, *Smarte Maschinen*, 2016, p. 170.

3. Sobre los distintos grados de autonomización de los vehículos, vid. BOTH/WEBER, "Hands-Free Driving? Automatisiertes Fahren und Mensch-Maschine Interaktion", en

cialización a gran escala supondrá el inicio de una nueva era en la circulación vial. Los accidentes de tráfico, al sustituir al imperfecto ser humano por un fiable *software*, que ni bebe alcohol, ni sufre estrés, ni infringe reglas de circulación, se reducirán hasta en un 90%,[4] al mismo tiempo que sujetos hasta ahora excluidos de la circulación vial independiente (niños, ancianos o discapacitados) podrán tomar parte en ella en igualdad de condiciones.[5] La mayor seguridad y fiabilidad de los coches autónomos interconectados,[6] capaces de compartir información relevante al instante, habrá de permitir además una reducción de la distancia de seguridad entre los coches. En la misma red de carreteras, donde los coches autónomos podrán ser distribuidos de manera mucho más eficiente, podrán circular a la vez de manera más rápida y segura un número notablemente superior de vehículos.[7] A todo ello, por si fuera poco, se suma la promesa de una importante reducción de los índices globales de contaminación.[8]

Ahora bien, pese a la drástica reducción de los accidentes que ha de traer consigo la sustitución del conductor humano por un ordenador,[9] los expertos del sector coinciden unánimemente en que tampoco los coches autopilotados estarán completamente exentos del riesgo de verse involucrados en accidentes de circulación.[10] No es solo que durante el largo período de transición de los coches manuales y semiautónomos hacia los autónomos, éstos habrán de lidiar con formas de comportamiento inesperadas –antijurídicas– por parte de huma-

---

Hilgendorf (ed.), *Robotik im Kontext von Recht und Moral*, 2014, p. 172 a 174. Un análisis ético profundamente crítico contra la plena autonomización que convierte al hombre en un mero objeto a transportar, McBride, "The ethics of driverless cars", *ACM SIGCAS Computers and Society* 45(3), 2015, p. 179 a 184.

4. En este sentido, cfr. Beiker, "Legal Aspects of Autonomous Driving", *Santa Clara Law Review*, 52(4), 2012, p. 1149 y s.; o Eberl, *Smarte Maschinen*, 2016, p. 174.

5. Gurney, "Crashing into the Unknown", *Albany Law Review* 79(1), 2016, p. 193.

6. McBride, *ACM SIGCAS Computers and Society* 45(3), 2015, p. 179.

7. Tientrakool/Ho/Maxemchuk, "Highway Capacity Benefits from Using Vehicle-to-Vehicle Communication and Sensors for Collision Avoidance", en: <http://www.ee.columbia.edu/~nick/EE6777/P6_2857_Qin,Yuechen.pdf>.

8. Gurney, *Albany Law Review*, 79(1), 2016, p. 193 y s.; Gogoll/Müller, "Autonomous Cars: In Favor of a Mandatory Ethics Setting", *Science and Engineering Ethics* (Jul. 14), 2016, p. 5.

9. Vid. Schroll, "Splitting the Bill: Creating a National Car Insurance Fund to Pay for Accidents in Autonomous Vehicles", *Nw. U. L. Rev*. 109(3), 2015, p. 805: un 94% de los accidentes de circulación son causados por errores humanos evitables.

10. Cfr. Belay, "Robot Ethics and Self-Driving Cars: How Ethical Determinations in Software Will Require a New Legal Framework", *Journal of the Legal Profession* 40(1), 2015, p. 122; Goodall, "Ethical Decision Making During Automated Vehicle Crashes", *Transportation Research Record* (2424), 2014, p. 59. El 7 de mayo del año 2016 se produjo en Florida el primer accidente mortal en el que se ve involucrado un coche autopilotado. Sobre las particularidades del siniestro y las muchas preguntas jurídicas que éste arroja, cfr. solo Sander/Hollering, "Strafrechtliche Verantwortlichkeit im Zusammenhang mit automatisiertem Fahren", *NStZ* 2017, p. 193.

nos,[11] sino que también en un mundo en el que todos los coches fueran autónomos el riesgo de accidente no sería nunca nulo.[12] Ni es descartable que un *software* incurra en un error o sea jaqueado, ni que un coche autónomo haya sido erróneamente programado o sufra un fallo mecánico. Tampoco cabe excluir que circunstancias externas imprevisibles e incontrolables (peatones negligentes, fenómenos meteorológicos extraordinarios, animales salvajes...) sometan a un coche autopilotado a un riesgo de colisión. Por razones estrictamente físicas, ningún coche autopilotado, por sofisticado que sean los sensores y los *software* de control, quedará completamente exento del riesgo de provocar o verse involucrado en un accidente.[13]

La idea misma de un robot, *bot,* androide o cualquier otra forma de inteligencia artificial capaz de provocar daños plantea sin duda importantes interrogantes jurídicos, en especial, en el ámbito del Derecho civil[14] y penal.[15] Ahora bien, más allá de la pregunta sobre quién debe responder jurídicamente por los daños que causa un coche autónomo (el fabricante, el programador, el usuario, una aseguradora...), la certeza de que tales coches se verán involucrados en situaciones de necesidad plantea al mismo tiempo un importante reto ético-jurídico adicional: los coches autopilotados han de ser programados para responder en situaciones de necesidad en las que la infracción de una norma o la causación o no evitación de un daño resultan inevitables.[16] Es decir, los coches autopilotados habrán de contar con una "moral de excepción" preestablecida a través de algoritmos que regulen su modo de operar en situaciones de necesidad.[17] Y adviértase

---

11. Al respecto, con detalle, VAN LOON/MARTENS, "Automated Driving and its Effect on the Safety Ecosystem", *Procedia Manufacturing* 3, 2015, p. 3280 a 3285.

12. Lo cual no significa que el riesgo general inherente a la circulación automovilística no pueda encontrar una justificación. Sobre esto mismo, con detalle, HUSAK, "Vehicles and Crashes: Why Is This Moral Issue Overlooked?", *Social Theory and Practice* 30(3), 2004, p. 358 a 363.

13. Así lo afirman NYHOLM/SMIDS, "The Ethics of Accident-Algorithms for Self-Driving Cars: An Applied Trolley Problem?", *Ethical Theory and Moral Practice* 19(5), 2016, p. 3.

14. Sobre todo ello, recientemente, BORGES, "Haftung für selbstfahrende Autos", *Computer und Recht* 32(4), 2016, p. 272 a 280; JÄNICH/SCHRADER/RECK, "Rechtsprobleme des autonomen Fahrens", *NZV* (7), 2015, p. 313 a 318.

15. GLESS/SILVERMAN/WEIGEND, "If Robots cause harm, Who is to blame? Self-driving Cars and Criminal Liability", *New Criminal Law Review* 19(3), 2016, p. 412 a 436; ASARO, "A Body to Kick, But Still No Soul to Damn: Legal Perspectives on Robotics", en LIN/ABNEY/BEKEY (eds.), *Robot Ethics: The Ethical and Social Implications of Robotics*, 2014, pp. 180 a 183; y recientemente, SANDER/HOLLERING, *NStZ* 2017, p. 196 y ss.

16. Al respecto, NYHOLM/SMIDS, *Ethical Theory and Moral Practice* 19(5), 2016, p. 3; o HEVELKE/NIDA RÜMELIN "Ethische Fragen zum Verhalten selbstfahrender Autos bei unausweichlichen Unfällen: Der Schutz von Unbeteiligten", *Zeitschrift für philosophische Forschung* 69(2), 2015, p. 217.

17. Vid. KUMFER/BURGESS, "Investigation into the Role of Rational Ethics in Crashes of Automated Vehicles", *Transportation Research Record* (2489), 2015, p. 130. Ello rige sin excepción para los coches plenamente autónomos. El problema se presenta igualmente en los coches semiautónomos, como mínimo, cuando la situación de necesidad no permite al

que no se trata solo de prefijar las condiciones bajo las cuales, por ejemplo, un coche puede excederse de la velocidad máxima permitida para trasladar a su ocupante a un hospital, sino que tales automóviles habrán de contar además con patrones de conducta en situaciones de necesidad en las que la salvaguarda de un concreto interés exija irremediablemente la lesión de otro.[18]

En realidad, la valoración de formas de comportamiento lesivas de intereses ajenos en situaciones de necesidad es un *topos* clásico en la discusión filosófica y jurídica, en especial, en la jurídico-penal, donde la teoría de la justificación viene enfrentándose desde antaño a esta clase de problemas.[19] Ahora bien, por un lado, el desarrollo de los coches autopilotados agudiza el problema ético y, en especial, el jurídico-penal, en la medida en que la necesidad de configurar prospectivamente y con carácter general patrones de comportamiento en situaciones de excepción cierra la puerta a las –comunes y aparentemente prácticas– soluciones evasivas.[20] Asumiendo que el competente por la programación de la "moral de excepción" del coche será habitualmente su diseñador,[21] o su usuario si es que éste puede

---

conductor recuperar el control del vehículo a tiempo. De otra opinión, Johansson/Nilsson, "Disarming the Trolley Problem – Why Self-driving Cars do not Need to Choose Whom to Kill", *Workshop CARS 2016 – Critical Automotive applications: Robustness & Safety*, 2016, en: <http://homepages.laas.fr/mroy/CARS2016-papers/CARS2016_paper_16.pdf>; quienes sostienen que la –casi nula– probabilidad de que se presenten tales dilemas evitará tener que enfrentarse al problema de fondo. Un clarificador análisis del alcance del problema ético-jurídico puede leerse en el reciente informe de la comisión ética sobre coches autopilotados e interconectados (*Ethik-Kommission Automatisiertes und Vernetztes Fahren*) del Ministerio Federal de Transporte e Infraestructura Digital, publicado en junio de 2017 y disponible en: <https://www.bmvi.de/SharedDocs/DE/Pressemitteilungen/2017/084-dobrindt-bericht-der-ethik-kommission.html>.

18. Con detalle, Lin, "Why Ethics Matters for Autonomous Cars", en Maurer et alii (eds). *Autonomes Fahren. Technische, rechtliche und gesellschaftliche Aspekte,* 2015, en: <https://link.springer.com/book/10.1007/978-3-662-45854-9>; Gurney, *Albany Law Review,* 79(1), 2016, p. 243; y en los últimos tiempos, Sander/Hollering, *NStZ* 2017, pp. 203 y ss.

19. Ya a principios del S. XX tematizaba Josef Kohler, "Das Notrecht", *Archiv für Rechts- und Wirtschaftsphilosophie* 8, 1914/1915, p. 431, la posibilidad de justificar la conducta del conductor que para evitar la muerte de todos los ocupantes de un coche se dirige contra un grupo de personas; o la del conductor que ya no puede parar un coche que se dirige contra otro grupo de personas, pudiendo sin embargo girar a izquierda o a derecha, aunque en ambos casos acabaría atropellando igualmente a seres humanos.

20. Advierten con razón esta dimensión del problema, Sander/Hollering, *NStZ* 2017, pp. 201 y s.; Weber, "Dilemmasituationen beim autonomen Fahren", *NZV* (6) 2016, p. 25; o Goodall, "Ethical Decision Making During Automated Vehicle Crashes", *Transportation Research Record* (2424), 2014, p. 60. Con razón habla HILGENDORF "Autonomes Fahren im Dilemma", en El Mismo (ed.), *Autonome Systeme und neue Mobilität,* 2017, p. 145 y s.) de una "intimación a la explicación" (*Explikationszwang*) de la solución deparada a los conflictos.

21. Y no, p. ej., el mismo coche, como ente al que atribuirle decisiones autónomas. Sobre los robots como entes a los que atribuir responsabilidad jurídica, Asaro, en Lin/Abney/Bekey (eds.), *Robot Ethics*, 2011, p. 169 y ss.; y en detalle, Wallach/Allen, *Moral Machines: Teaching Robots Right from Wrong*, 2009, *passim.*

finalmente influir de algún modo en la programación del coche,[22] no cabe zanjar la pregunta sobre cómo valorar el resultado lesivo causado afirmando, por ejemplo, que aquél es fruto de una reacción puramente instintiva o no dominable, o que, pese a ser el comportamiento del autor antijurídico, el resultado lesivo no puede ser subjetivamente atribuido (inexigibilidad). Tampoco cabe ya, para evitar que el Derecho se "manche las manos" al aceptar la legitimidad de formas de desenlace trágicas, dejar de ofrecer soluciones a tales dilemas con carácter general, esperando que éstos sean resueltos en el caso concreto al margen de reglas o patrones institucionalizados.[23] Por otro lado, sin embargo, a diferencia de las situaciones clásicas de necesidad, la imposibilidad de conocer la identidad de las concretas víctimas futuras de una decisión de programación pareciera facilitar la posibilidad de legitimar soluciones en situaciones de necesidad.[24] A diferencia del náufrago de Carneades que para salvar su vida ha de acabar con la vida de su compañero de tabla, el programador establece un patrón de conducta genérico, para una situación de conflicto futura e incierta, sin conocer en ese momento la identidad concreta de la potencial víctima de la decisión adoptada a la hora de programar el coche. Es más, ni siquiera es posible saber si el coche se encontrará algún día en la situación dilemática para la que se ofrece una solución.

Pues bien, en este trabajo se asume que el problema descrito no puede sumirse en un espacio libre de Derecho,[25] ni cabe dejar plenamente en manos de cada compañía automovilística o en los particulares la configuración de los

22. P. ej., a través de un cuestionario (ético) que concrete la configuración del automóvil. Al respecto, cfr. FOURNIER, "Will My Next Car Be a Libertarian or a Utilitarian?", *IEEE Technology and Society Magazine* 35(2), 2016, p. 44. Un test de esta clase, desarrollado por el MIT, puede llevarse a cabo en: http://moralmachine.mit.edu/results/-1872347590

23. No es suficiente, pues, con encontrar un modo plausible de fundamentar la impunidad de quien actúa en una situación trágica, sino que es preciso establecer una regla claramente definida, pública y con pretensión de validez general para el dilema en cuestión. Crítico con las soluciones evasivas ante conflictos trágicos, recientemente, COCA VILA, *La colisión de deberes en Derecho penal,* 2016, pp. 488 y s., con ulteriores referencias.

24. Así, p. ej., HEVELKE/NIDA-RÜMELIN, "Selbstfahrende Autos und Trolley-Probleme: Zum Aufrechnen von Menschenleben im Falle unausweichlicher Unfälle", *Jahrbuch für Wissenschaft und Ethik* 19(1), 2015, pp. 11 y s.; JAKOBS, *PG,* 2ª ed., 1997, p. 244, nm. 38, quien sostiene que la persona que ha de soportar un comportamiento peligroso permitido, p. ej., en el tráfico rodado, no queda excluida en tanto su rol de víctima no esté preestablecido, pues en tal caso no es sacrificada en favor de la libertad de otro sujeto, sino de la suya propia. Es decir, la anonimidad e indeterminación del llamado estadísticamente a morir haría legítima la conducta –potencialmente– homicida. En un sentido parecido, cfr. KINDHÄUSER, "Erlaubtes Risiko und Sorgfaltswidrigkeit. Zur Struktur strafrechtlicher Fahrlässigkeitshaftung", *GA*, 1994, pp. 215 a 219. Crítico JOERDEN, "Zum Einsatz von Algorithmen in Notstandslagen", en HILGENDORF (ed.), *Autonome Systeme und neue Mobilität*, 2017, p. 86, n. 19.

25. Sobre la renuncia a la programación de algoritmos de necesidad, HILGENDORF, "Recht und autonome Maschinen – ein Problemaufriß", en HILGENDORF/HÖTITZSCH (eds.), *Das Recht vor den Herausforderungen der modernen Technik*, 2015, p. 22.

algoritmos de un coche autopilotado.[26] Tampoco la prohibición absoluta de los coches autónomos constituye una solución aceptable.[27] Así las cosas, por espinosa que resulte la tarea, el desarrollo de los coches autopilotados nos obliga a ofrecer pautas claras y precisas de resolución objetiva de los dilemas, también cuando están en juego vidas humanas. El presente trabajo pretende precisamente contribuir a ello, no ya planteando interrogantes, sino tratando de ofrecer algunas respuestas a problemas concretos. A tal fin, en el siguiente apartado (II) se recogen cinco situaciones dilemáticas que habrán de servir para poner a prueba las distintas aproximaciones teóricas al problema emprendidas. Acto seguido, se presentan y analizan las dos grandes tesis defendidas hasta el momento en la incipiente discusión ético-jurídica: en el tercer apartado (III) se examina la viabilidad de la tesis que aboga por priorizar sin excepción en la configuración de los algoritmos la protección de sus ocupantes; mientras que en el cuarto apartado (IV) se aborda críticamente la pretensión de zanjar el problema a partir de razonamientos estrictamente utilitaristas. En el quinto apartado (V) se aborda finalmente el problema a partir del aparato conceptual del sistema penal de las causas de justificación. No en vano, la mayoría de los dilemas que protagonizan la discusión ética y jurídica actual presentan marcada relevancia penal. Lo pretendido es ofrecer a los dilemas presentados en la discusión filosófica más reciente soluciones normativamente fundadas,[28] capaces de ser legitimadas –en primera instancia– frente a la víctima de la decisión, todo ello a partir de los principios de autonomía y solidaridad, como axiomas rectores del sistema penal de causas de justificación. El presente trabajo concluye con un último apartado (VI) dedicado a condensar las principales tesis defendidas en lo que sigue.

---

26. Como aquí, Nyholm/Smids, *Ethical Theory and Moral Practice* 19(5), 2016, p. 7, n. 8, quien advierte además los problemas de coordinación entre vehículos autónomos que ello conllevaría. Aquellos tampoco desparecerán si la regulación estatal de los algoritmos varía de un Estado a otro.

27. Las reticencias a institucionalizar soluciones trágicas en situaciones de necesidad no pueden justificar la prohibición total de una tecnología que reduce drásticamente el número de accidentes. En este sentido, Hevelke/Nida-Rümelin, *Jahrbuch für Wissenschaft und Ethik* 19(1), 2015, p. 6; Gurney, *Albany Law Review* 79(1), 2016, pp. 246 y s.; o Nyholm/Smids, *Ethical Theory and Moral Practice* 19(5), 2016, p. 5.

28. Es decir, los patrones de comportamiento no pueden ser extraídos de un análisis meramente ético-descriptivo, pues no se trata de obligar al coche a hacer aquello que los humanos –muchas veces de manera irracional– hacemos o querríamos hacer, sino de obligarlo a resolver el conflicto del modo más justo posible. Esto supone, por un lado, rechazar que los coches autónomos se auto-programen a través de un proceso de aprendizaje basado en cómo conducen los seres humanos. Al respecto, McBride, *ACM SIGCAS Computers and Society* 45(3), 2015, p. 182; Eberl, *Smarte Maschinen*, 2016, pp. 308 a 310. Por el otro, queda igualmente descartada la pretensión ético-empirista de resolver los conflictos demoscópicamente. En este último sentido, en cambio, Frison/Wintersberger/Riener, "First Person Trolley Problem: Evaluation of Drivers' Ethical Decisions in a Driving Simulator", *Automotive '16 Adjunct*, 2016, p. 118 a 122.

II. Cinco dilemas imaginables para un coche autopilotado

En este breve apartado se recogen cinco dilemas que habrán de servir como punto de anclaje para la posterior crítica a las distintas soluciones esbozadas en la doctrina y como piedra de toque de la aproximación teórica al problema aquí defendida.

(1) Como consecuencia de un imprevisible fallo en el sistema de frenado, un vehículo autopilotado solo puede salvar la vida de su único ocupante invadiendo la acera, donde camina un peatón que, con toda seguridad, morirá como consecuencia del atropello.

(2) Un vehículo autopilotado circula a velocidad adecuada por una vía interurbana cuando, de repente, un grupo de jóvenes mayores de edad (aprox. diez) comienza a cruzar descuidadamente y a gran velocidad la calzada. Para evitar el atropello, el coche modifica rápidamente su dirección, dirigiéndose hacia el arcén. Sin embargo, instantes después los sensores del coche perciben que en el punto del arcén donde previsiblemente impactará contra el guardarraíl circula un anciano ciclista que, con una probabilidad rayana en la certeza, fallecerá en caso de ser atropellado. El ocupante del vehículo no sufrirá en ningún caso lesiones de consideración.

(3) El ocupante de un vehículo autopilotado solo puede salvar su vida si el coche se dirige hacia un carril de frenado de emergencia. Desgraciadamente, el software del vehículo reconoce al instante que en dicho carril se encuentran jugando con la arena dos niños que, en caso de ser atropellados, morirán con total seguridad.

(4) Un coche autopilotado se ve inmerso en la siguiente situación dilemática: o bien frena para evitar atropellar a un peatón negligente que repentinamente cruza la calzada, asumiendo con ello que el motorista que le sigue sin respetar la distancia de seguridad morirá al chocar contra la luna trasera del automóvil; o bien no frena y atropella al peatón para salvar de ese modo la vida del motorista.

(5) Un vehículo autopilotado advierte que la única forma que tiene de no alcanzar por trás a un motorista que circula sin casco en el carril derecho de una autopista consiste en invadir el segundo carril, arrollando así a otro motorista que circula equipado con casco y modernas protecciones. En caso de derribar al motorista sin casco éste morirá, mientras que si derriba al segundo motorista éste sufrirá leves contusiones. El ocupante del vehículo saldrá en ambos casos ileso del accidente.

III. ¿Coches autopilotados egoístas?

En la todavía incipiente discusión académica sobre cómo habrían de programarse los coches autopilotados han aparecido algunas voces que, en consonancia con los postulados del egoísmo ético, abogan por configurar siempre los algoritmos de necesidad en favor de los intereses particulares del ocupante del vehículo autopilotado.[29] La idea de la auto-conservación, además de ser neutralmente ética, tendría un amplio respaldo social.[30] Consecuentemente, en el ejemplo (1) arriba presentado, el coche debería estar programado para invadir la acera y atropellar mortalmente al peatón, pues solo así podría salir ileso su ocupante. Esta solución, además, sería la única que podría soslayar el importante "dilema del prisionero" al que conducen las soluciones de programación utilitaristas.[31] Pese a que el desarrollo y la comercialización de los coches autopilotados reduciría de forma radical la tasa global de accidentes,[32] el saber que el coche autopilotado va a maximizar la utilidad social en caso de accidente, ello incluso a costa de sus ocupantes, generaría un fuerte desincentivo para la adquisición de un coche de tales características.[33] Si resulta que lo particulares no quieren comprar vehículos que no les protejan ante cualquier eventualidad, el desarrollo de los coches autónomos deja de ser económicamente viable y, con ello, se esfuma toda posibilidad de aminorar drásticamente el número global de lesionados y muertos en las carreteras.

Aunque no es necesario desarrollar los muchos argumentos que desde antaño vienen formulándose en contra del "egoísmo ético",[34] sí cabe en este lugar

29. El egoísmo ético, como planteamiento normativo, defiende en su comprensión más extendida que para afirmar la corrección moral de una acción es necesario y a la vez suficiente con que ésta maximice el interés o la utilidad de quien actúa. Al respecto, Burgess-Jackson, "Taking Egoism Seriously", *Ethical Theory and Moral Practice* 16(3), 2013, p. 532; o Regis, "What Is Ethical Egoism?", *Ethics* 91(1), 1980, p. 51 a 54.

30. Cfr. Belay, *Journal of the Legal Profession* 40(1), 2015, p. 129; o Dixon, "Light Trucks, Road Safety and the Environment", *Philosophy in the Contemporary World* 9(2), 2002, p. 60. En cambio, crítico con el uso injustificable de coches especialmente lesivos para terceros en caso de accidente (camionetas y vehículos utilitarios deportivos), vid. Husak, *Social Theory and Practice* 30(3), 2004, p. 355 a 362.

31. Con detalle, Bonnefon/Shariff/Rahwan, "The social dilemma of autonomous vehicles", *Science* 352(6293), 2016, p. 1573 a 1576; Green, "Our driverless dilemma", *Science* 352(6293), 2016, p. 1514 y s.; o Gogoll/Müller, *Science and Engineering Ethics* (Jul. 14), 2016, p. 7 a 9.

32. Por lo que todos los sujetos que participan en el trafico vial tendrían en principio un interés razonable en que los coches manuales se extinguieran en favor de los autónomos. Un problema distinto que no puede ser tratado aquí es cómo el desarrollo de los coches autónomos ha de influir en la valoración jurídica del riesgo inherente a la circulación de coches conducidos por humanos. ¿Habrá de prohibirse en algún momento la circulación de tales coches o, por el contrario, el riesgo general (históricamente legitimado) habrá de seguir siendo tolerado? ¿Sería legítima la prohibición de conducción manual o más bien constituiría un ataque inasumible a la libertad individual de quien disfruta conduciendo su coche? En definitiva, hasta qué punto un avance tecnológico puede determinar una modificación en la valoración de un riesgo –hasta ese momento– permitido. Sobre todo ello, con detalle, Lübbe, "„Erlaubtes Risiko". Zur Legitimationsstruktur eines Zurechnungsausschließungsgrunds", *Deutsche Zeitschrift für Philosophie* 43(6), 1995, p. 961.

33. Cfr. Gurney, *Albany Law Review* 79(1), 2016, p. 214.

34. Más referencias en Rachels, "Two Arguments Against Ethical Egoism", *Philosophia* 4(2-3), 1974, p. 297 a 314.

rechazar la posibilidad de elevar esta teoría a la categoría de patrón inspirador de los algoritmos de necesidad (*crash-algorithms*). Aunque fuera técnicamente posible que el titular del automóvil pudiera programar a su antojo el *software* del coche ante tales eventualidades,[35] la pretensión de regular los conflictos en los que se ven inmersos una pluralidad de sujetos a partir del criterio único de la maximización del interés individual de cada uno de ellos resulta normativamente inasumible. No es ya solo que ello generaría importantes contradicciones lógicas, empíricas y normativas al tratar de generalizar –en vano– el patrón de conducta entre todos los sujetos egoístas implicados en el conflicto,[36] sino que un Ordenamiento jurídico liberal, asentado por lo tanto sobre el principio de autonomía personal y las nociones de derecho y deber, no puede advertir en el mero interés de un concreto ciudadano un motivo suficiente para justificar el menoscabo de un derecho ajeno.[37] Es decir, la posición jurídica del peatón de nuestro ejemplo (1), quien camina plácidamente por la acera, no puede verse alterada por el simple hecho de que un conductor quiera evitar a toda costa su muerte. O lo que es lo mismo, la mera voluntad del ocupante del vehículo, incluso cuando está en juego su vida, no determina la conformidad a Derecho de un homicidio. En caso contrario, la misma noción de Derecho, como mecanismo de cohonestación racional de esferas de libertad, quedaría absolutamente desvirtuada.

Ahora bien, ¿supone el rechazo de la tesis del egoísmo ético un obstáculo insalvable para el desarrollo de los automóviles autopilotados? En mi opinión, el dilema arriba descrito se puede –y debe– resolver a través de una decisión legislativa que condicione el sentido de los algoritmos de necesidad.[38] Ésta, como veremos en el siguiente apartado, no ha de basarse imperiosamente en un planteamiento utilitarista, por lo que la aterradora idea de un coche programado para autosacrificar a su ocupante en *pro* de la utilidad social desaparece del imaginario colectivo de los potenciales compradores de coches.

IV. ¿Coches autopilotados utilitaristas?

A la pregunta sobre cómo habrían de programarse los algoritmos de necesidad son varios ya los autores que han respondido aludiendo al principio de minimización del daño o del mal menor.[39] Ante una situación de peligro, el coche

35. En este sentido, FOURNIER, *IEEE Technology and Society Magazine* 35(2), 2016, p. 44. En cambio, cuestionando la viabilidad técnica de esta solución, GURNEY, *Albany Law Review* 79(1), 2016, p. 214.

36. Cfr. REGIS, *Ethics* 91(1), 1980, p. 55 a 60.

37. Con razón, RACHELS, *Philosophia* 4(2-3), 1974, p. 298 a 308.

38. Así también, BONNEFON/SHARIFF/RAHWAN, *Science* 352(6293), 2016, p. 1575 y s.; GOGOLL/MÜLLER, *Science and Engineering Ethics* (Jul. 14), 2016, p. 15.

39. Con detalle, HILGENDORF, en HILGENDORF/HÖTITZSCH (eds.), *Das Recht vor den Herausforderungen der modernen Technik*, 2015, p. 23; GOGOLL/MÜLLER, *Science and Engineering Ethics* (Jul. 14), 2016, p. 15.

autopilotado debería comportarse siempre de modo tal que minimice el menoscabo total de los intereses o bienes involucrados en la situación de necesidad. Conforme a este planteamiento, en el segundo dilema (2) de los arriba presentados el coche autopilotado habría de ser programado para arrollar al anciano ciclista y evitar atropellar al grupo de jóvenes. Puestos en una balanza todos los intereses en juego, la vida de los diez jóvenes se mostraría tras el juicio de ponderación como el interés verdaderamente digno de protección.

Bien mirado, la teoría del mal menor, pese a su aparente neutralidad ética, es una teoría de legitimación de formas de comportamiento consecuencialista y colectivista.[40] Es consecuencialista porque la solución al conflicto queda determinada por el resultado que se espera obtener, y colectivista en la medida en que se trata a la sociedad en su conjunto y, más concretamente, a los sujetos involucrados en la situación de necesidad, como si de un único sujeto se tratara, aglomerando o agregando en un único cuerpo supraindividual (sujeto holístico) los distintos intereses –hasta entonces– particulares. El principio del mal menor, pues, como principio utilitarista negativo, aboga por la salvaguarda en una situación de conflicto del interés superior, conformado éste por la suma de todos los intereses individuales salvaguardados y con total independencia de a quién pertenecen los intereses a lesionar o a salvaguardar.

Hasta donde alcanzo, son dos los razonamientos esenciales esbozados en favor de la tesis utilitarista a los efectos que ahora importan. En primer lugar, desde una perspectiva normativa, se alega que la resolución de los dilemas jurídicos en los que puede verse sumido un coche autopilotado habría de obedecer necesariamente al mismo principio que rige los conflictos protagonizados por seres humanos.[41] Éste se advierte por lo general en el principio del mal menor (o del interés preponderante), que fundamentaría además la causa de justificación del estado de necesidad (agresivo), para muchos, ley general de la justificación.[42] Conforme a este modo de comprender el estado de necesidad, el Derecho (penal) consideraría legítima aquella conducta que salvaguarda un interés superior al que se lesiona (principio del interés preponderante). Puestos en cada plato de la balanza los intereses afectados, la conducta conforme a Derecho, cuando

---

40. A propósito de los coches autopilotados, Gurney, *Albany Law Review* 79(1), 2016, p. 211 a 217. En cambio, vid. Hevelke/Nida-Rümelin, *Jahrbuch für Wissenschaft und Ethik* 19(1), 2015, p. 10 a 12, quienes intentan fundamentar deontológicamente el principio de minimización del daño. Todo sujeto, también la víctima final, tendría en abstracto un interés racional en que ese fuera el patrón de programación de todos los *crash-algorithms*.

41. Así, claramente, Hilgendorf, en Hilgendorf/Hötitzsch (eds.), *Das Recht vor den Herausforderungen der modernen Technik*, 2015, p. 23.

42. Cfr. Carbonell Mateu, *La justificación penal*, 1982, p. 63; Molina Fernández, "El estado de necesidad como ley general. (Aproximación a un sistema de causas de justificación)", *RDPC* 1, 2000, p. 200 a 218.

no obligada, sería siempre aquella que salvaguarda el interés de mayor peso.[43] Asimismo, este principio contaría con el "encanto de la sencillez", además de con un amplio grado de aceptación psicológico-social como criterio de resolución de los conflictos.[44] En segundo lugar, desde una perspectiva pragmática, los defensores de la aproximación utilitarista afirman que los coches autónomos, al igual que cualquier ordenador altamente sofisticado, estarían en disposición de llevar a cabo procesos de agregación de utilidad de manera mucho más rápida y fiable que un ser humano.[45] A diferencia de éste, que carece en una situación de emergencia de la capacidad y el tiempo para agregar y cuantificar la utilidad que está en juego, los coches autopilotados sí podrían efectuar tales cálculos y ofrecer respuestas fiables de manera instantánea.[46] El principio del mal menor, en suma, no constituiría un mero ideal teórico para la resolución de los dilemas, sino que podría convertirse en el principio verdaderamente rector de los comportamientos de los coches autónomos en situaciones de necesidad.

Aunque no es necesario recoger aquí los argumentos clásicamente esbozados en contra del utilitarismo como teoría de fundamentación jurídica,[47] sí que es posible afirmar en este momento que, en mi opinión, no resulta adecuado determinar los algoritmos de los coches autopilotados conforme al principio del mal menor. En primer lugar, en contra de lo que afirman los apologetas de los coches utilitaristas, la idea de un coche autopilotado capaz de llevar a cabo juicios infalibles e incontrovertidos de agregación y comparación de utilidad está todavía lejos de ser realidad.[48] Más allá del problema estrictamente técnico, ni resulta pacífico qué factores han de tenerse en cuenta en el proceso de ponderación, es decir, no está claro qué elementos conforman cada uno de los platos de la balanza,[49] ni cómo podrían aquellos reconducirse a un denominador común que permitiera realmente su imparcial comparación.[50] Este problema metodológico se torna irresoluble para quien además pretende introducir en el macrojuicio de ponderación de intereses

---

43. Este principio resultaría inobjetable, constituiría un criterio elemental de coherencia al traducir el componente mínimo de racionalidad cuando se actúa en situaciones de conflicto. Cfr. Molina Fernández, *RDPC* 1, 2000, p. 210; o Bergelson, "Choice of Evils: In Search of a Viable Rationale", *Criminal Law and Philosophy* 6(3), 2012, p. 290 a 292.

44. Al respecto, cfr. el estudio de Bonnefon/Schariff/Rahwan, *Science* 352(6293), 2016, p. 1573 y ss.

45. Cfr. Gurney, *Albany Law Review* 79(1), 2016, p. 212, con ulteriores referencias.

46. Cfr. Goodall, "Machine ethics and automated vehicles", en Meyer/Beiker (eds.), *Road Vehicle Automation*, 2014, p. 99.

47. Así, p. ej., Anderheiden, "Zehn Thesen zur Unmöglichkeit utilitaristischer Verteilungsgerechtigkeit", en Mastronardi (ed.), *Das Recht im Spannungsfeld utilitaristischer und deontologischer Ethik*, 2004, p. 71 y ss.; o en la discusión penal, Brudner, "A Theory of Necessity", *Oxford Journal of Legal Studies* 7(3), 1987, p. 343 y s.

48. Cfr. Nyholm/Smids, *Ethical Theory and Moral Practice* 19(5), 2016, p. 11.

49. Vid. Gurney, *Albany Law Review* 79(1), 2016, p. 215.

50. Escéptico, Goodall, en Meyer/Beiker (eds.), *Road Vehicle Automation*, 2014, p. 99; el mismo, *Transportation Research Record* (2424), 2014, p. 62.

factores estrictamente normativos, como pueden ser la provocación del conflicto o incluso la dignidad del ser humano. Si, por el contrario, como señala algún autor,[51] resulta que la teoría de la ponderación de intereses, como método, solo es capaz de ofrecer directrices y pautas comparativas indeterminadas, pero no soluciones concretas, lo cierto es que esta teoría difícilmente puede valer para programar un *software* que espera una respuesta específica y que carece de todo sentimiento jurídico o razonabilidad pragmática para resolver dilemas.

Sea como fuere, ahora ya en segundo lugar, aunque cupiera programar efectivamente a los automóviles autopilotados para llevar a cabo de manera adecuada juicios de ponderación como los acabados de referir, resulta que el principio del mal menor o del interés preponderante no constituye un fundamento de resolución de conflictos aceptable en el marco de un Ordenamiento jurídico (penal) liberal. Más bien, la tesis colectivista del mal menor resulta empíricamente incorrecta y normativamente rebatible.[52] Es empíricamente incorrecta porque desconoce que la mayoría de Ordenamientos jurídico-penales contemporáneos no se asientan sobre un principio colectivista como el del mal menor, tampoco en situaciones de necesidad. Al Derecho, con carácter general, no le preocupa la maximización agregada de intereses, sino más bien que cada sujeto vea los suyos particulares respetados.[53] Solo así cabe explicar por qué el Derecho reconoce la posibilidad a su titular de destruir un interés, incluso por capricho, instituciones básicas del Derecho penal como la legítima defensa o la diferencia penológica existente entre el delito imprudente y doloso, ambas inexplicables desde ópticas puramente utilitaristas. Y del mismo modo, tampoco parece rebatible afirmar que los jueces, a la hora de aplicar Derecho y resolver conflictos, no tratan de maximizar los intereses jurídicos en conflicto, sino de resolver conforme a un mundo preestablecido de obligaciones y derechos el supuesto litigioso que se les plantea.[54]

La tesis del mal menor, como patrón de configuración de los algoritmos de necesidad de los coches autónomos, tampoco resulta normativamente asumible, pues yerra a la hora de definir la misión última del Ordenamiento jurídico y el fundamento del estado de necesidad. Las tesis colectivistas contemplan a los ciudadanos implicados en una situación de conflicto como meros usufructuarios

---

51. En este sentido, paradigmático, Roxin, *PG,* v. I, 2006, p. 682.

52. Con detalle y ulteriores referencias, Coca Vila, *La colisión de deberes en Derecho penal,* 2016, pp. 244 a 248; el mismo, "La colisión entre razones de obligación en Derecho penal", *InDret* (2), 2017, p. 14 y ss.

53. En este sentido, Merkel, "La Filosofía, ¿'convidado de piedra' en el debate del Derecho penal?", en Área de Derecho Penal de la Universidad Pompeu Fabra (ed.), *La insostenible situación del Derecho penal,* 2000, p. 203; y recientemente, Helmers, *Möglichkeit und Inhalt eines Notstandsrechts,* 2016, pp. 331 y ss. Lo anterior vale con independencia de que quepa constatar (empíricamente) que el ser humano comparte sentimientos de equidad y cooperación. Al respecto, vid. recientemente, Rodríguez Horcajo, *Comportamiento humano y pena estatal*, 2016, p. 87 y ss.

54. Cfr. p. ej., Brudner, *Oxford Journal of Legal Studies* 7(3), 1987, p. 343.

de unos bienes jurídicos o intereses que, en puridad, pertenecen a un sujeto holístico, la sociedad, que aspira a su mejor salvaguarda. Lo de menos es a quién pertenece un interés.[55] El Ordenamiento jurídico-penal se legitima entonces como herramienta de protección o aseguramiento del agregado del conjunto de los intereses del sujeto holístico. Desde esta perspectiva, lo cierto es que el principio del mal menor se muestra efectivamente como un principio difícilmente cuestionable. Sin embargo, éste se amolda a una falsa analogía, al modo como una persona racional singular plantea y resuelve generalmente sus propios conflictos. Que para mí resulte –generalmente– preferible sacrificar mi coche antes que sufrir graves lesiones físicas no explica por qué el Derecho habría de sacrificar mi coche para evitar que un sujeto que de nada conozco salve su vida.[56] La misión del Ordenamiento jurídico-penal no es, pues, la de proteger y maximizar los intereses de un macrosujeto que no existe,[57] sino la de garantizar una separación armónica, justa y estable de las esferas de libertad que cada ciudadano administra soberanamente.[58]

Lo anterior significa que la infracción de un derecho no se justifica simplemente por las ventajas que ello le suponga a un tercero o al conjunto de la sociedad, por importantes que sean éstas. El estado de necesidad no puede fundamentarse por lo tanto tampoco en un principio utilitarista negativo. Más bien, en consonancia con un creciente e importante sector doctrinal,[59] cabe afirmar que el estado de necesidad agresivo se basa en un principio general de solidaridad intersubjetiva.[60] De dicho principio se deriva un deber que, con importantes límites y con carácter excepcional, obliga a los particulares a asumir ocasional-

55. Con meridiana claridad, Singer, *Practical Ethics*, 1993, p. 22: "cuando se hace un juicio ético se debe ir más allá de los puntos de vista sectarios o personales y tener en cuenta los intereses de todos los afectados [...]. Las verdaderas balanzas favorecen el lado en el que el interés es más fuerte o donde se combinan varios intereses para igualar el peso de un número menor de intereses similares. Pero lo que no toman en consideración es de quién son los intereses que pesan".

56. Así, p. ej., Merkel, en Área de Derecho Penal de la Universidad Pompeu Fabra (ed.), *La insostenible situación del Derecho penal*, 2000, p. 203.

57. Cfr. Pawlik, "Solidaridad como categoría de legitimación jurídicopenal", *Revista de Estudios de la Justicia* 26, 2017, p. 232; Renzikowski, *Notstand und Notwehr*, 1994, p. 238 a 257.

58. Con detalle, Coca Vila, *La colisión de deberes en Derecho penal*, 2016, pp. 248 a 267; y resumidamente, el mismo, *InDret* (2), 2017, p. 15 y s.

59. Las referencias en Neumann, "Die rechtsethische Begründung des 'rechtfertigenden Notstands' auf der Basis von Utilitarismus, Solidaritätsprinzip und Loyalitätsprinzip", en von Hirsch/Neumann/Seelmann (eds.), *Solidarität im Strafrecht*, 2013, p. 164 y ss. En la doctrina anglosajona, igualmente crítico con la aproximación utilitarista al estado de necesidad, Brudner, *Oxford Journal of Legal Studies* 7(3), 1987, p. 339 y ss.

60. Sobre la distintas fórmulas de fundamentación de los deberes de solidaridad, Robles Planas, "Deberes de solidaridad", en *Estudios de dogmática jurídico-penal*, 2014, p. 93 a 100; y en detalle, Pawlik, *Der rechtfertigende Notstand*, 2002, p. 29 a 124.

mente un rol cuasi-funcionarial,[61] debiendo tolerar ciertas injerencias menores en su propia esfera jurídica (estado de necesidad) o socorrer a sus conciudadanos necesitados (deber general de socorro) cuando de ese modo se salvaguardan intereses esencialmente preponderantes.[62] La causa de justificación penal del estado de necesidad no es, en suma, plasmación del principio general de resolución de conflictos en el Derecho, sino una institución absolutamente irregular en el marco de un Ordenamiento liberal que autoriza a un ciudadano a desplazar el mal a quien no es responsable por él de forma excepcional y bajo muy estrictas condiciones.[63]

Llegados a este punto, cabe concluir que los algoritmos de los coches autopilotados no han de ser programados conforme al principio del mal menor. Más bien, aquellos han de quedar condicionados por una teoría de la justificación-penal deontológicamente orientada. A su estudio se dedica precisamente el siguiente apartado, donde se trata de dar respuesta a los cinco dilemas arriba planteados a partir de una comprensión principialista de la teoría de la justificación penal.

V. Algoritmos de necesidad y teoría de la justificación penal

En este trabajo se asume que los *crash-algorithms* de los coches autopilotados se han de orientar en situaciones de necesidad (penalmente relevantes) conforme a las reglas propias del sistema penal de causas de justificación. El problema que aquí se aborda no es, pues, el de cómo valorar el comportamiento del programador o el usuario cuando el coche autónomo se aparta de los estándares jurídicos,[64] sino el modo en el que ofrecer pautas claras a los programadores

61. Al respecto, Heymann, "Foundations of the Duty to Rescue", *Vanderbilt Law Review* 47(3), 1994, p. 746 a 751; Pawlik, *Der rechtfertigende Notstand*, 2002, p. 103 a 124; o Silva Sánchez, "Derechos de necesidad agresiva y deberes de tolerancia", en Jorge Barreiro (ed.), *LH-Rodríguez Mourullo*, 2005, p. 1013. Sin embargo, crítico con la aproximación institucionalista a los deberes de solidaridad, Neumann, en von Hirsch/Neumann/Seelmann (Eds.), *Solidarität im Strafrecht*, 2013, p. 171 a 173; y con la legitimidad misma de un deber *penal* de solidaridad, Helmers, *Möglichkeit und Inhalt eines Notstandsrechts*, 2016, p. 270 y ss.

62. La diferencia de intereses no legitima *per se* la injerencia del necesitado, sino que es simplemente un requisito más para la legitimación del deber de solidaridad que se le impone al afectado. En este sentido, Neumann, en von Hirsch/Neumann/Seelmann (eds.), *Solidarität im Strafrecht*, 2013, p. 165.

63. Las mismas que limitan el nacimiento de los deberes generales de solidaridad. Al respecto, Pawlik, *Revista de Estudios de la Justicia* 26, 2017, p. 238 y ss.; y a propósito del deber general de socorro del art. 195 CP, Alcácer Guirao, "Límites al deber de socorro", *RGDP* 26, 2016, p. 2 a 5. Niega la naturaleza verdaderamente penal de tal injusto, equiparable a lo sumo al de una mera contravención (*Ordnungswidrigkeit*), Helmers, *Möglichkeit und Inhalt eines Notstandsrechts*, 2016, p. 270 y ss., p. 479, n. 790.

64. De ello se ocupan someramente, Engländer, "Das selbstfahrende Kraftfahrzeug und die Bewältigung dilemmatischer Situationen", *ZIS* (9), 2016, p. 614 y s.; o Weber, *NZV* (6), 2016, p. 252 a 254.

de automóviles sobre cómo habrían de resolverse los conflictos.[65] Se asume por lo tanto que es posible ofrecer una salida de conformidad a Derecho a cualquier posible dilema, sin que sea preciso recurrir a argumentos propios de la exculpación penal para dejar de castigar a quien se hace responsable de la solución dada al dilema por el coche.[66]

(1) Como consecuencia de un imprevisible fallo en el sistema de frenado, un vehículo autopilotado solo puede salvar la vida de su único ocupante invadiendo la acera, donde camina un peatón que, con toda seguridad, morirá como consecuencia del atropello.

¿Cuál es la conducta jurídicamente esperada del automóvil? Asumamos que, como la mayoría de posibles ocupantes de un vehículo autónomo, el ocupante no está dispuesto a sacrificarse por el peatón.[67] Para simplificar este problema, y el resto de los dilemas que aquí se tratan, asumamos asimismo que no existe ninguna relación especial entre las dos potenciales víctimas, es decir, el ocupante no es, por ejemplo, el padre del peatón.[68] Pues bien, la pregunta que se plantea aquí es precisamente la que la teoría de la justificación penal trata de responder desde sus orígenes: ¿bajo qué condiciones puede un sujeto necesitado desplazar legítimamente el mal que le amenaza a otro sujeto? Dos son las posibles respuestas a esta pregunta.

En primer lugar, el principio de autonomía (libertad de organización-responsabilidad por las consecuencias), como parámetro rector de todo el sistema de justificación-penal, autoriza a desplazar el mal que amenaza a un sujeto a quien de manera plenamente responsable lo ha ocasionado (legítima defensa) o a quien lo ha provocado de forma parcialmente responsable (estado de necesidad defensivo). Ahora bien, es evidente que en nuestro ejemplo el peatón nada tiene que ver con el peligro que amenaza al ocupante del vehículo. Es más, conforme a la

---

65. Aunque la resolución de cualquier conflicto imaginable en la praxis estará siempre condicionada por la técnica, en lo que sigue se arrincona este problema a fin de ofrecer y fundamentar la solución normativa ideal a cada uno de los cinco dilemas arriba presentados.

66. Próximo JOERDEN, en HILGENDORF (ed.), *Autonome Systeme und neue Mobilität*, 2017, p. 87. Un problema distinto, que aquí no puede ser tratado, es cómo habría de valorarse el comportamiento del usuario que, alterando los algoritmos del coche autónomo, consigue, p. ej., que éste siempre le proteja en una situación de necesidad. ¿Cabría aquí admitir una exculpación en estado de necesidad? Cfr. ENGLÄNDER, *ZIS* (9), 2016, p. 614 y s.

67. El problema jurídico-penal sería entonces otro, vinculado con la dogmática del consentimiento: ¿puede un sujeto configurar de forma personalizada su coche a fin de que éste sacrifique a su ocupante antes que causar daños a terceros? Asumiendo que se trata de una decisión realmente autónoma y que solo afecta a quien la toma, no, p. ej., a sus hijos que le acompañan en el coche, ésta podría ser tomada por el Derecho como patrón vinculante de solución del conflicto. Con más referencias, COCA VILA, *La colisión de deberes en Derecho penal*, 2016, p. 273 y s. n. 339.

68. Sobre los deberes especiales de tolerar peligros en situaciones de necesidad, en profundidad y con múltiples referencias, COCA VILA, *La colisión de deberes en Derecho penal*, 2016, p. 339 y ss., 358 y ss.

lógica del principio de autonomía, el sujeto sobre el que se cierne un mal no imputable ha de soportar su desgracia (*casum sentit dominus*),[69] también cuando no la merezca. Forma parte del mismo concepto de libertad (externa) el que cada uno deba asumir el ensanchamiento o la limitación responsable o accidental de sus posibilidades de acción. Sin embargo, como se ha apuntado ya arriba, el principio del *casum sentit dominus* no rige en nuestro Ordenamiento jurídico sin excepción. El principio de asunción personal de la desgracia está limitado a su vez por un principio de solidaridad, de donde se deriva –excepcionalmente– un deber general de socorro y –a modo de reflejo especular– la causa de justificación del estado de necesidad agresivo.[70]

Así pues, ahora ya en segundo lugar, un sujeto necesitado (o un tercero en su auxilio) puede desplazar el mal que le amenaza a otro ciudadano no responsable de su ocasionamiento y con el que no le une ninguna relación jurídica especial cuando, no siendo posible el recurso a una vía institucional de conjura del peligro,[71] la injerencia en los intereses ajenos es el único modo de salvaguardar un interés esencialmente preponderante. La propia irregularidad de la solidaridad en el marco de un Ordenamiento jurídico liberal es la razón que explica el estrecho margen de actuación permitida en estado de necesidad agresivo. Por la mera pertenencia a la misma comunidad jurídica que el necesitado nadie tiene por qué soportar menoscabos biográficamente relevantes de sus intereses, ni injerencias en su esfera que constituyan afectaciones del núcleo esencial de su dignidad personal.[72]

Pues bien, sentado lo anterior, dado que el peatón nada tiene que ver con el peligro que caracteriza la situación de necesidad, ni es responsable por el fallo mecánico acontecido ni participa realmente en el tráfico vial, cabe concluir en nuestro ejemplo que el ocupante del vehículo no puede legítimamente exigir que el mal que le amenaza sea desplazado al peatón. Su interés no prepondera esencialmente sobre el del viandante, más bien son ambos equivalentes, pues están en juego idénticos bienes jurídicos (vidas humanas),[73] sin que sea posible apreciar

69. Dicho principio fue importado por la ciencia penal desde el Derecho civil que, a su vez, reconoce el origen del axioma en el Derecho privado romano: El *casus*, es decir, aquellos acontecimientos no reconducibles a ningún acto de la voluntad humana, los debía soportar con carácter general el propietario de la cosa dañada, el *dominus*. Con detalle, Coca Vila, *La colisión de deberes en Derecho penal*, 2016, p. 387 a 392; resumidamente, el mismo, *InDret* (2), 2017, p. 16 y s.

70. Al respecto, fundamental, Baldó Lavilla, *Estado de necesidad y legítima defensa*, 1994, p. 61 a 69.

71. Sobre la primacía de los canales institucionalizados de resolución de los conflictos, cfr. Tomás-Valiente Lanuza, *El efecto oclusivo entre causas de justificación*, 2009, p. 92 y ss.; Coca Vila, *La colisión de deberes en Derecho penal*, 2016, p. 306 y ss., 313 y ss., con más referencias.

72. En profundidad, Pawlik, *Der rechtfertigende Notstand*, 2002, p. 244 y ss., 255 y ss.

73. Al respecto, cfr. *infra* n. 85

diferencias relevantes en la probabilidad de que el peligro que acecha a ambos bienes se realice en el resultado lesivo. Así las cosas, cabe concluir que un coche autopilotado no puede programarse bajo ningún concepto para invadir la acera y salvar la vida de su ocupante a costa de la de un peatón completamente ajeno a la circulación vial y al peligro que define la situación de necesidad,[74] tampoco cuando el ocupante del coche no merece *stricto sensu* la situación de peligro que le amenaza.[75] La posición de competencia defectiva por el peligro del ocupante del vehículo es la que determina en este supuesto el algoritmo del coche.

(2) Un vehículo autopilotado circula a velocidad adecuada por una vía interurbana cuando, de repente, un grupo de jóvenes mayores de edad (aprox. diez) comienza a cruzar descuidadamente y a gran velocidad la calzada. Para evitar el atropello, el coche modifica rápidamente su dirección, dirigiéndose hacia el arcén. Sin embargo, instantes después los sensores del coche perciben que en el punto del arcén donde previsiblemente impactará contra el guardarraíl circula un anciano ciclista que, con una probabilidad rayana en la certeza, fallecerá en caso de ser atropellado. El ocupante del vehículo no sufrirá en ningún caso lesiones de consideración.

A diferencia del anterior supuesto, en el dilema que ahora nos ocupa no están en juego los intereses del ocupante del vehículo. Estamos ante un supuesto semejante a los discutidos bajo el *topos* de la colisión de deberes jurídico-penal. El coche está obligado a desviar su trayectoria para no infringir la prohibición que protege *prima facie* al ciclista, pero al mismo tiempo está obligado a no desviar su trayectoria para no infringir varias prohibiciones que protegen la vida de los jóvenes.[76] Dada la situación fáctica, es imposible para el obligado cumplir todos

---

74. En un sentido parecido, Hevelke/Nida-Rümeli, *Zeitschrift für philosophische Forschung* 69(2), 2015, p. 223.

75. En todo caso, adviértase que en el mero hecho de circular cabe apreciar ya un acto de libertad del ocupante del coche autopilotado, al que vincular normativamente un deber de asumir las consecuencias derivadas del ejercicio de tal actividad peligrosa. Vid. Hevelke/Nida-Rümelin, "Responsibility for Crashes of Autonomous Vehicles: An Ethical Analysis", *Science and Engineering Ethics* 21(3), 2015, p. 628. Este razonamiento podría servir, p. ej., para atribuir el deber de asumir los costes del conflicto al ocupante del vehículo cuando éste solo puede salvar su vida atropellando a un peatón que cruza la calzada. Y en un sentido parecido, Jakobs, *PG*, 2ª ed., 1997, p. 246 y s., nm. 41a, quien atribuye una posición de competencia especial al piloto que, al haber sido víctima de un sabotaje, amenaza con estrellarse contra una zona habitada en caso de despegar su avión. Aunque el piloto no hubiera podido evitar o detectar el sabotaje, el mero comportamiento arriesgado permitido habilitaría una defensa en estado de necesidad defensivo contra él. Sobre esto mismo, críticamente, Coca Vila, "Entre la responsabilidad y la solidaridad. El estado de necesidad defensivo", *InDret* (1), 2011, p. 11 a 13.

76. Ha de quedar aquí a un lado la clásica discusión sobre si pueden o no colidir prohibiciones pues, en mi opinión, en contra de la corriente dominante en la doctrina penal (Cfr. p. ej., Roxin, *PG*, v. I, 2006, p. 724 a 728), el operador deóntico del deber no es en sí un dato relevante en la resolución de estos conflictos. Con detalle, Coca Vila, *La colisión de deberes en Derecho penal*, 2016, pp. 196 a 217; el mismo, *InDret* (2), 2017, p. 10 y ss. Y en

los deberes o razones de obligación en liza,[77] pues éstos se excluyen mutuamente. Nos encontramos, en suma, ante un escenario dilemático triangular, en el que la concreta solución al conflicto ha de extraerse de un análisis comparativo de la relación intersubjetiva u horizontal entre los beneficiarios de los dos deberes, esto es, de los jóvenes y del anciano, a partir de los principios de autonomía y solidaridad.[78] Se trata, en definitiva, de decidir conforme a estos patrones cuál de los necesitados tiene un mejor derecho frente a su oponente en la concreta situación de conflicto, de modo tal que el coche autónomo respete en su forma de operar el estatus jurídico de quien ostente un mejor derecho.

Parece posible afirmar, en primer lugar, que ninguno de los integrantes del grupo de jóvenes ha provocado la situación de conflicto de un modo plenamente atribuible, por lo que no estamos ante una situación normativamente equivalente a la de la legítima defensa. Los jóvenes no ponen la vida del ciclista en peligro a través de una agresión actual y plenamente imputable. No estamos tampoco ante una situación clásica de estado de necesidad agresivo en la que un sujeto amenazado pretende desplazar el mal que no merece sobre un tercero absolutamente ajeno al conflicto. Más bien, los jóvenes son parcialmente responsables por la situación de necesidad, al haber infringido (negligentemente) una regla vial. Conforme a la regla de justificación del estado de necesidad defensivo,[79] hermano menor de la legítima defensa, el sujeto en peligro puede legítimamente desplazar

---

un mismo sentido, con anterioridad, Cuerda Riezu, *La colisión de deberes en derecho penal*, 1984, p. 263 y s.

77. Los deberes jurídico-penales, como formas imperativas categóricas no pueden colidir. Sí lo hacen, en cambio, adoptando la terminología kantiana, las razones de obligación. Al respecto, Timmermann, "Kantian Dilemmas? Moral Conflict in Kant's Ethical Theory", *Archiv für Geschichte der Philosophie* 95(1), 2013, 36 y ss.; y en la discusión penal, Joerden, "Interessenabwägung im rechtfertigenden Notstand bei mehr als einem Eingriffsopfer", *GA*, 1993, pp. 245 y ss. El (único) deber que se impone finalmente en situación de conflicto es, pues, el estimado preferente en el juicio de jerarquización de las razones de obligación. En profundidad, Coca Vila, *La colisión de deberes en Derecho penal,* 2016, p. 173 a 186.

78. En la colisión de deberes puede en ocasiones desempeñar un papel relevante la relación que existe entre el sujeto obligado y cada uno de los necesitados. Así, p. ej., el padre está obligado preferentemente a salvar a su hijo antes que a un menor extraño. Al respecto, Coca Vila, *La colisión de deberes en Derecho penal,* 2016, p. 418 y s.; y más breve, el mismo, *InDret* (2), 2017, p. 18 y ss. Esta segunda dimensión del problema es irrelevante en nuestro ejemplo, pues no media entre el ocupante del vehículo (si es que se le toma como referente a estos efectos) y las dos partes implicadas ninguna relación jurídica especial. El "coche" está obligado con ambas por dos deberes negativos de idéntico rango normativo.

79. Mientras que la legítima defensa otorga un derecho de reacción prácticamente ilimitado, pues el peligro es reconducible a un acto plenamente imputable (doloso y culpable) de quien ha de soportar la defensa, el estado de necesidad defensivo otorga al afectado un derecho de reacción frente al sujeto parcialmente responsable por el peligro (creación negligente, en situación de error, culpabilidad aminorada...) limitado por la preponderancia esencial del interés a lesionar. Sobre la distinción entre el estado de necesidad agresivo y defensivo, y éste respecto de la legítima defensa, vid. Coca Vila, *InDret* (1), 2011, p. 4 y ss.; y monográficamente, distinguiendo entre dos clases de competencia sentido débil a tales

el mal que le amenaza a su responsable (en sentido débil), siempre y cuando con ello no salvaguarde un interés esencialmente inferior al que lesiona. Es decir, los jóvenes solo pueden pretender que el coche autopilotado no les atropelle si su interés prepondera esencialmente sobre el del ciclista. ¿Es el interés del anciano esencialmente inferior al que su defensa exige lesionar?

Para poder responder a esta pregunta es preciso concretar antes a qué se alude aquí por interés y cómo pueden ser éstos ponderados. A grandes rasgos, la noción normativa de interés se configura (a cada lado de la balanza) a partir de tres factores esenciales: el bien jurídico afectado, la intensidad del daño esperable y la probabilidad de realización del peligro.[80] Aunque no es posible ahora analizar las particularidades del juicio de ponderación, sí cabe afirmar, en primer lugar, que los bienes jurídicos afectados (vida, integridad física, patrimonio) pueden ser comparados de manera relativamente objetiva a partir de los marcos penales fijados por el legislador en el Código penal. En segundo lugar, la intensidad de la lesión esperable en el concreto caso es también un dato relevante cuando ésta es graduable. Aunque la libertad prima en abstracto sobre el patrimonio, el interés del propietario de un enorme centro comercial en llamas puede ser *in concreto* superior al vinculado a la libertad de circulación de quien se ve privada de ella por los bomberos durante unos minutos. Finalmente, en tercer y último lugar, el grado del peligro que acecha para el concreto bien es un elemento decisivo en la definición del balance de intereses. Así, por ejemplo, el interés de quien es trasladado al hospital en un estado crítico puede ser superior al abstracto interés de la seguridad en la circulación vial, de modo que quepa justificar un exceso de velocidad del conductor que no pone en concreto peligro de muerte a persona alguna. Aunque sería quimérico tratar de matematizar el papel de los distintos factores aludidos, resulta –como mínimo– obligado considerar siempre en la ponderación todos ellos, explicitando el peso que se le atribuye a cada uno en el supuesto en cuestión.

Las anteriores reflexiones todavía no ofrecen una respuesta a la pregunta clave en el dilema que ahora nos ocupa. Aquélla exige responder todavía a dos cuestiones particulares ulteriores. En primer lugar, es necesario valorar ahora si, como algunos autores sostienen, a la hora de definir el contenido de cada uno de los platos de la balanza del juicio de ponderación han de agregarse o no los distintos intereses (o deberes) particulares afectados. Desde una concepción colectivista del estado de necesidad y de la colisión de deberes es difícil encontrar una razón por la que aquellos no debieran agregarse.[81] Si se trata en última instancia de maximizar los intereses de la comunidad, el carácter privativo de los intereses es un dato irrelevante, por lo que la conducta finalmente debida es la que

efectos, la vinculada a una infracción de una norma de comportamiento y la derivada del dominio sobre cosas, cfr. WILENMANN, *Freiheitsdistribution*, 2014, p. 216 y ss., 296 y ss.

80. Sobre todo ello, con detalle, MEISSNER, *Die Interessenabwägungsformel*, 1990, p. 229 a 244; MARTÍNEZ CANTÓN, *La ponderación en el estado de necesidad*, 2006, p. 176 y ss.

81. En este sentido, claramente, JOERDEN, *GA*, 1993, p. 247 a 250.

garantiza el mejor saldo neto final de intereses. Sin embargo, desde la perspectiva individualista desde la que se contempla aquí el estado de necesidad y la colisión de razones de obligación, la posibilidad de agregar intereses individuales no es en absoluto algo evidente. Al contrario: ¿por qué el derecho de defensa del anciano habría de variar en función del número de sujetos que han provocado la situación de peligro? Hasta donde alcanzo, en el marco de un Ordenamiento liberal, donde no se reconoce algo así como un "sujeto holístico" ni, por lo tanto, un correspondiente "daño holístico", no es posible construir para la resolución de conflictos macrointereses a partir de la adición de bienes personalísimos particulares, ni a salvaguardar ni a lesionar.[82] El hecho de que un sujeto aparezca junto a otro susceptible de ser cumulativamente salvado no altera en nada el estatus jurídico de los distintos sujetos involucrados en la situación de conflicto.[83] Es decir, la pretensión jurídica del anciano ciclista no varía en función del número de vidas que pueden ser salvadas a su costa. Y esto no solo rige cuando están en juego vidas humanas o coliden intereses equivalentes, sino también ante conflictos entre intereses personalísimos de distinto rango. El interés de la persona que peligra de morir ahogada no puede ser jurídicamente desprotegido a través de la agregación del interés particular de mil personas en no sufrir picaduras de medusas.[84]

Así las cosas, el juicio de ponderación en la situación de necesidad queda definido a partir del conflicto entre dos vidas humanas. A los efectos de decidir si el interés del ciclista es o no esencialmente inferior que el de cada uno de los jóvenes queda ya solo por responder a una segunda y última cuestión: ¿vale quizá la vida del anciano ciclista en el juicio de ponderación menos que la de cada uno de los jóvenes implicados en la situación de conflicto? La respuesta ha de ser sin duda negativa. En contra de ciertos planteamientos utilitaristas extremos,[85] es obligado

---

82. Así, Silva Sánchez, "Aspectos de la discusión alemana sobre el estado de necesidad disculpante: una observación", en Hormazábal Malarée (ed.), *LH-Bustos Ramírez*, 2011, p. 232, n. 73.

83. Y esto vale para los conflictos entre intereses o entre razones de obligación. Si un socorrista puede salvar a (A) y a (C), o solo a (B), aquel queda obligado por un deber alternativo, que le permite escoger cuál de las dos acciones salvadoras emprende. La tesis de que siendo equivalente la pretensión de salvación de (A) y (B), (C), quien se encuentra físicamente junto a (A), supone una razón adicional que ha de ser tenida en cuenta en la jerarquización de los deberes no me parece correcta. En cambio, vid von der Pfordten, *Normative Ethik*, 2010, p. 130 y s. La cuestión, de nuevo, es frente a quién rompe el empate (C). Frente a suprapersonas metafísicas puede ser (C) efectivamente un factor de desempate, pero no frente a (B), cuyo estatus jurídico permanece inalterado. En este sentido, con detalle, Coca Vila, *La colisión de deberes en Derecho penal*, 2016, p. 497 a 508.

84. Así, Scanlon, *What We Owe to Each Other*, 1998, p. 229 a 241. De otra opinión, Joerden, *GA*, 1993, p. 253.

85. Sobre los intentos por distinguir normativamente entre personas y seres humanos a los efectos de justificar homicidios de inocentes, p. ej., Tooley, *Abortion and Infanticide*, 1983, p. 87 y ss. y recientemente, en favor de otorgar una posición de preferencia a los niños, cfr. Schuster, "Das Dilemma-Problem aus Sicht der Automobilhersteller", en Hilgendorf (ed.), *Autonome Systeme und neue Mobilität*, 2017, pp. 110 y s.

reafirmar la vigencia irrestricta del principio jurídico de la imponderabilidad de la vida humana.[86] Esto no solo significa que la agregación cuantitativa de vidas no altera el valor comparativo de ninguna de ellas (prohibición de suma), sino que tampoco cabe afirmar ninguna diferencia de rango entre dos vidas humanas (prohibición de graduación). Es decir, no es solo que la vida del anciano achacoso vale lo mismo que la del reciente premio nobel,[87] sino que una vida humana vale exactamente lo mismo que cien. En definitiva, la mera diferencia cualitativa o cuantitativa entre vidas no permite fundamentar en ningún caso una preponderancia de intereses relevante a los efectos de justificar el sacrificio de un inocente.

Llegados a este punto, cabe ya resolver el conflicto arriba presentado. El juicio de ponderación ha de concluir necesariamente, con independencia de qué vida de las diez en juego se tome en cuenta a un lado de la balanza, con la afirmación de que el interés del ciclista anciano es exactamente equivalente al de los diez jóvenes. Se trata de bienes jurídicos idénticos, siendo en este caso la probabilidad de lesión equivalente. Así las cosas, dado que los diez jóvenes han provocado negligentemente la situación de conflicto y su interés no prepondera esencialmente sobre el del ciclista, el coche autopilotado debe modificar su trayectoria y dirigirse (en estado de necesidad defensivo) contra quienes han ocasionado de forma responsable (en sentido débil) la situación de conflicto.[88]

(3) El ocupante de un vehículo autopilotado solo puede salvar su vida si el coche se dirige hacia un carril de frenado de emergencia. Desgraciadamente, el software del vehículo reconoce al instante que en dicho carril se encuentran jugando con la arena dos niños que, en caso de ser atropellados, morirán con total seguridad.

A diferencia del supuesto anterior, nos encontramos ahora ante un caso que presenta una estructura de conflicto bidimensional, la vida del ocupante del coche autopilotado solo puede ser salvada a costa de la de los dos niños. Para la doctrina dominante la solución al presente dilema no plantearía especiales problemas:

---

86. Cfr. Robles Planas, "En los límites de la justificación. La colisión de intereses vitales en el ejemplo del derribo de aviones y de otros casos trágicos", en Luzón Peña (ed.), *LH-Mir Puig*, 2010, pp. 446 a 448. En profundidad, con ulteriores referencias, Wilenmann, "Imponderabilidad de la vida humana y situaciones trágicas de necesidad", *InDret* (1), 2016, pp. 7 y ss.

87. Cuestión distinta es que la probabilidad o intensidad de la lesión esperable, como factores relevantes en la ponderación, dependa de cualidades personales, como p. ej. la edad o el sexo. Un mismo choque puede ser mortal para un anciano pero no para el joven deportista. Al respecto, Kumfer/Burgess, *Transportation Research Record* (2489), 2015, p. 133, n. 27.

88. Distinta habría de ser la conclusión en el supuesto en el que no cabe atribuir responsabilidad alguna por el conflicto a uno de los integrantes del grupo, p. ej., al bebé que es portado por su padre. En este caso, la defensa del anciano habría de recaer sobre un inocente, por lo que ello solo sería tolerable conforme a la regla del estado de necesidad agresivo. En este sentido, Engländer, "§ 32", en Matt/Renzikowski (eds.), *StGB-Kommentar*, 2013, nm. 23.

asumiendo que los niños no son en absoluto responsables por la situación de conflicto y que la conducta que puede salvar al ocupante del vehículo es activa, a saber, modificar la trayectoria del automóvil hacia el carril de frenado, el coche autónomo solo podría desviar su trayectoria y atropellar a los niños (infracción de una prohibición) cuando con ello se salvaguardaran intereses esencialmente preponderantes.[89] Es decir, estaríamos ante un supuesto estándar de estado de necesidad agresivo. Dado que los intereses a lesionar son, como mínimo, idénticos a los que se salvaguardan, la desviación del automóvil no podría quedar en ningún caso justificada.

Esta forma de analizar el supuesto parte de la premisa esencial de que el necesitado es única y exclusivamente el usuario del vehículo. Éste ocupa la posición de *dominus,* es decir, es el llamado defectivamente a soportar la desgracia, por lo que, a falta de un motivo especial que justifique el desplazamiento activo del mal a un tercero, a él le compete asumirla en exclusiva. Ahora bien, ¿por qué razón es el ocupante del vehículo considerado en este caso *dominus*? Esta pregunta ha sido tradicionalmente obviada por la doctrina penal, concentrada en analizar los presupuestos bajo los cuales el *dominus* puede desplazar activamente el peligro a un tercero. Posiblemente, este desinterés se explique por lo sencillo que resulta generalmente definir de un modo intuitivamente plausible quién es el llamado –por defecto– a soportar un mal. Pocas dudas hay de que el llamado a soportarlo en primera instancia es el excursionista que peligra de morir congelado si no allana una cabaña, o el náufrago que solo puede salvar su vida arrebatando a un segundo infortunado la tabla que le mantiene a flote. Bien mirado, el *dominus* pareciera ser aquel sujeto al que el peligro se dirige en un primer momento conforme a un juicio de probabilidad físico-natural. Se trataría, pues, de un juicio de imputación del peligro basado en un análisis de causalidad hipotética, regido por juicios particulares de previsibilidad conforme a las leyes de la naturaleza. De hecho, elevar a la categoría de normativo aquello que simplemente sucede constituiría un proceder usual en nuestro Ordenamiento, indispensable allí donde éste carece de otros elementos valorativos para la atribución o distribución de la desgracia. Cuando el peligro para la vida no dimana de la esfera de ninguno de los dos implicados en la situación de necesidad, a falta de un criterio de decisión adicional, sería la dirección fáctica del peligro en el momento de su génesis ("destino") lo decisivo para el establecimiento de una primacía normativa entre las pretensiones jurídicas enfrentadas.[90]

No obstante, la atribución puramente fáctica de la condición de *dominus*, por un lado, conduce en ocasiones a resultados materialmente insatisfactorios en la

---

89. *Pars pro toto,* Küper, *Grund- und Grenzfragen der rechtfertigenden Pflichtenkollision,* 1978, p. 29 a 36; o Cuello Contreras, "La justificación del comportamiento omisivo", *ADPCP* 43(2), 1990, p. 498 a 507.

90. Con detalle, Zimmermann, *Rettungstötungen*, 2009, p. 175.

distribución final de la desgracia y, por el otro, supone negar la posibilidad de que sean una pluralidad los sujetos a los que se les atribuye la posición de *dominus* en supuestos en los que parece materialmente justo que así sea. Esto último queda de manifiesto claramente en el dilema (4) arriba recogido, en el que un coche autopilotado ha de optar entre frenar y salvar a un peatón o no frenar y salvar a un motorista. Preferir aquí la posición jurídica del motorista, asumiendo que el peligro se cierne sobre el peatón que será atropellado si el coche no hace nada resulta arbitrario. Lo primero, en cambio, queda palmariamente de manifiesto en el siguiente supuesto dilemático:[91]

> (A) ha perdido el control de su camión y se dirige cuesta abajo directamente contra el todoterreno de (B), quien está maniobrando para aparcar su automóvil. Detrás del automóvil de (B), en medio de la calzada, se encuentran dos niños, (C) y (D), quienes juegan plácidamente con un balón. Al advertir (B) que (A) se dirige contra él, aun habiéndose percatado de la presencia de los dos niños, detiene su maniobra y retira –mediante una rápida aceleración– su automóvil de la calzada, de modo que (A) acaba atropellando mortalmente a los dos niños. De haber impactado (A) contra (B), ambos hubieran sufrido importantes lesiones, pero ninguno de los dos hubiera muerto. Los dos niños hubieran resultado en ese caso ilesos.

Si resulta que el llamado a soportar el peligro es aquél sobre el que éste se cierne en términos puramente naturalísticos, no hay duda de que retirar el automóvil constituye una maniobra activa de desplazamiento del mal sobre los niños antijurídica. El conductor del todoterreno cometería un doble homicidio, injustificable conforme a las normas del estado de necesidad agresivo. Esta solución, sin embargo, resulta para muchos –y con razón– inasumible. El Derecho no tiene por qué aceptar siempre y en todo caso la distribución natural como la mejor de las soluciones imaginables a la hora de definir y concretar el reparto inicial de la desgracia.[92] En contra de cómo procede la doctrina habitualmente,

---

91. Sobre este supuesto dilemático y otros similares en los que un sujeto evita activamente el peligro desplazándoselo a un segundo agente igualmente irresponsable, vid. Coca Vila, *InDret* (2), 2017, p. 10 y ss. Esta clase de supuestos son discutidos en la filosofía jurídica y moral anglosajona bajo la etiqueta del "*ducking harm*". Al respecto, cfr. solo Boorse/Sorensen, "Ducking Harm", *The Journal of Philosophy* 85(3), 1988, p. 115 y ss.; o Haslett, "Boulders and Trolleys", *Utilitas*, 23(3), 2011, p. 268 ss. Mientras que parece evidente que quien se encuentra al final de una cola y advierte como un sujeto se dispone a dispararle no comete un homicidio cuando se aparta de la cola, de modo que el proyectil alcanza finalmente a la persona que se encontraba delante de ella; nadie duda de que sí es responsable del homicidio quien para evitar ser alcanzado por la bala agarra a la persona que se encuentra delante de ella y la utiliza como escudo humano. Existiría una diferencia moral relevante entre sacrificar a un tercero o evadir activamente un daño determinando causalmente la muerte de un tercero. Al respecto, fundamental en la discusión alemana, Merkel, "Die Abgrenzung von Handlungs- und Unterlassungsdelikt", en Putzke (ed.), *FS-Herzberg*, 2008, p. 193 ss.

92. Sobre una resignada aceptación de la distribución natural de la desgracia como peaje ineludible para evitar el peligro de la manipulación del reparto normativamente

cabe afirmar que también la atribución de la posición de *dominus* se basa en un juicio de atribución normativamente fundado.[93] Dicho estatus no se atribuye, o no solo, en atención a un juicio de previsibilidad naturalístico, sino, más bien, en atención a la libertad de actuación jurídicamente reconocida a todos los agentes involucrados en la situación de peligro con capacidad de alterar la concreción final de la desgracia. Para lo que aquí interesa, la idea esencial es la siguiente: la posición de *dominus* solo queda determinada una vez se toma en consideración el margen de actuación de todos los agentes que puedan hipotéticamente interferir –de forma legítima– en el curso de realización del peligro. Solo tras descontar esas eventuales variaciones del curso de realización del peligro cabe atribuir la posición de *dominus*. Así pues, la determinación de este estatus puede descomponerse analíticamente en tres fases: en la primera fase, el Derecho advierte cuál es el curso de lesión previsible que liberará el peligro en cuestión; acto seguido, el Ordenamiento introduce en el análisis el universo de conductas conforme a Derecho que pueden llevar a cabo todos y cada uno de los agentes cercanos a la situación de peligro, ya se trate aquéllas de meras facultades, ya sean conductas obligatorias; solo entonces, en tercer y último lugar, cabe instituir, de forma consecuente con el anterior análisis, la posición jurídica de *dominus,* como aquel agente competente defectivamente por un peligro.[94]

Evidentemente, el reto básico es entonces determinar las razones por las que determinadas conductas causalmente alteradoras de un curso de lesión previsible son tomadas en cuenta normativamente ya antes de determinar la posición de *dominus,* condicionando este juicio de atribución. Pues bien, parece plausible afirmar que la determinación de la posición de *dominus* se concreta a partir del curso de lesión esperado, descontando todos aquellos actos organizativos previsibles que se limiten a proseguir la gestión de esferas jurídicas de un modo *neutral,* no extravagante, tal y como estaba "previsto" de forma más o menos automática.[95] Así pues, determinadas variaciones activas del curso causal, en la medida en que representan conductas ubicuas o cotidianas previsibles, no constituyen una desviación del sistema de rutina, sino simples actos de exposición de un tercero a un mal preexistente, esto es, una simple intermediación jurídicamente neutra en la realización del curso de un peligro.[96] El carácter neutral será fácilmente

---

fundado, Jakobs, *PG,* 2ª ed., 1997, p. 538, n. 15; Birnbacher, *Tun und Unterlassen*, 1995, p. 215. Y sobre la prohibición de jugar –activamente– al destino o a ser Dios en situaciones de necesidad, Coninx, "Zufall, Effizienz und Verteilungsgerechtigkeit", en von Hirsch/Neumann/Seelmann (eds.), *Solidarität im Strafrecht*, 2013, p. 179 a 181.

93. Vid. Jakobs, *PG,* 2ª ed., 1997, p. 713, n. 66; y con detalle, Coca Vila, *La colisión de deberes en Derecho penal,* 2016, p. 403 a 408.

94. Al respecto, en detalle, Coca Vila, *InDret* (2), 2017, p. 22 y s.

95. Sobre la noción de conducta neutral en el marco de la teoría de la intervención delictiva, fundamental, Robles Planas, *Garantes y cómplices,* 2007, p. 96 a 99.

96. De parecida opinión, Horder, "Self-Defence, Necessity and Duress: Understanding the Relationship", *Canadian Journal of Law & Jurisprudence* 11(1), 1998, p. 152;

determinable en ámbitos fuertemente normativizados, en los que las conductas de todos los potenciales intervinientes estén determinadas *ex ante* y el margen de actuación arbitraria sea mínimo. Así, por ejemplo, el guardagujas que siguiendo el plan ferroviario preestablecido desvía un tren a la vía que corresponde para evitar una colisión frontal actúa neutralmente, también cuando en la vía accesoria se encuentra un pasajero desorientado que habrá de fallecer.[97] La fundamentación de la neutralidad jurídica de una acción, claro está, resulta más difícil allí donde no existen de antemano criterios normativos que determinen la conducta de tales agentes. En el ejemplo arriba propuesto, son en realidad los dos niños los *domini* en la situación de peligro, pues no pueden exigir al conductor que no ejecute una maniobra evasiva que solo puede ser vista como un ejercicio estándar de la libertad general de actuación en el ámbito de la propia esfera.[98] Es decir, ciertos actos organizativos, que no suponen un acoplamiento o configuración del mal ajeno, sino una determinación de lo jurídicamente esperable, quedan *ab initio* garantizados.[99] Este derecho preexistente, fundamentado en la libre organización de la propia esfera puramente evasiva o no re-organizativa del peligro explica que, normativamente, sean considerados desde un principio los dos niños como *domini*.

Y retomando ahora el ejemplo dilemático aquí propuesto, cabe igualmente afirmar que son los dos niños los que ocupan la posición de *domini* desde un principio. En la medida en que existe un plan preestablecido de actuación para conjurar el peligro que determina la situación de necesidad,[100] la alteración fáctica del curso causal que se amolda a dicho plan no constituye una alteración normativamente relevante del peligro, sino la realización previsible de una expectativa de salvación jurídicamente garantizada. Aun cuando el mal no se dirija causalmente contra los niños en un primer término, dado que se encuentran precisamente en

o HEVELKE/NIDA-RÜMELIN, *Zeitschrift für philosophische Forschung* 69(2), p. 222 a 224, quienes sostienen la existencia de un deber genérico de comportamiento previsible. Además de la pretensión general de no ser dañado por un coche, existe una pretensión especial a no ser dañado a través de un comportamiento imprevisible. Por eso, siempre según estos autores, un coche no puede invadir un arcén y atropellar a un peatón, tampoco cuando ello sea condición necesaria para salvar la vida a dos personas que cruzan la calzada (descuidadamente). El deber de no matar apartándose de la forma de comportamiento previsible es de mayor rango que el simple deber de no matar.

97. Así JAKOBS, *PG*, 2ª ed., 1997, p. 713, n. 66.

98. Así ZIMMERMANN, *Rettungstötungen*, 2009, p. 184 y s.

99. De parecida opinión, JÄGER, "Die Abwägbarkeit menschlichen Lebens im Spannungsfeld von Strafrechtsdogmatik und Rechtsphilosophie", *ZStW* 115 (4), 2003, p. 768 y s.

100. El grado de vinculatoriedad de dicho plan es variable. No es imprescindible que se trate de un deber jurídico de alterar el curso de lesión previsible. Es suficiente con que esa conducta sea la esperable generalmente, de modo que su ejecución pueda ser vista como una conducta jurídicamente neutral, esto es, una pura configuración interna de los detalles de la imagen final del peligro que se proyecta al exterior. Sobre esto mismo, COCA VILA, *La colisión de deberes en Derecho penal*, 2016, p. 403 a 408.

el lugar previsto para que los coches que han perdido los frenos puedan detener su marcha, son ellos los llamados por defecto a soportar el riesgo en la situación de conflicto descrita. Normativamente, son los dos niños, pues, los sujetos necesitados.[101] Así las cosas, el coche autónomo ha de dirigirse ante tal escenario de conflicto hacia el carril de frenado, aun cuando ello suponga la muerte de los dos menores. El ocupante del vehículo goza de una mejor pretensión jurídica en la situación de conflicto, que solo podría ser superada por la de los dos niños cuando el interés de éstos preponderara esencialmente sobre el interés del ocupante del vehículo (estado de necesidad agresivo). Dado que nos encontramos ante intereses equivalentes, los menores no pueden exigir desplazar el mal que les amenaza al ocupante del vehículo, por lo que les toca a ellos soportar la realización del peligro que determina la situación de necesidad.

(4) Un coche autopilotado se ve inmerso en la siguiente situación dilemática: o bien frena para evitar atropellar a un peatón negligente que repentinamente cruza la calzada, asumiendo con ello que el motorista que le sigue sin respetar la distancia de seguridad morirá al chocar contra la luna trasera del automóvil; o bien no frena y atropella al negligente peatón para salvar de ese modo la vida del motorista.

El presente supuesto dilemático, presentado por Harro Otto a principios de los años sesenta (su coche era todavía manual),[102] viene a cuestionar la primacía general de los deberes de omitir frente a los de actuar en el marco de la teoría general de la colisión de deberes. Conforme a esta extendida tesis, ante un conflicto entre deberes equivalentes, primaría siempre el deber de omitir frente al de actuar, de modo que solo cuando el deber de actuar (mandato) salvaguardara un interés esencialmente preponderante, éste podría ser cumplido a costa del deber de omitir (prohibición), cuya infracción quedaría en tal caso justificada conforme a la regla general del estado de necesidad agresivo.[103] Ante conflictos entre mandatos y prohibiciones que protegen intereses equivalentes, el Derecho

---

101. No siempre será sencillo la delimitación de aquella conducta de alteración del curso que constituye una re-organización *ad-hoc* del curso lesivo frente a aquélla que constituye una mera concreción normativamente irrelevante. ¿Puede un conductor que ha perdido el control de su automóvil y que circula por el tercer carril de la autopista desviar el coche hasta el primer carril modificando así la víctima del impacto? Aquí, parece que la existencia de carriles supone en cierta medida una normativización del suceder esperable, de modo que el cambio no justificado parece implicar, ahora sí, una reorganización *ad-hoc* del curso de lesión inasumible. En cambio, si un vehículo se aproxima hacia un grupo de peatones que han invadido un carril de la calzada, pudiendo determinar a grandes rasgos la dirección de su vehículo, pero ya no frenarlo, no cabe fundamentar el favorecimiento de aquellos peatones que de omitir se verán beneficiados, respecto de aquellos que, de omitir, se verían afectados. Todos son, pues, *domini*. Cfr. Coca Vila, *La colisión de deberes en Derecho penal,* 2016, p. 407. Dubitativo al respecto, Jakobs, *PG,* 2ª ed., 1997, p. 538, n. 15.

102. Cfr. Otto, Pflichtenkollision und Rechtswidrigkeitsurteil, 2ª ed., 1974, p. 121.

103. Al respecto, cfr. Küper, Grund- und Grenzfragen der rechtfertigenden Pflichtenkollision, 1978, p. 29 a 36.

otorgaría primacía a la prohibición, pues toda alteración del *status quo* dado precisaría de una especial justificación, imposible de ofrecer cuando coliden intereses idénticos.[104] Por consiguiente, ningún médico podría legítimamente extraer un riñón a quien aguarda en la sala de espera de un hospital, tampoco cuando ello fuera indispensable para salvar la vida de su paciente que yace en la mesa de operaciones.

Definiendo los mandatos como aquellos deberes que exigen una prestación activa del obligado y las prohibiciones como aquellos que requieren un mero no hacer, lo cierto es que la tesis acabada de referir obligaría al coche de nuestro ejemplo a atropellar al peatón, pues la prohibición de acabar con la vida del motorista primaría frente al mandato de salvar activamente (pisando el freno) al peatón. Es decir, si el coche frenara para no atropellar al peatón, el responsable de la programación del coche o su usuario habrían cometido un homicidio antijurídico. Que esta tesis no resulta de recibo lo demuestran los múltiples intentos por parte de los defensores de la primacía general de los deberes de omitir por reinterpretar la prohibición de matar al motorista como si de un segundo deber de actuar (mantener la velocidad) se tratara,[105] o el deber de frenar el coche activamente como si fuera una prohibición.[106] Con ello se pretende evitar la aplicación de la regla de primacía del deber de omitir, tratando el conflicto como una colisión entre dos mandatos o entre dos prohibiciones.

Sin embargo, en mi opinión, este proceder resulta inaceptable, pues se elude el problema sin dar respuesta precisamente a la cuestión importante, es decir, por qué razón se admite en determinados supuestos que alguien salve una vida a costa de otra a través de un comportamiento activo. El ejemplo de Otto viene precisamente a poner de manifiesto que la distinción entre mandatos y prohibiciones no resulta un criterio válido para resolver conflictos de deberes, pues no cabe extraer consecuencias dogmáticas estables, ni del carácter deóntico de las razones de obligación ni de la naturaleza activa u omisiva de las conductas requeridas. Y ello, en esencia, porque no es posible afirmar que las obligaciones de actuar ostenten por definición un rango normativo inferior frente a las de omitir. No es solo que todo mandato puede ser expresado en forma de prohibición y viceversa, sino que tampoco es posible afirmar con carácter general la mayor entidad axiológico-liberal de los deberes de omitir frente a los de actuar.[107] La madre que mata a su hijo al dejar de alimentarlo responde penalmente de igual forma que si lo estrangula activamente, ambos deberes son, pues, normativamente equivalentes. Y tampoco

---

104. Vid. JOERDEN, "Erlaubniskollisionen, insbesondere im Strafrecht", en DANNECKER et alii (eds.), *FS-Otto,* 2007, p. 351 a 353.

105. En este sentido, p. ej., BOTT, *In dubio pro Straffreiheit?*, 2011, p. 117.

106. Así, p. ej., NEUMANN, "Der Rechtfertigungsgrund der Kollision von Rettungsinteressen", en SCHÜNEMANN (ed.), *FS-Roxin,* 2001, p. 430.

107. Al respecto, con multitud de referencias doctrinales en un sentido y otro, COCA VILA, *La colisión de deberes en Derecho penal,* 2016, p. 196 a 219.

es cierto que el Ordenamiento jurídico-penal reconozca esta supuesta preferencia en el baremo de legitimación de las injerencias agresivas en estado de necesidad. El estado de necesidad agresivo no exige que el interés salvaguardado prepondere esencialmente porque solo bajo esa condición se permite la infracción de una prohibición, sino porque esa es la estricta condición para relativizar la vigencia del principio de autonomía por razones de solidaridad intersubjetiva. También el socorrista obligado por un deber de garante a salvar activamente a un bañista solo puede ver justificada la infracción de su deber cuando con ello cumple un deber esencialmente preponderante.[108]

Ahora bien, asumiendo que el carácter activo u omisivo de la conducta del coche autónomo es irrelevante a la hora de resolver el conflicto y que, en el caso concreto, no cabe establecer diferencias entre los deberes en atención a su especie normativa:[109] ¿existe alguna razón normativa de peso para graduar las dos pretensiones jurídicas enfrentadas? Dada la equivalente responsabilidad de los dos necesitados por la situación de conflicto, no parece que la noción del merecimiento permita disolver el dilema. Y asumiendo que los intereses en juego son equivalentes, la regla del estado de necesidad agresivo tampoco disuelve el conflicto, pues nadie puede hacer valer frente a su oponente un interés esencialmente preponderante. Por último, resulta que la regla de cierre del sistema clásico de causas de justificación (*casum sentit dominus*), tampoco ofrece aquí un buen criterio de resolución del dilema: ¿quién debe soportar la desgracia en este caso? En realidad, tal regla está pensada para resolver las denominadas comunidades de peligro secundarias, en las que un único sujeto necesitado desplaza un mal a otro hasta entonces no involucrado en la situación de necesidad. Sin embargo, el caso que ahora nos ocupa presenta una estructura algo distinta. Desde una perspectiva normativa, los dos necesitados aparecen como sujetos directamente involucrados en la situación de necesidad, configurándose así lo que ha venido a llamarse una comunidad de peligro primaria.[110] Aunque bajo esta etiqueta se discuten generalmente aquellos supuestos en los que coliden intereses que peligran de perderse, siendo todavía posible la salvaguarda de una parte a costa de adelantar la pérdida de otra, lo cierto es que el peatón y el motorista, aunque físico-naturalmente no están llamados ambos a perecer en la situación de necesidad, sí comparten frente al peligro un estatus normativo idéntico. La situación de necesidad del motorista no puede comprenderse sin la del peatón, y viceversa. Bien mirado, esto es lo que

108. Con detalle, Pawlik, *Der rechtfertigende Notstand*, 2002, p. 281 a 286.

109. Sí cabría jerarquizar los deberes en atención a su especie, p. ej., en el caso en el que colide un deber de amparo basado en una relación jurídica-especial (paterno-filial) y un mero deber general de socorro. El primero prima, *ceteris paribus*, sobre el segundo. Al respecto, con detalle, Coca Vila, *La colisión de deberes en Derecho penal*, 2016, p. 275 a 305.

110. Sobre los conceptos de comunidad de peligro primaria y secundaria, cfr. p. ej., Zimmermann, *Rettungstötungen* 2009, p. 297 a 311.

sucede, por ejemplo, en los casos típicos de conflicto de deberes de actuar, donde el padre ha de escoger a qué hijo salva cuando ambos peligran de morir ahogados.

Pues bien, al igual que afirma la doctrina penal mayoritaria cuando coliden deberes de actuar,[111] el coche autónomo que ha de "decidir" qué interés salva en el marco de una comunidad de peligro primaria como la descrita actuará siempre conforme a Derecho cuando cumpla con uno de los dos deberes en juego. Es decir, del mismo modo que se admite que el padre que infringe su deber de salvamento con un hijo para salvar al otro en situación de conflicto no desplaza un mal de forma antijurídica, ni juega de forma ilegítima a ser Dios, sino que se limita a actuar de la única forma razonablemente exigible en el caso concreto;[112] el coche autónomo de nuestro ejemplo habrá de concretar o determinar igualmente sobre quién se realiza el peligro abstracto que acecha a ambos necesitados, sin que ello constituya en ningún caso un desplazamiento de un mal a un tercero no involucrado.[113] Dado que ninguno de los sujetos que conforman la comunidad de peligro puede exigir razonablemente verse al margen de la situación de peligro, ni hacer valer una posición normativa frente a su oponente de mayor peso, la víctima final del conflicto, como el niño en el caso clásico de conflicto entre dos deberes de actuar, habrá de asumir la solución dada por el automóvil al conflicto como una consecuencia posible en su desgraciada situación.[114] En definitiva, frenar el automóvil para evitar atropellar al peatón no constituye, pues, un homicidio antijurídico, como tampoco lo sería omitir detener la marcha y atropellar al peatón que cruza la calzada frente al automóvil. El Ordenamiento jurídico concede en este caso al "obligado" la facultad de resolver el conflicto como estime oportuno, siendo conforme a Derecho la lesión de cualquiera de los dos intereses u obligaciones *prima facie* garantizadas.

Lo anterior plantea todavía una última cuestión relevante a la hora de solucionar nuestro supuesto dilemático. Si resulta que ambas formas de comportamiento posible son jurídicamente adecuadas, de modo que el coche goza de algo así como un "derecho de elección", queda por definir la manera en la que el coche autónomo ha de adoptar su decisión. Dos opciones entran aquí en consideración.

---

111. *Pars pro toto*, Roxin, *PG*, v. I, 2006, p. 724 a 728.

112. Ante deberes *prima facie* equivalentes el Ordenamiento jurídico impone al obligado un deber alternativamente configurado, que obliga a cumplir una de las dos razones de obligación en conflicto. Sobre todo ello, con detalle, Coca Vila, *La colisión de deberes en Derecho penal*, 2016, p. 438 a 490.

113. En un sentido parecido, Coninx, en von Hirsch/Neumann/Seelmann (eds.), *Solidarität im Strafrecht*, 2013, pp. 179 a 181. De otra opinión, Hilgendorf, en Hilgendorf/Hötitzsch (eds.), *Das Recht vor den Herausforderungen der modernen Technik*, 2015, p. 25.

114. No creo que una aproximación deontológica impida ofrecer una solución ante conflictos de intereses o razones de obligación equivalentes. Así, sin embargo, Kumfer/Burgess, *Transportation Research Record* (2489), 2015, p. 132. La víctima final del conflicto ha de tolerar la no satisfacción de su pretensión porque ello es el precio ineludible por haber contado en un momento previo con la posibilidad de ver aquella salvaguardada.

O bien es el programador (o el usuario) el que a través de una decisión subjetiva predetermina cómo solventar tales conflictos, o bien se programa el automóvil para que proceda a decidir a través de sistemas de arbitrio objetivo (sorteo).[115] En contra de esta segunda posibilidad se ha afirmado que tanto el Derecho como la noción de justicia se conciben en nuestra sociedad como algo demasiado serio para ser desnaturalizado en situaciones extremas mediante decisiones arbitrarias o azarosas.[116] Ahora bien, lo cierto es que donde no existe un parámetro de decisión conforme a los patrones clásicos y la alternativa consistente en no tomar una decisión ha sido previamente descartada,[117] el azar se muestra como la mejor solución imaginable para solventar los conflictos indecidibles protagonizados por coches autónomos. Ello, en mi opinión, por dos razones. En primer lugar, porque los mecanismos objetivos de arbitrio constituyen un procedimiento de decisión especialmente respetuoso con el principio de igualdad, de modo que cualquier agente racional estaría de acuerdo en el recurso a aquellos en defensa de sus propios intereses.[118] El sorteo, además, permite garantizar que la decisión entre pretensiones jurídicamente equivalentes no sea tomada por un agente a partir de postulados jurídica- o moralmente inasumibles (xenófobos, racistas, machistas...).[119] Además, a diferencia de lo que puede acontecer en situaciones clásicas de necesidad, donde es posible que el agente obligado a decidir no tenga el tiempo o la posibilidad material de resolver el conflicto a través de un sorteo, un coche autopilotado siempre podrá decidir mediante un sistema de arbitrio objetivo como

115. Sobre el sorteo como mecanismo de decisión jurídica, Duxbury, *Random Justice*, 1999, *passim*.

116. Ningún Ordenamiento jurídico podría consentir el que se jugara en el sentido propio del término con la vida de seres humanos. Cfr. Depenheuer, "Zufall als Rechtsprinzip?", *JZ* 48(4), 1993, p. 172.

117. El que tomar una decisión entre dos opciones no es necesariamente irracional cuando faltan razones de preferencia lo muestra con meridiana claridad Rescher, "Choice without Preference: A Study of the History and of the Logic of the Problem of 'Buridan's Ass'", *Kant-Studien* 51(1-4), 1960, p. 142 a 175.

118. No puede abordarse aquí en detalle la cuestión de cómo habría de configurarse el sorteo. Como he tratado de argumentar en otro sitio (Coca Vila, *La colisión de deberes en Derecho penal,* 2016, p. 502 a 507), ante conflictos en los que están en juego vidas humanas, siendo posible, p. ej., salvar dos peatones conjuntamente a costa de un único motorista, no creo axiológicamente obligado el recurso a un sistema de lotería ponderada, de modo tal que la unión de los dos peatones contara en el sorteo con una probabilidad de 2/3 de salir indemnes del conflictos. Así, en cambio, Broome, "Selecting People Randomly", *Ethics* 95(1), 1984, p. 38 y ss.; o Timmermann, "The individualist lottery: how people count, but not their numbers", *Analysis* 64(2), 2004, p. 106 y ss. Desde los postulados individualistas que han de regir la solución de los conflictos, no existe razón justificable frente a la víctima (fácticamente) aislada que explique por qué motivo ha de tomar parte en el sorteo en peores condiciones que el resto de sujetos necesitados. De parecida opinión, Taurek, "Should the Numbers Count?", *Philosophy and Public Affairs,* 6(4), 1977, p. 303.

119. No parece tolerable que el Derecho acepte coches circulando que, ante el conflicto arriba descrito, opten, p. ej., por acabar con la vida de un sujeto por su condición religiosa, étnica, sexual etc. En este sentido, Dworkin, *Justice for Hedgehogs*, 2011, p. 281 a 284.

resolver el dilema. Y en segundo y último lugar, lo cierto es que la resolución de conflictos en este ámbito a través del sorteo es inmune a la crítica clásica que se le ha dirigido a este mecanismo a la hora de resolver situaciones de necesidad trágicas. El hecho de que sea el coche el que toma por sorteo la decisión y automáticamente la ejecuta elimina cualquier riesgo de manipulación,[120] tanto del propio sorteo como de la ejecución de su solución, de modo que la víctima se presenta como el resultado de una fuerza objetiva tras haber gozado de una opción de salvación en un sorteo en el que todas las pretensiones son consideradas por igual.

En conclusión, en el dilema aquí presentado el coche autónomo habría de ser programado para tomar una decisión puramente aleatoria que resuelva el conflicto. Ante pretensiones idénticas, el sorteo es el mejor mecanismo para tomar una decisión que resulta ineludible.

(5) Un vehículo autopilotado advierte que la única forma que tiene de no alcanzar por trás a un motorista que circula sin casco en el carril derecho de una autopista consiste en invadir el segundo carril, arrollando así a otro motorista que circula equipado con casco y modernas protecciones. En caso de derribar al motorista sin casco éste morirá, mientras que si derriba al segundo motorista éste sufrirá leves contusiones. El ocupante del vehículo saldrá en ambos casos ileso del accidente.

Este último supuesto dilemático plantea pocos problemas a quienes abogan por una programación de los automóviles utilitarista del acto. El coche autopilotado habría de derribar siempre al motorista mejor protegido, pues con ello se minimiza la pérdida de utilidad social. A una solución distinta podría llegar un utilitarista de la regla. Pese a que en el caso concreto la maximización de la utilidad social se consigue derribando al motorista con casco y protecciones, programar los coches de tal modo generaría desincentivos para no protegerse, lo cual acabaría por provocar a largo plazo una pérdida neta de utilidad social.[121] Más compleja parece en todo caso la solución al caso desde la perspectiva principialista desde la que se abordan en este trabajo los conflictos. Por un lado, en consonancia con la idea del merecimiento y de la responsabilidad por los propios actos libres (autonomía), es obligado tomar en consideración a la hora de resolver el conflicto el hecho de que la mayor fragilidad de uno de los dos motoristas trae causa en la infracción de una regla de autoprotección. Por otro lado, en consonancia con la idea de solidaridad como límite axiológico fundamental al principio de autonomía, parece que la diferencia esencial de males que amenazan a uno y

---

120. A propósito de las comunidades de peligro, parece aceptar Jakobs (*PG*, 2ª ed., 1997, p. 508) la justificación del homicidio de un inocente solo si es el resultado de un procedimiento de arbitrio objetivo que ejecuta la decisión aleatoria automáticamente y sin posibilidad de impedimento. De parecida opinión, Robles Planas, en Luzón Peña (ed.), *LH-Mir Puig*, 2010, p. 456.

121. Cfr. Gurney, *Albany Law Review* 79(1), 2016, pp. 213, 251.

otro motorista no puede ser obviada a la hora de programar los algoritmos del coche.

Sea como fuere, nos encontramos de nuevo ante un dilema con una estructura tridimensional, en el que el coche autónomo ha de "decidir" cuál de las dos prohibiciones en conflicto satisface. El coche está "obligado" a no atropellar al motorista sin casco, a la vez que tampoco debe atropellar al que sí lo lleva. El cumplimiento cumulativo de ambas razones de obligación es en el caso concreto imposible. Asumiendo que la relación (normativa) entre el coche, como agente "obligado" y cada uno de los motoristas es idéntica, la solución al conflicto dependerá de un análisis de la relación intersubjetiva entre ambos motoristas. Así las cosas, la primera cuestión que ha de ser dilucidada es si alguno de los dos motoristas es responsable por la situación de conflicto. Pues bien, pese a que uno de los dos motoristas, infringiendo la reglamentación vial, circula sin casco, no cabe advertir en esta infracción normativa un ocasionamiento responsable de la situación de necesidad ajena en el sentido propio de la legítima defensa o del estado de necesidad defensivo. Es más, en realidad, estamos ante una situación de comunidad de peligro secundaria, en la que el motorista sin casco aparece como *dominus,* siendo el segundo motorista ajeno por completo a la situación de peligro. A diferencia del ejemplo anterior, aquí no cabe considerar que ambos motoristas conforman una comunidad de peligro normativa, pues la existencia de carriles supone en cierta medida una normativización del suceder esperable, de modo que el cambio no justificado de carril implicaría, ahora sí, una reorganización *ad-hoc* del curso de lesión inasumible, si se quiere, una infracción inaceptable del deber de actuación previsible en situación de necesidad.[122]

No obstante, el que el motorista que circula sin casco sea considerado *dominus* no significa que haya de perecer necesariamente en la situación de necesidad. El estado de necesidad agresivo autoriza generalmente al competente por defecto a desplazar el peligro a quien es ajeno a él cuando con ello se salvaguardan intereses esencialmente preponderantes. Sin embargo, este estricto baremo de diferencia de intereses todavía lo es más cuando es el propio necesitado el que se ha puesto responsablemente en situación de necesidad, ya sea infringiendo una norma de comportamiento, ya sea infringiendo meras incumbencias de autoprotección.[123] Así pues, quien se coloca de forma responsable en la situación de necesidad dispone todavía de un derecho de necesidad, aunque limitado, pues su pretensión de solidaridad frente a otro ciudadano se rebaja en

---

122. En este sentido, HEVELKE/NIDA-RÜMELIN, *Zeitschrift für philosophische Forschung* 69(2), 2015, p. 223.

123. Sobre la noción de incumbencia en Derecho penal y, en particular, sobre las incumbencias de autoprotección, cfr. SÁNCHEZ-OSTIZ, "¿Incumbencias en Derecho Penal?.--Depende", *InDret* 1, 2015, pp. 4 y ss., 10 y ss.; o MONTIEL, "¿Existen las Obliegenheiten en el Derecho penal?", *InDret* 4, 2014, pp. 7 y s.

la proporción en la que el conflicto en cuestión le sea imputable.[124] Aún a riesgo de una excesiva generalización cabe afirmar que el necesitado que ha provocado (responsablemente) su propia situación de necesidad solo puede desplazar el mal que le amenaza a un tercero cuando con ello salvaguarde un interés notablemente superior al que lesiona. La mera preponderancia esencial, pues, ya no es aquí suficiente.[125] Así las cosas, cabrá justificar el allanamiento de una cabaña por parte de quien ha iniciado una travesía de esquí sin haberse equipado adecuadamente cuando ello sirva para salvarle la vida, pero no cuando conjure un mero riesgo de sufrir lesiones físicas no graves.

Ahora bien, ¿estamos realmente en el supuesto que aquí nos ocupa ante un caso de provocación de la propia situación de necesidad? ¿Provoca realmente el motorista que circula sin el casco la situación de necesidad? Parece posible afirmar que la infracción de una norma de comportamiento o de una incumbencia de auto-protección solo puede limitar el derecho de defensa en estado de necesidad agresivo cuando existe un vínculo de imputación normativamente relevante entre dicha provocación y la posterior situación de necesidad. Con un ejemplo: el alpinista que desoyendo los partes meteorológicos inicia la ascensión al *Monte Cervino* goza de un derecho de necesidad pleno cuando, tras una accidental caída, se rompe un tobillo y queda en situación de necesidad.[126] Su desgraciada situación no trae causa en la infracción de su deber de auto-protección, por lo que no merece ver aminorado su derecho de necesidad. Podría quizá pensarse que en nuestro ejemplo tampoco existe ninguna relación normativa suficiente entre la situación de necesidad y la infracción del deber de llevar casco por parte del motorista. Ahora bien, hasta donde alcanzo, nuestro problema es algo distinto. Aunque el motorista que circula sin casco no provoca su propia situación de peligro, éste se expone a través de la infracción de una norma de comportamiento a un daño superior al esperable en la misma situación de necesidad si se hubiera comportado conforme a Derecho. Es decir, la infracción de su deber de auto-protección no determina la situación de necesidad, sino la intensidad del daño esperable. Ante este escenario creo advertir, en esencia, tres formas posibles de solucionar el conflicto.

Una primera opción pasa por no tomar en cuenta a la hora de decidir el conflicto el hecho de que el necesitado se ha desprotegido. Dado que el interés del motorista sin casco prepondera esencialmente sobre el del segundo motorista, el coche habría de invadir el carril y arrollar a éste último, que apenas sufriría leves contusiones. Sin embargo, esta aproximación no es capaz de explicarle al motorista diligente por qué razón la infracción del deber de auto-protección del segundo motorista ha de empeorar su estatus jurídico. Si el motorista necesitado

---

124. Vid. Küper, Der „verschuldete" rechtfertigende Notstand, 1983, pp. 25 a 28; o Pawlik, Der rechtfertigende Notstand, 2002, pp. 286 a 304.

125. Cfr. Pawlik, *Der rechtfertigende Notstand*, 2002, p. 295.

126. Con razón, Pawlik, *Der rechtfertigende Notstand*, 2002, p. 294.

llevara casco, la afectación de los intereses del segundo motorista sería antijurídica, pues estaríamos ante intereses equivalentes (leves contusiones). El acto negligente del motorista necesitado estaría mejorando su situación jurídica en el conflicto, lo cual sería a ojos de la víctima difícilmente asumible,[127] en especial, en el marco de un Ordenamiento jurídico que adopta el principio del merecimiento como *ratio* esencial de solución de los conflictos. La segunda solución pasa por definir los intereses en juego como si el motorista sin casco no hubiera infringido su deber de auto-protección. En tal caso, los intereses en juego se presentarían como equivalentes, pues ambos motoristas, asumiendo hipotéticamente que los dos portan casco, peligrarían simplemente de sufrir leves contusiones. El motorista sin casco no podría, pues, desplazar el mal que le amenaza al adecuadamente protegido. Esta forma de ver las cosas, aunque coherente con el principio del merecimiento, parece sin embargo limitar en exceso el deber de solidaridad del motorista diligente, condenando al motorista descuidado a morir. Si incluso ante agresiones plenamente imputables (legítima defensa), se reconoce –y con razón– un cierto margen al principio de solidaridad en la resolución del conflicto (restricciones-ético sociales a la legítima defensa),[128] parece plausible afirmar que también en estos supuestos el necesitado debe gozar de un cierto derecho de defensa. La tercera y última solución, en mi opinión la más plausible, consiste en reconocer, de forma análoga a los supuestos estándar de provocación, un derecho de necesidad al motorista, aunque limitado. El desplazamiento del mal al motorista con casco solo sería legítimo cuando con ello se salvaguardara un interés extremadamente superior al que se lesiona.

Así las cosas, en nuestro ejemplo, el coche autopilotado habría de arrollar al motorista con casco, pues con ello se salvaguarda un interés (vida) extremadamente superior al que se lesiona (mínimo menoscabo reparable en la integridad física). La posibilidad del motorista negligente de salir indemne del conflicto, sin embargo, no me parece que genere un desincentivo relevante para desprotegerse en un futuro. En primer lugar, porque su comportamiento sigue siendo antijurídico y sancionable. En segundo lugar, porque el motorista que es víctima de una acción lesiva justificada en estado de necesidad agresivo conserva frente al beneficiario de la acción una pretensión civil de resarcimiento. Y en tercer y último lugar, porque en la medida en que la lesión que amenazara al motorista con casco fuera mínimamente relevante, por ejemplo, una fractura ósea, el coche ya no podría desplazar sobre éste el mal, por lo que el motorista sin casco perecería.

---

127. Goodall, en Meyer/Beiker (eds.), *Road Vehicle Automation*, 2014, p. 99, entiende que ello crearía desincentivos inadecuados. Sería preferible circular en tal caso sin casco y con un coche poco seguro.

128. El principio de solidaridad limita el derecho de legítima defensa en casos de extrema desproporción, a modo de "premio" por una fidelidad al Derecho pasada y acicate para que esa sea la actitud del ahora agresor en un futuro. Cfr. Pawlik, *Der rechtfertigende Notstand*, 2002, p. 246 y s.

VI. Tesis

1. La programación de los *crash-algorithms* de los coches autónomos plantea un reto ético-jurídico de primera magnitud. Desde la perspectiva jurídico-penal, además del problema de imputación del resultado lesivo provocado por un coche autopilotado, se plantea el interesante problema de cómo configurar esta clase de automóviles ante situaciones de emergencia.

2. En este trabajo se ha defendido que el egoísmo ético no constituye un referente asumible para la programación de los coches auto-pilotados en situaciones dilemáticas, pues un Ordenamiento jurídico no puede adoptar como patrón de corrección de una conducta el mero interés de quien la ejecuta.

3. Tampoco la aproximación utilitarista resulta convincente. En el marco de un Ordenamiento jurídico-liberal, en el que se reconoce al ser humano como un agente libre, titular de derechos y obligaciones, la maximización de la utilidad social agregada no justifica injerencias en la esfera jurídica de un ciudadano. No existe ningún sujeto holístico cuyos intereses hayan de ser maximizados, tampoco en situación de necesidad.

4. En este trabajo se ha defendido la necesidad de recurrir a la teoría penal de la justificación, deontológicamente comprendida, para determinar el modo en el que programar los *crash-algorithms* de los coches autónomos. Ello se ha hecho de la mano de cinco de las varias situaciones dilemáticas que protagonizan la discusión *iusfilosófica* actual.

5. Si resulta que el sistema penal de causas de justificación ofrece el más completo, exhaustivo y fundado arsenal argumental para la solución de conflictos en situaciones de necesidad, parece adecuado que sea también la dogmática de la legítima defensa, del estado de necesidad (defensivo y agresivo) y de la colisión de deberes jurídico-penal el punto de referencia esencial en la discusión jurídica venidera sobre el modo en el que programar los coches autopilotados en situaciones dilemáticas.

VEÍCULOS AUTÔNOMOS E SITUAÇÕES DE COLISÃO[1]

Prof. Dr. LUÍS GRECO, Berlim

I.

É bem possível que não estejamos mais muito distantes da visão futurista de um mundo no qual veículos sejam autônomos, dirigindo "a si próprios", sem ter condutores, mas apenas passageiros. Antecipando-se a esse desenvolvimento, que entrementes se constrói não apenas a partir de protótipos técnicos, como também, em alguma medida, de transformações setoriais no direito do tráfego viário,[2] instalou-se uma viva discussão sobre os parâmetros de programação que devem guiar o comportamento desses veículos em situações de iminente colisão. Em sua estrutura, tais situações assemelham-se àquelas que a ciência do Direito Penal já discute há muito tempo, sobretudo quando analisa a eventual possibilidade de se reconhecer uma causa supralegal de exclusão de culpabilidade/responsabilidade

1. Tradução de Yuri Corrêa da Luz, Doutor em Direito Penal pela Universidade de São Paulo, com período de pesquisa na Ludwig-Maximilans-Universität, de Munique, e membro do Grupo de Ensino e Pesquisa em Direito Penal Econômico da FGV Direito SP.
2. Para mais detalhes, ver Hilgendorf, KriPoZ 2017, p. 225.

em casos como o do "controlador de trilhos".[3-4] Obviamente, não se trata, aqui, de discutir a conduta e a responsabilização do veículo em si,[5] tampouco as de seu condutor (que, em tais situações de automação, sequer existe), mas sim a conduta e a responsabilização de seu programador. A seguir, serão desenvolvidas algumas reflexões iniciais acerca desse tema, na esperança de que possam ser de interesse do homenageado – o Prof. Dr. Dr. h.c. mult. Kindhäuser –, cuja obra sempre teve como pano de fundo questões fundamentais do Direito Penal.

II.

Diferentes constelações de casos podem ser pensadas. Imaginemos um veículo diante de duas alterativas inescapáveis: seguir em frente, matando ou ferindo gravemente duas pessoas, ou desviar parcialmente de rumo, atingindo assim apenas uma delas. Deve-se programar o veículo para minimizar o potencial dano que se descortina (ou seja, para que desvie), ou algo assim equivaleria a uma inadmissível forma de "brincar com o destino" ou "brincar de Deus" (um argumento, aliás, mobilizado no "caso do controlador de trilhos" para qualificar como ilegítima uma intervenção sobre um esperado desenrolar das coisas)?[6] Em situações como essa, faz alguma diferença se, entre as potenciais vítimas do evento, houver jovens ou idosos, pessoas saudáveis ou doentes, ou mesmo se elas consentiram com o perigo/dano que podiam sofrer, se a situação de iminente

---

3. *N.T.*: O chamado "caso do controlador de trilhos" (também conhecido como "*dilema do bonde*") é um clássico experimento teórico da filosofia moral, com repercussões para, entre outros, o Direito Penal e o Direito Civil. Embora com numerosas variações, em sua forma básica, ele apresenta uma situação na qual um bonde desgovernado está prestes a se chocar com um túnel em construção, levando à provável morte de dezenas de seus passageiros. É possível a um funcionário da empresa administradora da ferrovia acionar uma alavanca de redirecionamento do trilho em que trafega o bonde, mas, com isso, ele atingiria três trabalhadores que estão, desavisadamente, cuidando da manutenção do trecho. Questiona-se, nesse cenário, se a decisão moralmente correta a ser tomada pelo funcionário seria *desviar* a rota do bonde, assumindo a morte de três pessoas como um "custo" para que dezenas de outras vidas seja salvas, ou, ao revés, seria deixá-lo *seguir* seu rumo atual, para que trabalhadores sem qualquer relação direta com o destino do veículo desgovernado não sejam prejudicados. Trata-se, assim, de um dilema que, em essência, opõe concepções utilitárias e deontológicas sobre o valor de vidas humanas envolvidas em uma situação limite.

4. A respeito, ver Kindhäuser, AT 8ª Edição. 2017, § 21, nm 14; Roxin, AT I, 4ª Edição. 2006, § 22 nm. 161 e seguintes.; ver também Hörnle/Wohlers, GA 2018, 12: "The Trolley Problem Reloaded"; críticos à comparação com o "caso do controlador de trilhos" são Walker Smith, Texas A&M Law Review 4 (2017), 197 (200 e ss.) e Nyholm/Smids, assim como as referências da nota de rodapé n. 24; no debate em língua inglesa, surge uma obscura discussão sobre o sentido dessa comparação, como por exemplo em Himmelreich, Ethical Theory and Moral Practice, 2018, 1, e em Wolkenstein, Ethics and Information Technology, 2018, 1.

5. Para essa outra questão, não apenas presente em ficções científicas de pouca qualidade, como também dotada de significado para as discussões sobre a possibilidade de responsabilidade penal de pessoas jurídicas, ver Gless/Weigend, ZStW 126 (2014), p. 561 (566 e ss).

6. A respeito, conferir Roxin, AT I § 22, nm. 163 e ss., com referências ulteriores.

colisão foi culpa delas próprias (em um contexto pertinente ao estado de necessidade defensivo), ou, ainda, se elas estavam na ocasião praticando uma injusta agressão (em um contexto autorizador de uma reação em legítima defesa)? Muda alguma coisa se redistribuímos a relação numérica entre os dois lados envolvidos na iminente colisão, de modo que nela não se oponha uma pessoa contra outra, mas sim uma pessoa contra duas, contra vinte ou contra duzentas? O que ocorre se, entre as possíveis vítimas do evento, estiver o próprio "condutor" – melhor dizendo, o passageiro – do veículo autônomo?

Na literatura que analisa esses diferentes cenários, não raro há quem pergunte se chega mesmo a ser possível que máquinas reconheçam as nuances de casos deste tipo, por vezes dotadas de fortes contornos normativos.[7] De fato, parece mais plausível que, nessas situações, as coisas se resolvam sobretudo com base em critérios quantitativos ou espaciais, e que, nessa medida, não se possa contar com a abundância de critérios que encontram uma entrada na ponderação de interesses de que trata o § 34 do StGB,[8] e que também se mostram relevantes para as hipóteses de colisão de deveres.[9]

Mais fundamentalmente, contudo, cabe questionar se há algum modo de *justificar* esse tipo de programação de veículos autônomos, ou se, ao revés, devemos taxar de antijurídica toda forma de pautar seu comportamento a partir de "algoritmos da morte".[10] Se consideramos o tradicional postulado que está na base das principais causas de justificação e da solução comumente defendida para o "caso do controlador de trilhos" – qual seja: o de que é inadmissível qualquer ponderação em um conflito de vida contra vida, e que, portanto, nesses casos um dever de se omitir prevalece frente a um dever de intervir (em suma: não se pode salvar uma vida ceifando outra)[11] –, é mesmo difícil, à primeira vista, não

---

7. Levanta essa questão Mitsch, KriPoZ 2018, 70 (72 ss.); no mesmo sentido, também Walker Smith, Texas A&M Law Review 4 (2017), p. 201.

8. Para detalhes, ver Kindhäuser, AT § 17, nm. 25 e seguintes.

9. Ver, por todos, Kindhäuser, AT § 17, nm. 7.

10. Hilgendorf, Hilgendorf/Hötitzsch (Org.), Das Recht vor den Herausforderungen der modernen Technik, 2015, p. 11 (p. 20 e seguintes).

11. *N.T.:* Diferente do que ocorre no Brasil, na Alemanha o Código Penal em vigor prevê, expressamente, duas espécies de estado de necessidade: o chamado estado de necessidade *justificante* (§ 34), também previsto no art. 24 do Código Penal brasileiro, que afasta a antijuridicidade de uma conduta, e o chamado estado de necessidade *exculpante* (§ 35), que afasta a culpabilidade do autor. Embora guardem similitudes, os requisitos de configuração do estado de necessidade justificante são parcialmente distintos. A principal diferença digna de nota, provavelmente, consiste na previsão, expressa, constante do § 34 do StGB, de que apenas age em estado de necessidade justificante quem, ao afastar um perigo atual a dado bem jurídico, viola outro que, em uma *ponderação*, possa ser considerado *sensivelmente preponderante*. Em razão dessa exigência de ponderação, e de que o bem em perigo seja mais importante que o bem afetado pela reação, tanto a doutrina quanto a jurisprudência consideram *inviável* a exclusão de antijuridicidade, pela via do estado de necessidade justificante (agressivo), de quem atenta contra uma vida (mesmo que seja em defesa de outra). Afinal, numa ponderação,

chegar a essa postura refratária. Devemos, então, concluir que a introdução de veículos autônomos no tráfego viário é juridicamente inadmissível, por se chocar com nada menos que a norma penal que proíbe o homicídio?

Praticamente ninguém que participa dessas discussões parece querer chegar a essa conclusão.[12] E isso é compreensível, sobretudo se levamos em conta que a introdução de novas tecnologias traz consigo a expectativa de uma drástica redução dos acidentes de trânsito, provocados, em uma considerável medida, por erros humanos. Nas célebres palavras de Pinker, "*when robotic cars are ubiquitous, they could save more than a million lives a year, becoming one of the greatest gifts to human life since the invention of antibiotics*".[13]

III.

Neste contexto, a solução, por vezes defendida,[14] que sustenta que seria possível excluir a culpabilidade dos programadores de veículos autônomos não se mostra, contudo, praticável; e isso por três razões. Primeiro, porque o princípio do mal menor[15] não é capaz de exculpar um autor quando sua conduta implica uma transferência de perigo a terceiros que neles não estão diretamente envolvidos.[16] Alguém poderia até argumentar que, no caso de um pedestre que vem a ser morto por um veículo autônomo, não estaríamos propriamente falando de um terceiro

---

o valor máximo desse bem faz com que nenhum outro possa, frente a ele, ser considerado sensivelmente preponderante (sendo possível, no caso de um conflito de vida contra vida, haver apenas um empate, insuficiente para a incidência dessa causa de justificação). É por esse motivo que se costuma dizer que, se um sujeito tiver de lesionar uma vida para evitar uma violação à vida, ele não estará coberto pelo estado de necessidade justificante, devendo se omitir, ao invés de intervir. Isso tudo, de qualquer forma, sem prejuízo da eventual possibilidade de incidência, a depender do caso concreto, de outras causas de exclusão de responsabilidade em sentido amplo, como a legítima defesa e o citado estado de necessidade exculpante, legal ou supra-legal.

12. Exceção é apenas Joerden, in: Hilgendorf (Org.), Autonome Systeme und neue Mobilität, 2017, p. 73 (82 e seguintes).

13. Enlightenment Now, 2018, p. 180.

14. Cauteloso, neste sentido, Engländer, ZIS 2016, p. 608 (616, em relação à responsabilidade do produtor do veículo pela morte de pedestres).

15. *N.T.*: no debate alemão, há quem argumente que alguém que, diante de uma situação de perigo imposta a diversas outras pessoas, atua no sentido de favorecer uma parte delas, notadamente aquela supostamente mais merecedora ou com maior chance de proteção, e por consequência prejudique a outra parte, comportar-se-ia típica e antijuridicamente, mas não culpavelmente. É conhecido o exemplo dado por Welzel, de um cirurgião que retira de pacientes terminais aparelhos que funcionam como pulmões artificiais, para conectá-los a pacientes com maior chance de sobreviver, e que, a seu ver, deveria ser beneficiado por uma causa supralegal de exclusão de culpabilidade. A essa visão costuma se objetar que não se pode exculpar quem, para supostamente salvar um sujeito ou um grupo escolhido como mais importante, transfere os riscos vividos (mais intensamente) por ele a um terceiro que, até então, neles *não* estava implicado.

16. Ver, por todos, Roxin, AT I § 22, nm. 163 e seguintes.

não implicado no contexto do acidente, e que, por isso, poderíamos definir esta situação como uma "comunidade de perigo",[17] a atrair a incidência de uma causa supralegal de exclusão de culpabilidade.[18] Mas tampouco esse argumento seria produtivo, pois o estado de necessidade exculpante (mesmo o supralegal) é pensado para situações-limite, críticas, muito diferentes daquela vivida por um programador que está confortavelmente distante do contexto que culminará em um veículo autônomo colidindo.[19] Na verdade, da perspectiva do programador, não é possível sequer distinguir entre o que é destino e o que é "brincar de Deus", pois num contexto como esse, tão artificialmente construído, não podemos mais falar de um desenrolar "natural" das coisas.[20] Por fim, e principalmente, esta solução que postula uma exclusão de culpabilidade em favor do programador, mesmo que fosse adequada, equivaleria a uma capitulação dogmática: afinal, ela pressuporia uma confissão de que a produção de veículos autônomos seria algo antijurídico, o que, aliás, colocaria a doutrina da legítima defesa e da participação delitiva diante de dificuldades nada desprezíveis.

IV.

É a compreensão mais ou menos explícita dessas dificuldades que explica por que, de forma praticamente unânime, tem-se procurado uma solução para esse tema no âmbito do injusto. É comum a referência ao § 34 do StGB. Mas um olhar

---

17. *N.T.*: em uma variação do argumento do "mal menor" (cf. nota de tradutor *supra*), há autores que sustentam a incidência de uma causa supralegal de exclusão de culpabilidade em situações envolvendo as chamadas "comunidades de perigo", caracterizadas pela existência de um grupo de pessoas igualmente sob ameaça de grave lesão ou morte, sendo a salvação de alguma(s) dela(s) dependente do sacrifício de outra(s). Caso clássico é o dos quatro esportistas escaladores que, em um acidente, ficam presos a uma corda pendente junto a um abismo; na hipótese de a corda apenas suportar o peso de três deles, alega-se que a decisão de cortar a corda e soltar o quarto escalador, embora típica e antijurídica, seria exculpável porque, não fosse ela, todo o grupo acabaria, dentro em breve, caindo e morrendo. Vale registrar que, segundo a doutrina absolutamente dominante na Alemanha, uma hipótese destas não poderia ser autorizada na base de um estado de necessidade justificante, ante à percepção, já abordada, de que é inadmissível ponderar vida contra a vida, para efeitos da causa excludente de antijuridicidade prevista no § 34 do StGB, a não ser que se construa um estado de necessidade defensivo.

18. Roxin, AT I, § 22, nm. 146 e seguintes.

19. Nesse sentido, ver também Gless/Janal, JR 2016, p. 561 (575 e seguinte): "dilema calculável"; Weigend, ZIS 2017, p. 599 (604 e seguinte); Nehm, JZ 2018, p. 398 (399): "Uma ação ilícita, mas sob dadas circunstâncias não culpável, nem pode ser prescrita pelo Estado, nem pode ser liberada por alguém via programação". Ver ainda Joerden (nota de rodapé n. 12), p. 87, e Schuster, in: Hilgendorf (nota de rodapé n. 12), p. 99 (106), ambos argumentando pela inexistência, nesses casos, de uma pressão psicológica, entendida como necessária à incidência de uma excludente de culpabilidade; e Nyholm/Smids, Ethical Theory and Moral Practice 19 (2016), p. 1275 (1281 e seguintes.), que refuta, entre outras por essa razão, qualquer comparação com as situações envolvendo o "caso do controlador de trilhos".

20. Weigend, ZIS 2017, p. 602; Hörnle/Wohlers, GA 2018, 23.

mais detido permite ver que ela não se faz viável, por diversas razões.[21] É verdade que, nessas situações, não falta um "perigo atual",[22] pois este deve ser visto como existente quando uma intervenção tardia ameaça a possibilidade de se impedir o dano.[23] Mas, como mencionado, problemático mesmo é o enquadramento dessas situações no requisito de ponderação de interesses, quando nos atemos aos postulados da imponderabilidade e da inadmissibilidade de quantificação das vidas humanas em jogo: a morte de uma pessoa para que outra seja salva segue sendo ilícita, simplesmente porque ninguém tem o dever de se deixar matar para que outros possam continuar vivos.

A despeito disso, diversos autores pretendem rever esse postulado, a despeito de nem sempre ficar claro se estão dogmaticamente observando o § 34 do StGB.[24] A Comissão de Ética constituída pelo Ministério Federal do Transporte e da Infraestrutura Digital da Alemanha advoga um princípio de minimização de danos, que não seria inadmissível precisamente por incidir em uma situação na qual a identidade das potenciais vítimas de acidentes não seria aferível de antemão.[25] Com isso, contudo, segue sem se explicar por que essa peculiaridade mereceria este significado decisivo que lhe é atribuído pela Comissão. *Weigend* desenvolve, acompanhando *T. Zimmermann*, uma argumentação contratualista.[26] Em uma "posição original" (Rawls), todos os cidadãos iriam concordar com uma possibilidade de minimização quantitativa dos danos a que podem um dia ser submetidos, pois essa seria uma forma racional de defesa de seus próprios interesses. A probabilidade de ser parte ou do grupo vitimado, ou do grupo salvo por esse tipo de decisão minimizadora, variaria de acordo com o tamanho de cada

---

21. Engländer, ZIS 2016, p. 609; Weigend, ZIS 2017, p. 602 e seguinte; e (algo exagerado) Mitsch, KriPoZ 2018, 71 e ss.

22. Beck, in: Hilgendorf (nota de rodapé n. 12), p. 117 (133); também Mitsch, KriPoZ 2018, 71, que, além disso, põe em dúvida o preenchimento de outros requisitos do estado de necessidade, como a impossibilidade de se evitar por outra via o perigo surgido no contexto, assim como a razoabilidade da medida adotada para contorná-lo, em casos como o em tela.

23. De modo parecido, fórmula Kindhäuser, AT § 17, nm. 18 e seguinte.

24. Gless/Janal, JR 2016, 575; Weigend, ZIS 2017, 601; também Hörnle/Wohlers, GA 2018, 17 f., 24; ver ainda as reflexões de Joerden (nota de rodapé n. 12), p. 93 e seguinte, que, contudo, ao final, não advoga por essa revisão; (cauteloso é) Hilgendorf, in: Hilgendorf (nota de rodapé n. 12), p. 143 (158 e seguintes; ver também as referências da nota de rodapé n. 25); de uma perspectiva empírico-experimental, ver Faulhaber, entre outros, Science and Engineering Ethics 2018, 1 (p. 5 e seguinte).

25. Bundesministerium für Verkehr und digitale Infrastruktur (Org.), Ethik-Kommission Automatisiertes und vernetztes Fahren, 2017, p. 18 e seguinte; igualmente, ver Hilgendorf (nota de rodapé 25), p. 150, 154 e seguinte, que reconduz sua conclusão à ideia de "gradação do injusto" – uma solução, porém, que por se colocar, em essência, na via da exclusão de culpabilidade, é inviável por conta do já tratado no tópico III *supra*.

26. Weigend, ZIS 2017, p. 601 e seguinte; parecido é Hevelke/Nida-Rümelin, JW&E 19 (2015), p. 11 e seguinte; Neumann, in: Rotsch (Org.), Zehn Jahre ZIS, 2018, p. 393 e seguintes (403 e ss.: "maximização das chances de salvamento para todas as pessoas potencialmente afetadas por um acidente de trânsito").

um deles. Essa inegável consequência ligada a uma argumentação desse tipo, entretanto, sinaliza uma fraqueza decisiva do pensamento contratualista. Nele, a proteção de minorias é estruturalmente muito restrita, pois, nessa visão, sempre existe uma razão *prima facie* para se impor um mal a um outro grupo, bastando que ele seja minoritário.[27]

V.

Por isso, parece recomendável não abalar os pilares das sérias relações jurídicas existentes entre as pessoas, e buscar soluções alternativas.

Uma delas constrói-se a partir dos princípios pertinentes à chamada "colisão de deveres".[28-29] Nesta chave, a quantificação ora discutida deixa de ser pura e simplesmente vedada.[30] E isso não porque, neste plano, a proibição de quantificação de danos seja abandonada, mas sim porque, bem notada, ela só faz sentido quando há (ao menos *prima facie*) um direito de defesa oponível a uma tentativa de intervenção em uma esfera jurídica. Ou dito concretamente: todo aquele que atua em estado de necessidade intervém, com sua conduta típica, na esfera de outrem; a *programação* de veículos autônomos, contudo, *não* se enquadra nesta espécie de *intervenção*.[31] Nas situações ora discutidas, o que está em jogo, na verdade, não é quem pode ser atingido ou afetado, mas sim, *a quem* pertence a chance de salvamento que será aproveitada, e a quem, inversamente, não. Em outras palavras: do ponto de vista material, trata-se de nada menos que dois deveres de salvamento. Aqui reside a verdadeira razão pela qual a peculiaridade mencionada

---

27. Mais profundamente – contra qualquer forma de quantificação de danos – fala Coca Vila, Criminal Law & Philosophy (= CrimL&Phil) 12 (2018), 59 (65 f., 70).

28. Weigend, ZIS 2017, p. 603; Beck (nota de rodapé n. 22), p. 134; proximamente, Schuster (nota de rodapé 19), p. 108 ss., que, contudo, aceita falar de colisão de deveres de omissão.

29. *N.T.*: como indicado (cf. nota 3, *supra*), a previsão, no § 34 do StGB, de um requisito de ponderação, somada à citada compreensão de imponderabilidade da vida humana, faz com que não seja justificada, sob a ótica do estado de necessidade, a conduta de um agente que, para evitar a morte própria ou de um terceiro, atenta contra a vida de outrem. A doutrina dominante, porém, refere que algo distinto ocorre nas hipóteses de "colisão de deveres", vale dizer, quando dado agente tem, ao mesmo tempo, deveres de proteger *diversas* pessoas, mas apenas consegue cumprir com *um* deles. Exemplo clássico é o do pai de três filhos que, pegos pela correnteza de um rio, estão em risco de morrerem afogados, e que apenas consegue, faticamente, salvar um deles. Nesse contexto, interpretar o postulado da imponderabilidade da vida humana de forma estrita, a ponto de se concluir que o pai, por não poder privilegiar a vida de nenhum dos filhos, deve se abster ao invés de agir, levaria a uma solução indesejada e materialmente injusta: a morte de seus três filhos. Por isso, entende-se que, em casos tais, quem atua sacrificando uma vida em favor de outra, embora não atue em estado de necessidade justificante (por não se enquadrar no § 34 do StGB), está justificado por uma causa *supralegal* de exclusão de antijuridicidade, vinculada a essa situação de "colisão de deveres" de salvamento.

30. Ver, por todos, Roxin, AT I § 16, nm. 124.

31. De forma parecida, ver Schuster (nota de rodapé n. 19), p. 107.

pela Comissão de Ética do Ministério do Transporte e da Infraestrutura Digital, de, nestes casos, a identidade das potenciais vítimas não ser aferível de antemão, tem um significado decisivo para a aferição de responsabilidade do programador.

Contrários a essa compreensão, *Erb* e *Joerden* objetam que, em situações como a ora discutida, não estaríamos diante de uma colisão entre dois deveres de agir, mas sim e apenas de uma colisão entre um dever de agir e um dever de omitir – o que, como já mencionado, deveria ser solucionado de acordo com o postulado base do § 34 do StGB, dando-se prevalência ao dever de se omitir.[32]

A dificuldade posta por essa objeção poderia militar em favor de uma solução a ser buscada no âmbito do chamado "risco permitido", advogada por alguns autores (ainda que não por *Erb*).[33] À primeira vista, essa figura dogmática parece mesmo ser promissora, sobretudo por conseguir processar melhor que a figura da colisão de deveres o já referido "distanciamento" que o programador mantém em relação às situações de colisão dos veículos autônomos. Esta abordagem, não bastasse, ainda tem a vantagem de conceituar essa problemática como algo atinente à formulação de regras gerais de cuidado, um tema que, em si, deve ser analisado já no plano da tipicidade, e não apenas no plano da antijuridicidade.

VI.

Mas a verdade é que, nos contextos ora discutidos, os institutos da colisão de deveres justificadora e do risco permitido não são alternativas excludentes entre si, mas sim *considerações que se referem uma à outra e se complementam*. Isso porque o risco permitido baseia-se sobretudo em uma ponderação[34] que, diferentemente daquela prevista no § 34 do StGB, é formulada de modo divorciado da individualidade do caso concreto, no âmbito, por assim dizer, macro da sociedade. Mas se assim é, os limites que valem para a ponderação referida no § 34 do StGB também devem valer para o risco permitido, salvo se for possível oferecer uma boa razão para que, em relação a ele, devam vigorar parâmetros comparativamente mais flexíveis. Afinal, sem uma tal boa razão, a referência a um risco permitido segue sendo nada além de um slogan, uma palavra vazia sem qualquer conteúdo.

---

32. Erb, Neumann-FS, 2017, p. 785 e seguintes (796); Joerden (nota de rodapé 12), p. 90.

33. Hilgendorf (nota de rodapé 24), p. 164 e seguintes (que, contudo, incorre na dificuldade de ter de esclarecer como a decisão de um agente em favor da prática de um ilícito – ver nota de rodapé 25 *supra* – poderia configurar um risco permitido); Mitsch, KriPoZ 2018, p. 70; nesta mesma linha, também Schuster (nota de rodapé 19), p. 108 e seguintes, 113 e seguinte, falando, na verdade, de adequação social; contra a ideia de risco permitido, contudo, ver Engländer, ZIS 2016, p. 612; Erb, Neumann-FS, 2017, 794; Joerden (nota de rodapé 12), p. 87.

34. Ver, por todos, Roxin, AT I, § 11 nm. 66.

Esta razão deve ser encontrada na ideia – relevante para a dogmática da colisão de deveres justificante – de que é mais fácil fundamentar uma postura passiva de se omitir em ajudar do que fundamentar uma intervenção em uma posição jurídica garantida *prima facie*. É essa a chave, também, para enfraquecer a forte objeção de *Erb*, acima mencionada. Sua descrição das situações em tela como sendo não um conflito entre dois deveres de salvamento, e sim um conflito envolvendo ao menos um dever de se omitir em produzir danos, seria procedente apenas se nossa análise jurídico-penal estivesse tratando da perspectiva do veículo autônomo, localizado próximo à iminente colisão. Mas é muito difícil distinguir ação e omissão da perspectiva do programador (que é a determinante, dado que estamos tratando de sua responsabilidade), distante que está do evento. Assim, como a programação de um veículo autônomo não constitui uma intervenção na esfera jurídica alheia, enfrentamos uma situação que na verdade corresponde àquela de uma *tentativa frustrada de obediência a um comando*, que, por sua vez, representa uma conhecida constelação de casos relacionados à chamada "omissão por comissão".[35] Em suma, uma exclusão do caráter ilícito da programação de veículos autônomos pode ser extraída de uma combinação do risco permitido e da colisão de deveres justificante. O primeiro oferece o ponto de conexão dogmático; a segunda, os parâmetros de conteúdo.

VII.

Fica em aberto, então, somente a definição, a partir desses parâmetros, das concretas determinações de comportamento que devem pautar as programações nas diferentes constelações de casos. Obviamente, nesta sede não se pretende apresentar uma solução para cada possível variação que possa ocorrer na prática. Trataremos, apenas, daquelas situações que têm recebido mais atenção nos debates sobre o tema. No *conflito entre deveres de salvamento de valores distintos*, deve-se dar preferência àquele mais importante.[36] Uma vez que, como dito, estamos apenas diante de uma colisão entre deveres de salvamento, é admissível quantificar e prescrever à máquina um padrão de escolha que a leve a ter uma postura de salvar o maior número de vidas possível. É verdade que uma tal quantificação não parece compulsória, mas, à falta de uma alternativa melhor, ela parece ser preferível. De qualquer forma, a consideração, pela máquina, de fatores

---

35. Kindhäuser, AT § 35, nm. 12 e seguinte. Em oposição, postula Weigend, ZIS 2017, p. 600, uma igualdade de valor entre deveres de ação e deveres de omissão, uma construção que esclarece/convence no resultado, mas tem a desvantagem de não ser mais compatível com os princípios tradicionais da colisão de deveres justificadora; reservas semelhantes valem para a abordagem de von Schuster (nota de rodapé 19), p. 108 e seguintes, de aceitar uma colisão entre deveres de omissão.

36. Weigend, ZIS 2017, p. 603.

biográficos-individuais, como a idade[37] ou a saúde dos implicados numa iminente colisão, deve ser vista como incompatível com a igualdade jurídica de valor de toda vida humana – se esses fatores são ou não relevantes para a avaliação da magnitude dos riscos envolvidos é algo que deixo, aqui, sem resposta.[38]

Já em um conflito entre deveres de salvamento *de valores idênticos*, um humano teria direito à livre escolha de qual seria priorizado.[39] Transposta essa lógica às máquinas, isso significa que a escolha a ser feita deve ser pautada por um "operador randômico".[40]

Esses princípios seguem valendo mesmo se, entre as possíveis vítimas, está também o "condutor" (mais precisamente: o passageiro) do veículo autônomo. Na literatura, não há consenso sobre a relevância – ou não – de uma das possíveis vítimas de uma colisão dessa natureza ser alguém com esse atributo. Sobretudo *Engländer* é da opinião de que aquele que se decide pelo uso de um veículo autônomo seria mais responsável pelo perigo criado do que o pedestre, e por isso se esperaria dele, mais facilmente, algum sacrifício.[41] No debate anglo-saxão, a posição oposta é defendida por *Belay*.[42] Ambos levam pouco em consideração, no entanto, o fato de que a decisão de se fazer uso de veículos autônomos é de ordem social, ligada à expectativa de que eles devem ser capazes de reduzir consideravelmente o número de acidentes, pelo que todos os participantes do tráfego viário, inclusive os pedestres, serão beneficiados. Parece injusto tratar diferentemente, no plano dos ônus, passageiros e pedestres que, ao cabo, são igualmente favorecidos no plano dos bônus. De outro lado, não poucos autores advogam por uma proteção preferencial dos passageiros dos veículos: *Hildendorf* sustenta que eles devem ser protegidos sempre,[43] enquanto *Hörnle e Wohlers* extraem uma regra que os favorece a partir dos deveres contratuais de cuidado assumidos pelos fornecedores dos veículos.[44] E como a programação não intervém, tal como visto, em esferas jurídicas alheias, não se pode levantar a objeção, à primeira vista pertinente, de que algo assim equivaleria a um inadmissível contrato celebrado em prejuízo

---

37. Parcialmente distinto, ver Hörnle/Wohlers, GA 2018, p. 24 e seguintes: preferência em favor de crianças; resultados empíricos-experimentais neste sentido apresenta Faulhaber, entre outros, em seu Science and Engineering Ethics 2018, 6; concordante, Hilgendorf (nota de rodapé 24), p. 174; Coca Vila, CrimL&Phil 12 (2018), 70.

38. Argumentando pela irrelevância, ver Hevelke/Nida-Rümelin, JW&E 19 (2015), p. 13 e seguinte.

39. Kindhäuser, AT, § 18, nm. 5.

40. Weigend, ZIS 2017, p. 603; ver também Coca Vila, CrimL&Phil 12 (2018), p. 76 e seguinte.

41. Engländer, ZIS 2016, p. 617 e seguinte; de forma parecida, Coca Vila, CrimL&Phil 12 (2018), p. 67 e seguinte; abl. P. Weber, NZV 2016, p. 249 (254).

42. Belay, Journal of the Legal Profession 40 (2015), p. 119 e seguintes (129); de forma parecida, Tronsor, Rutgers Journal of Law and Public Policy 15 (2018), p. 213 e seguinte (253, 283); criticamente, ver Coca Vila, CrimL&Phil 12 (2018), p. 63 e seguinte.

43. Hilgendorf (nota de rodapé 24), p. 170 e seguinte.

44. Hörnle/Wohlers, GA 2018, p. 25 e seguintes.

de terceiros. De fato, é cabível perguntar por que uma tal preferência dada ao passageiro, como regra adicional a pautar a decisão do veículo em situações de conflito entre deveres de idêntico valor, seria inadmissível. Deveria, no entanto, ter peso maior a já ventilada ideia de equidade, que conduz à percepção de que não se poderia distinguir, de modo algum, passageiros e pedestres: afinal, se todos se beneficiam do aumento de segurança do tráfego viário promovido pelo uso de veículos autônomos, todos devem também ser tratados igualmente em relação aos prejuízos que podem derivar da vantajosa decisão social pelo seu uso.[45]

VIII.

Em conclusão: veículos autônomos podem (ainda que não devam) ser programados para lidar, em situações de iminente colisão, de acordo com critérios quantitativos (de minimização de danos). O postulado da inadmissibilidade de quantificação da vida humana, que se reflete no § 34 do StGB, em nada é afetado, pois numa tal programação, na realidade, ninguém perde algo que detinha, mas sim e apenas é negada a alguns uma chance de salvamento. Essas reflexões encontram expressão dogmática na causa de justificação chamada "colisão de deveres", cujos princípios podem servir à definição do conteúdo do risco permitido orientador da programação de veículos autônomos em diferentes situações.

45. Crítico ao argumento de que essa posição implicaria um desestímulo de aquisição de veículos autônomos, pelos consumidores, ver Boffenon/Shariff/Rahwan, Science 2016, 1573.

ANEXO

Dispositivos do StGB (Código Penal alemão) traduzidos

§ 29. Punibilidade autônoma do concorrente. Cada concorrente será punido conforme sua culpabilidade, sem levar em consideração a culpabilidade do outro.

§ 33. Excesso na legítima defesa. Não é punível o autor que, por motivo de desorientação, medo ou susto, ultrapasse os limites da legítima defesa.

§ 34. Estado de necessidade justificante. Aquele que, para afastar perigo atual, não evitável de outra maneira, para a vida, integridade física, liberdade, honra, propriedade ou outro bem jurídico, comete um fato, para afastar o perigo de si ou de outrem, não age antijuridicamente se, na ponderação dos interesses conflitantes, a saber, dos bens jurídicos envolvidos e do grau de perigo que os ameaça, o interesse protegido superar consideravelmente o lesionado. Isto só vale, contudo, se o fato for um meio adequado para afastar o perigo.

§ 35. Estado de necessidade exculpante. (1) Aquele que, em perigo atual, não evitável de outra maneira, para a vida, integridade física ou liberdade, comete uma ação antijurídica para afastar o perigo de si, de um parente ou de uma pessoa próxima, age sem culpabilidade. Isto não vale se, segundo as circunstâncias, lhe fosse exigível enfrentar o perigo, a saber, por ter o próprio autor o causado ou por se encontrar numa relação jurídica especial; ainda assim, a pena pode ser reduzida segundo o § 49 Ab. 1, se o autor não tivesse que enfrentar o perigo com base na relação jurídica especial. (2) Se, ao cometer o fato, supõe erroneamente o autor circunstâncias que o iriam desculpar segundo o Abs. 1, só será punido se o erro for evitável. A pena deve ser reduzida segundo o § 49, Abs. 1.